目 录

港口工程设计监理

广州南华工程管理有限公司 杨振寰 编

内 容 提 要

本书共分10章，主要内容包括：港口工程设计监理概论，监理单位及监理工程师，设计监理阶段的划分，设计监理规划，可行性研究和初步设计阶段监理，施工图设计阶段监理，以及设计监理报告的编制。此外，本书还附了8个港口工程设计监理范例。

本书可供港口工程设计、施工、监理人员及相关行业的技术人员参考。

图书在版编目（CIP）数据

港口工程设计监理 / 广州南华工程管理有限公司杨振寰编. —北京：人民交通出版社，2007.4

ISBN 978－7－114－06443－2

Ⅰ.港… Ⅱ.①广… ②杨… Ⅲ.港口工程－设计－监督管理 Ⅳ.U652.7

中国版本图书馆CIP数据核字（2007）第033078号

书　　名：港口工程设计监理
著 作 者：广州南华工程管理有限公司　杨振寰
责任编辑：刘永芬
出版发行：人民交通出版社
地　　址：（100011）北京市朝阳区安定门外外馆斜街3号
网　　址：http：//www.ccpress.com.cn
销售电话：（010）85285838，85285995
总 经 销：北京中交盛世书刊有限公司
经　　销：各地新华书店
印　　刷：北京宝莲鸿图科技有限公司
开　　本：787×960　1/16
印　　张：14.25
字　　数：258千
版　　次：2007年6月　第1版
印　　次：2007年6月　第1次印刷
书　　号：ISBN 978－7－114－06443－2
印　　数：0001～2000册
定　　价：35.00元

第一章　设计监理概论

▶ 一、什么是设计监理

1. 监理与建设监理

所谓“监理”是指被委托或指定的执行者依据一定的准则（主要指各类法规）对另一方的行为及其成果进行监督管理，使这些行为及其行为所产生的成果符合“准则”要求。也可以认为“监理”是以“准则”为镜子，对特定行为进行对照、审查，以便发现问题，纠正偏差，不断修正、规范执行者的行为，以使“成果”符合准则的要求。

建设监理是对工程建设参与者的建设行为进行监督和管理，采取相应的管理措施保证建设行为符合国家的法律、法规、政策和技术标准，制止建设行为的随意性和盲目性，促使建设项目按计划的投资、进度和质量全面优质地实现，确保建设行为的合法性、合理性、科学性和安全性。

建设监理的行为主体，包括政府的工程建设管理部门和经政府有关部门认证后取得资格的社会监理单位。前者称政府监督，其任务是从宏观上监督管理建设行为的合法性、合理性、科学性与安全性。它是以政府的名义对建设工程实行强制性管理。各级政府的质量监督站，便是这一行为的执行者。

社会监理单位属于技术服务型的社会监理，它是受业主委托并授权，主要进行监督管理型的技术服务，按照委托合同，通过各种有效的措施对工程建设行为及其成果进行监督管理。

建设监理按各阶段不同的性质和工作内容，分为“设计监理”与“施工监理”，前者是指从工程立项至施工图设计完成，后者是指从施工招标至工程保修期完成。

设计和设计监理可分以下几个阶段：

(1)工程立项。

(2)项目建议书。

(3)预可行性研究。

(4)工程可行性研究。

(5)初步设计。

(6)施工图设计。

2. 设计监理

如前所述设计监理从“工程立项”到“施工图设计”共 6 个阶段。但是,在 6 个阶段中,多数业主会自行负责前两项工作,或者临时聘请专家稍作咨询即可完成。委托设计院设计的多为后 4 项,而且,对于中小工程和不太复杂的大型工程,第(3)项“预可行性研究”和第(4)项“工程可行性研究”可合并进行,称“可行性研究”。所以,设计院承接的任务多为(4)、(5)、(6)三项,而监理单位所承接的监理任务也与设计院的设计任务类似。

目前,普遍将“咨询”一词用于工程建设,有的监理公司也喜欢在单位的名字前添加“咨询”二字,实际上,监理与咨询是有很大差别的。如前所述,监理是“监督”与“管理”之意,它是依据一定法规对被监理者进行管理,监理工程师通过总监作出的决定(例如开工令、停工令、其他指令等)带有一定的强制性。但是,“咨询”就不同了,“咨询”的本意是“调查、建议”,无任何强制成分,被咨询者视咨询意见为“建议”,是否照办完全由自己(被咨询者)决定。

设计监理在我国还算是一个新兴行业,虽然早在 20 世纪 90 年代各主管部门均在推行设计监理,但是,由于其难度远大于施工监理,直至今天真正开展的并不多,即使有,也是不完整的。目前水运工程中的设计监理,多半是对施工图纸进行审查,提出审查意见,这种设计最后阶段的监理,并不是严格意义上的监理,或者说不是工程项目的系统监理。由于工程实践不多,所以至今在水运工程中尚无法规性设计监理文件,各单位均在实践中摸索。在我们先后承接的几个港口工程的设计监理项目中,监理结果,基本实现了既定的目标,委托人满意,被监理人接受,各方合作较愉快,因而效果较好。但是,大家共同感受到的问题是,设计监理应执行什么标准? 各阶段的设计监理的目标是什么? 设计监理的深度、程序和方法如何掌握? 本文便是对这些问题进行探索。

3. 设计监理的要点

设计监理是在工程项目建设的整个设计过程中,社会化、专业化的监理单位,接受业主的委托和授权,根据国家或行业主管部门批准的项目建设文件和工程建设法律法规,按照监理合同的规定,对设计过程及其成果(设计文件)进行监督与管理。其要点概括如下:

(1)设计监理是针对建设项目设计过程的监督管理活动

建设项目是一项固定资产投资项目，就是将一定数量的投资，在某种特定条件下(时间、资源、自然条件)，按照科学的程序，经过决策(设想、研究、评估、决策)和计划(报批、勘察、设计)，最后形成可供实施(招标、施工)的设计文件。这份设计文件既经济合理，又科学规范，既符合工程地区的经济自然条件，又方便施工。这种全过程的活动就是设计监理。

(2)设计监理行为的主体是监理单位

设计监理的行为主体，国家已经明确是监理单位，它具有独立性、社会化、专业化的特点，是专门从事建设监理和有关技术活动的组织。只有监理单位才能按照独立、自主、公平、公正的原则开展监理活动。业主自我管理很难起到真正的监督作用，我国数十年的历史经验已经证明，就工程建设的整体而言，业主自行管理对于提高投资效益和技术水平，其作用是不大的。

(3)设计监理需要业主委托与授权

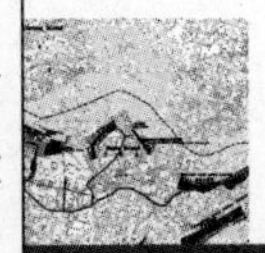

与施工监理一样，设计监理同样需要业主的委托与授权，这是建筑市场条件所决定的。业主与设计监理单位的关系是委托与被委托的关系，授权与被授权的关系。这种委托与授权方式说明，在设计监理过程中，监理对设计文件的审查权，是业主通过授权而转化过来的。它是以技术法规并通过艰苦的脑力劳动，向业主提交一份经济合理、技术进步的优秀设计文件。

4. 设计监理内容

不同设计阶段有不同的监理内容，现分 4 个阶段分述如下：

(1)投资与立项阶段

这一阶段主要是投资者(政府、企业或个人)根据国家或地区的统一规划进行投资决策，办理立项手续。多数情况是由投资者自行研究确定或聘请专家进行咨询，很少委托设计单位和监理单位进行研究和监理。

按照我国改革开放 20 多年的经验，逐步实现小政府大市场的管理方式，投资决策应当向企业转移，即由企业决策，政府审批。无论是由政府决策还是由企业决策，为了使决策建立在科学、合理、完善的基础上，委托设计和委托监理势在必行。

(2)可行性研究阶段

根据国家基本建设程序的规定，水运工程建设项目必须首先进行可行性研究，编制可行研究报告。

可行性研究分为“预可行性研究”和“工程可行性研究”两个阶段。大、中型及重点工程项目或技术复杂的工程项目，应按两阶段进行。小型工程或技术上较成熟的项目，经主管部门认可后，可简化程序，按一阶段进行可行性研究，但深度应达到工程可行性研究阶段的要求。即可以作为编报建设项目设计计划任务书的依据（“预可行性研究”只能作为编报项目建议书的依据）。

这一阶段设计监理的内容主要有：

①协助业主选择设计单位，以进行“可行性研究”，并协助业主商谈设计合同；

②监督管理设计单位进行研究工作；

③评估可行性研究报告，提出监理意见。

（3）初步设计阶段

本阶段的设计任务是“可行性研究”阶段的深化和延续，是在其基础上进行的。此阶段的监理应负责“勘察”与“设计”两方面的监理工作：

①协助业主编制勘察与设计的招标文件，并协助业主进行招标，选择中标单位；

②对初步设计进行全过程的监理，审查设计文件（图纸与报告书）；

③协助业主组织初步设计会审，确定设计方案；

④协助业主起草初步设计审查报告。

（4）施工图设计阶段

施工图阶段的设计任务是在被批准的初步设计的基础上，按被批准的设计方案进行设计，提出与被批准的初步设计相吻合、图纸齐全、方便施工的设计文件。设计监理的工作内容也是监督设计单位，按规定、定时、定量、保质地完成施工图设计，具体内容是：

①监督设计单位落实被主管部门批准的初步设计的各项要求，按批文精神确定的方案开展设计；

②对施工图设计的全过程进行监理，审查设计资料与设计成果；

③审查设计提交的施工技术规格书，为施工招标作准备。

5. 设计监理的目标

设计监理和施工监理一样，同样有“质量、费用（投资）、进度”三大目标，但是设计与施工的工作性质、工作范围、工作条件和参加人员不同，同是三大目标，但其含意和工作重点均有很大的不同。

设计工作，一般相对时间较短（对某一设计阶段而言）、人员相对集中，多为一个单位完成。完成任务的人员多为脑力劳动者。工程设计的优劣主要取决于脑力劳动者的积极性、服务性和智能。所以，三大目标的重点是“质量”，而“进度”是第二位的。“投资”则是与“质量”分不开的。也就是说，监理工程师监督设计，作出一项技术先进、经济合理、美观适用的设计，便是“质量”监理的主要目标。无论哪个设计阶段，质量监控目标就是设计监理的目标。具体有：

(1)科学性:任何一项优秀设计项目,它应当是当代该领域的科学总结。其布局是统一性的,结构是先进性的(不是古老产品),使用材料是耐久性的。

(2)经济性:科学先进的设计是建立在经济合理基础上的,其社会效益与经济效益都是好的,设计标准是建立在当前经济条件上的。

(3)适用性:任何工程建成后都要投入使用,经过实践的检验,工程是否好用?操作是否安全方便?能源消耗是否合理?是否符合环保要求?这些便是"适用性"的检验内容。

围绕"三性"要求,设计监理工程师质量监控的主要工作,包括项目总体目标的确定,设计质量标准,利用竞争机制选择优化设计方案,协助业主选择符合目标控制要求的设计单位,设计过程跟踪,及时发现质量问题,及时协调及时解决,审查设计条件与设计成果,做好设计文件的验收工作。

如果是多个设计单位进行联合设计,监理工程师还应当做好各设计单位间的组织协调工作。

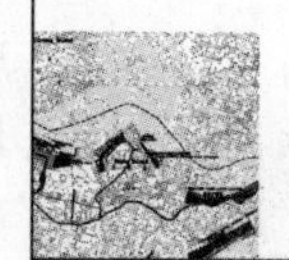

▶ 二、设计监理制的必要性

建立和推行设计监理制度的目的是改革阻碍生产力发展的传统管理体制,提高工程项目设计水平,确保建设项目质量优良和投资效益为最佳。

1. 实行设计监理制是实践经验的总结

新中国成立以来,特别是改革开放以来,我国工程建设取得了巨大成就。但是在旧的管理体制下,无论是业主、设计单位还是承包人都是上级主管部门分配任务的被动推行者。特别是设计单位更是无人监督,技术问题上多是自成体系、自定目标、自我监督、自检自评地提交设计成果。其结果是设计质量失控,工程投资不断加大,设计质量下降。具体表现为:

(1)投资失控

新中国成立后的40年间,我国全民所有制固定资产投资总额中,固定资产形成率仅为72%,其中能正常发挥效益的仅占总投资的53%。究其原因虽然是多方面的,但是设计阶段的失控和设计阶段对投资效益的分析不到位是一个很重要的原因。

投资失控,不仅影响投资本身的效益,而且还会延长项目建设的周期,影响项目的经营效益,有时甚至因投资失控使资金难以筹集而使工程停顿。

(2)进度失控

据有关方面统计,我国大中型建设项目的平均建设周期,"一五"期间为6.5年,"二五"至"四五"期间为10年,"五五"期间为13.2年。

以我国煤炭建设项目为例，建设一个年生产能力为60万吨的矿井，“一五”期间平均建设周期为15个月，“五五”期间则为84个月。建设周期越来越长。分析其失控原因也是多方面的。例如，投资失控造成资金不落实；材料与设备不能按时供应造成工程停顿；施工组织上的无序造成进度失控等等。而设计进度失控或者设计多变是工程进度失控的重要原因。

(3)质量失控

新中国成立后的前40年，我国工程建设中出现过三次质量事故高潮。第一次是1958～1960年，这三年在“大跃进”的旗号下，提出了“以快速施工为纲”的错误口号，工程施工只讲“快速”不顾“质量”。为了“快”，不少工程边设计边施工边投产（“三边”工程），有的甚至不设计也施工，使工程质量大滑坡。第二次是十年动乱期间，一切规章制度统统被废且遭到批判，使工程质量普遍下降，形成了第二次质量事故高潮。第三次是在80年代初，当时正处于改革开放初期，由于发展速度太快，设计力量跟不上，与改革配套的管理制度尚未建立，出现了挂靠设计、无证设计、无证施工、盲目蛮干的现象。再加上农村建筑队伍大量涌现，管理混乱，无技术力量，加之各种不正之风的影响，从而形成了我国建设史上第三次质量事故高潮。

多年来的建设工程严重失控，使我国工程界，特别是工程的管理者不得不进行认真的反思。建立一种什么样的管理制度才能适应工程建设市场的形势？监理制度能否适应生产力发展的要求？建立工程建设的监理制度就是在这种形势下产生的。

2. 实行设计监理是提高工程项目综合效益的需要

任何一个业主投资兴建工程项目，都希望能将工程建设成一个结构安全稳定、经久耐用、外形美观、投资节省、施工期较短、综合效益好的工程项目。设计监理则是实现这一目标的重要举措。工程建设项目始于设计，工程项目的优劣，首先取决于设计成果的优劣。一项综合效益好的工程，首先应当是一项优秀设计工程。如何使设计项目成为优秀，设计监督是有决定性意义的重要工作。

专业化、社会化的设计监理单位，主要是以自己群体力量为业主和设计单位提供服务。它有一批业务水平高、专业能力强、具有丰富的设计经验和渊博的科学知识的技术专家，能为设计人员提供优质服务，为设计出谋划策，校正思路，为设计方案提出补充、修正和完善的意见，从而使被监理的设计方案成为技术先进、经济合理、安全耐久、美观好用的方案。

3. 设计监理是与国际接轨的需要

随着改革开放的深入发展，我国的工程建设与国际交往日益增多，世界银行、亚洲开发银行等国际金融组织都把实行建设监理制度作为提供贷款的条件之一，从设计到施工，他们以不同形式，要求对工程进行监理。

例如，广州港新沙港区一期工程，就是利用了世界银行贷款，设计工作一开始业主便派出外国咨询专家对四航院的设计进行审查，或邀请设计人员出国，请有经验的外国专家对设计成果进行咨询。这实际是早在20世纪80年代中期的设计监理。其结果，不但使设计方案得到优化，而且使设计人员对国外情况和最新的港口工程技术有了新的认识，扩展了知识领域。

近年来，我国接受的国外设计项目或者招标请进来的设计单位，在技术交流上更加广泛，这就要求我们的设计监理应随时跟进，才能使工程建设更可靠、更圆满。

三、设计监理制的可行性

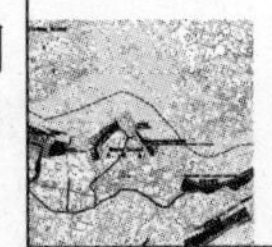

设计监理制是一个新生事物，目前在我国实行这项制度是否可行呢？特别是在港口工程中能否实行这项制度？回答是肯定的，这是因为：

1. 有一定的实践基础

自1994年8月交通部发布《水运工程施工监理规定》和1995年12月建设部和国家计委联合发布的《工程建设监理规定》以来，国内广泛开展的虽然大多是“施工监理”，但是，在许多工程领域，特别是世界银行等金融机构的贷款项目，不少都开展了设计咨询或设计监理业务，多年的实践结果，既积累了一定的监理经验，又取得了设计质量更优、方案更先进、投资节省、经济效益好的效果。实践证明，设计监理是一项利国利民的好制度。

在工作实践中，不少设计监理单位(主要是甲级设计院)根据我国的国情和业主对工程的要求，逐步摸索出一套针对不同设计阶段进行不同内容的设计监理工作经验，还总结出不同设计阶段中有不同的监理重点。简单地说就是：

工程立项与项目建议书阶段的工作重点是解决工程的“必要性”问题；

“预可行性研究”与“工程可行性研究”阶段的工作重点是解决工程的“可行性”问题；

初步设计阶段工作重点是解决工程的“建设方案”问题；

施工图设计阶段的工作重点是解决工程的“符合性”与“施工可操作性”问题。

上述这些多年的工作经验，为广泛开展设计监理工作打下了良好的基础。

2. 有一批设计监理队伍

设计监理的基本队伍应当是由那些专业知识渊博、业务水平高、工程设计经验丰富、有一定的组织才能的工程技术人员组成。这些人员大多集中在工程设计院和高等学校，力量是强大的。就水运或港口工程而言，全国水运或港口专业的设计院和高等学校就有数十家，他们是设计监理人才库，只要将他们组织起来，经过短期培训，是可以建立起强大的、知识密集型的设计监理队伍的。

3. 有一定的监理法规依据

早在 1994 年 8 月 30 日交通部发布的《水运工程施工监理规定》中，对设计监理作了明确的规定："工程监理包括设计阶段监理和施工阶段监理"。

1995 年底建设部和国家计委联合发布的"工程建设监理规定"，对监理范围作了明确的规定。按照国家建设工程监理工作发展的部署，从 1996 年开始，我国的监理工作转入全面推广阶段。要求各地区各部门在监理范围上要在三个方面有个大的突破和扩展，其中之一就是"从单纯的施工阶段的监理，扩展到设计阶段的监理"。全国不少设计监理企业就是依据这些法律来进行工作的。

第二章　设计监理单位

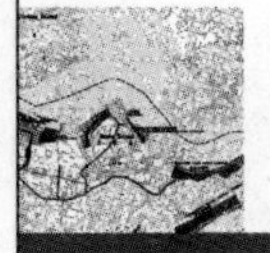

▶ 一、设计监理单位

设计监理单位是指取得设计监理或设计咨询资格等级证书、具有法人资格的设计监理企业。

目前，国家虽然对建设监理企业的资质作了明文规定，设计单位、高等学校和科研单位均可组建监理公司。近年来甚至不少施工企业也成立了监理公司。多年的实践表明，这些监理企业绝大多数仅从事施工监理。国家对设计监理尚未出台有权威性的法律文件，上述企业能否承担设计监理任务，尚待实践的检验。

什么样的单位才能成立设计监理或咨询企业，承担设计监理任务呢？

笔者认为，只有从事过工程设计的单位和有丰富设计经验的人员才能承担设计监理任务。目前为数不多的设计监理任务，均是由设计院和有设计经历和经验的咨询单位承担。所以，设计监理单位也只有设计单位才能组建。高等学校要从事设计监理业务，也只能由高等学校中从事过工程设计并有一定经验的设计部门来进行。

▶ 二、设计监理单位的性质

设计监理单位与施工监理单位一样，是社会性的技术服务单位，它应具有社会性、服务性、科学性和公正性。

1. 社会性

我国目前的设计监理单位，是依法成立、具有合格的资质、取得设计监理证书，经工商登记的技术服务单位，其工作性质受业主委托为业主的工程设计提供技术服务。所以，设计监理单位与施工监理单位一样，具有明显的社会性。

2. 服务性

设计监理单位是以脑力劳动为主的技术密集型的高智能的服务性组织，它是以自己广博的科学知识和丰富的实践经验，为业主提供技术服务，它本身并不是设计成果的直接生产者，只是在设计过程中以自己的经验和脑力监督设计人员搞好设计，为业主提供优质的设计成果。所以监理工程师的整个工作都是技术服务，明确显示了设计监理的服务性。

3. 科学性

工程设计是一项高智能的劳动，设计质量好坏，主要取决于设计人员头脑，即设计人员的科学性和服务性。也就是说设计人员的科学态度和全心全意为业主服务的精神搞好设计工作。监理工程师是这一脑力劳动全过程的监督者，要与设计者合作好、协调好，监理工程师必须以自己的高素质，做好设计过程的监理工作。这个高素质体现在监理工程师具有相当的学历、广博的知识、丰富的设计经验、通晓工程技术法规、能给设计人员提供帮助、能为业主决策提供中肯的意见。

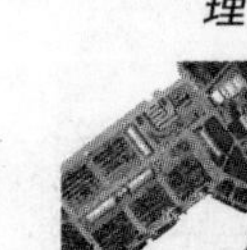

4. 公正性

设计监理的公正性与施工监理不同，设计任务一般是由一个单位来完成的，设计过程中很少涉及多个单位，它不要处理工程中的各种矛盾，而是要在监督设计过程中，对于设计方案的选择和各类参数的取舍等一定要符合工程实际情况，合情合理，决不偏袒；对设计中的错漏决不隐瞒，以公开公正的态度处理问题。

三、设计监理单位的服务范围

我国工程建设市场，工程建设监理工作的服务内容可划分为三个阶段，即决策阶段、设计阶段和施工阶段。前两阶段的监理属设计监理，后一阶段为施工监理。设计监理的工作内容有：

1. 工程建设决策阶段的监理

工程建设决策阶段的主要工作是投资决策（投资数量）、立项决策（规划选址）和可行性研究决策。现阶段，国家重点工程的此类决策（投资决策与立项决策）大多由政府决定，也就是由政府决策。私人投资则视具体情况而定，有技术力量的私人企业主往往自行研究决策，然后再请设计单位和监理单位进行可行性研究和监理。无技术力量的私人企业主则聘请技术专家或委托设计单位进行设计，委托监理单位进行设计监理。

工程建设决策阶段的监理内容如下：

(1)投资决策监理

①协助委托人选择决策咨询单位；

②监督管理咨询单位的工作和咨询合同的实施；

③评估投资咨询报告，评估投资规模，提出监理意见。

(2)立项决策监理

本阶段的研究任务主要是确定拟建项目的必要性、可行性与建设规模，监理内容是：

①协助委托人选择工程建设立项决策咨询单位，并协助签订咨询合同书；

②监督管理立项决策咨询合同的实施；

③工程规划与选址报告的评估、立项决策的制定和提出监理报告。

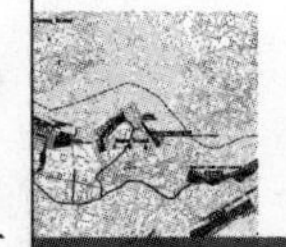

港口工程的规划与选址十分重要，往往将港口规划与专业港口的选址作为一个设计阶段，委托专业设计单位进行这一工作。设计监理也应随之进行。

(3)可行性研究阶段的监理

工程建设可行性研究阶段的任务主要是根据项目建议书的要求，在技术上、经济上和财务上对项目进行论证，提出优化方案。这一阶段的监理内容是：

①协助委托人选择设计单位进行可行性研究，并协助签订可行性研究合同书；

②监督设计单位执行设计合同；

③对可行性研究报告进行评估，组织评估会议并提出监理报告。

对于港口工程，交通部在《港口建设项目可行性研究报告编制办法》(1988 年 6 月)中规定：可行性研究分“预可行性研究”和“工程可行性研究”两个阶段。大、中型及重点工程项目或技术上复杂程度较高的项目，应按两个阶段进行工作，小型工程和技术上较成熟的项目，经主管部门认可后，可简化工作程序(即只作一个阶段的研究工作)，但深度应达到工程可行性研究的要求。

2. 初步设计阶段的监理

工程建设设计阶段是工程项目进入实施阶段的开始。港口工程通常包括初步设计与施工图设计两个阶段，各阶段均有不同的设计内容与设计深度。在初步设计之前，在规划选址的基础上，还要进行测量、水文观测等基础资料的收集工作。初步设计阶段的设计监理内容主要有：

(1)编制工程勘察（钻探、测量）招标文件，协助业主招标、评标与选择勘察单位；

(2)编制工程设计招标文件，协助业主招标评标和选择设计单位；

(3)协助业主与勘察设计单位谈判并签订勘察设计合同；

(4)审查设计单位提交的钻探布孔图、钻孔数量、钻探要求、测量范围和测量要求；

(5)审查勘察报告；

(6)审查设计条件与基础资料；

(7)审查设计提纲；

(8)审查各类设计参数的选取和计算书；

(9)审查设计图纸与初步设计报告（图纸、工程概算和设备采购清单）。

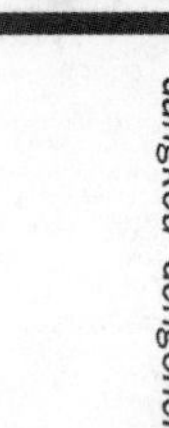

3. 施工图设计阶段的监理

施工图设计是工程设计的最后阶段，它是在初步设计批准方案的基础上进行的。这一阶段主要的监理内容是：

(1)检查设计依据的完整性；

(2)检查落实初步设计的审批结果；

(3)审查设计条件的符合性、基础资料的准确性；

(4)审查设计提纲；

(5)审查计算书，核查计算成果；

(6)审查设计图纸的符合性、完整性和准确性；

(7)审查施工要求与技术规格书；

(8)审查工程概算和设备采购清单。

▶ 四、设计监理单位的经营活动准则

设计监理单位与施工监理单位的工作方式虽然不同，但其经营活动准则是一致的，即“守法、诚信、公正、科学”。

1. 守法

守法，是我国任何一个单位和具有民事行为能力的公民的行为准则。对于

一个以技术服务为主业的监理单位来说，守法就是依法经营。

(1)不超经营范围：监理单位只能在政府核定的业务范围内开展经营活动，超过经营范围就是违法。

这里所指的经营范围是指监理单位资质证书中注明的、经建设监理资质管理部门审查确认的经营业务范围。其内容有两层含意，一是指监理业务性质，即可监理什么专业的工程，例如，水港专业只能监理水运工程(包括港口)和路场工程，而不能监理冶金工程。二是指监理业务等级，即按核定的资质等级承接监理业务。例如，甲级资质的监理单位，可在全国范围内承接大中型工程，丙级资质的监理单位，只能在本地区范围内承接中、小型工程的监理任务，超过范围便是违法。

(2)资质等级真实：监理单位不得伪造、涂改、出租、转让和出卖“资质等级证书”。上级主管部门还应定期对“资质证书”进行年审，监理单位应如实申报变化了的情况。

(3)切实履行合同：监理合同一经签订，监理单位应当认真履行。遵守合同中的约定也是一种守法行为。

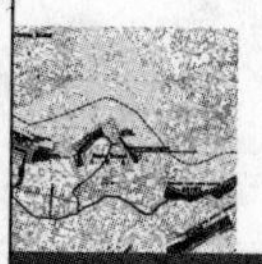

2. 诚信

所谓“诚”就是真心实意、言行一致、不弄虚作假。所谓“信”就是信用、相信、不怀疑。诚信就是诚实信用不欺骗。为人处事讲信用，这是做人的准则，也是考核企业信誉的核心内容。

监理单位是向业主提供技术服务的，即以自己的智力换得回报。但是，智力是看不见、摸不着的无形产品。虽然它最终由实践(建筑产品)体现出来，但是监理单位如果提供的是虚假的技术服务，就有可能生产出劣质产品。何况技术服务水平的高低、强弱差别较大，若不能以诚信的态度服务，产品质量就很难保证。

设计成果的质量涉及工程建设各个环节和各个方面，一个高水平、讲诚信的监理单位可以运用自己的高智能最大限度地把设计质量监控好。如果用敷衍应付的态度，蒙混过关或只做表面工作，不解决实际问题，就不是诚信的态度。

此外，监理单位没有为业主提供与其监理水平相适应的技术服务，或者本来就监理水平差，却在竞争承揽监理业务时，自卖自夸或者借故不认真履行监理合同所规定的义务，这些都是不讲诚信的行为。

3. 公正

所谓公正，主要是指监理单位在处理工程各方之间的矛盾和选择设计方案时，做到“一碗水端平”，谁的意见正确，谁的方案好就支持谁，该维护谁的权益就维护谁的权益。

监理单位要做到公正，必须做到以下几点：

(1)要培养良好的职业道德，不因私利而违心地处理问题；

(2)要坚持实事求是的原则，不唯上级或业主的意见是从；对于业主的意图应尽量贯彻，对业主不正确的意见，监理应耐心说服；

(3)要提高综合分析问题的能力，不因局部利益或表面现象而模糊了自己的视听；

(4)要不断提高自己专业技术水平和处理问题的能力。

4. 科学

所谓“科学”，就是监理单位在设计监理工作中要以科学的态度、运用科学手段、采取科学的方法、监督设计人员提出科学的设计方案。

(1)科学的指导思想

工程设计是一种高智商的脑力劳动，设计监理的指导思想应高于设计人员的思维。所以它必须是高度科学的，即按建筑工程运作规律、按建筑市场的发展需要、按投资者的预期目标，监督好一项设计任务的完成。

(2)科学的计划

对于设计监理而言，科学的计划主要指监理规划和监理细则的编制，其内容包括监理目标、监理组织、监理程序和监理方法等。这些均要从实际出发，制定出符合实际、切实可行、行之有效的行动指南，使监理活动能顺利进行。

(3)科学的手段

设计监理工作要适应科学发展，必须借助于先进的科学仪器、最新的计算方法和最有效的科学手段对设计成果的进行检查。

五、设计监理程序

设计监理程序依附于我国基本建设程序，它随建设工程的改变而改变。目前我国工程建设领域推行的四大制度，即：项目法人责任制、招标投标制、建设监理制与合同管理制。项目咨询评估制度作为建设监理制的起始阶段已融入四大制度之中。一个科学、完善的监理程序必须在工程建设过程中逐步完善。

目前我国工程项目的设计监理程序如下：

Y—业主；J—监理单位；S—设计单位

阶段	责任方	工作内容
建设意向	Y	1. 提出建设意向； 2. 委托设计单位进行规划。
规划选址	S	1. 根据城市总体规划或要求选择港口或其他水运工程的建设地点； 2. 根据市场情况规划工程分区； 3. 港址比选。
规划评审并上报	Y	1. 业主组织评审会并提出评审意见； 2. 向上级申报工程规划； 3. 委托监理单位，开展监理工作； 4. 选择设计单位，开展可行性研究。
预可行性研究报告的编制	S	1. 进行必要的市场调查、勘察和实验； 2. 根据国民经济和社会发展需要，以全国港口总体布局规划为依据，论证建设项目的必要性、技术可行性、经济合理性和建设规模； 3. 编制投资估算并进行经济评价； 4. 主体工程应达到方案设计阶段的深度，其他工程内容可按综合指标估算投资。
评审预可行性研究报告	Y、J	
上报预可行性研究报告	Y、J	1. 上报专家评审意见； 2. 随报告上报项目建议书。

 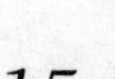

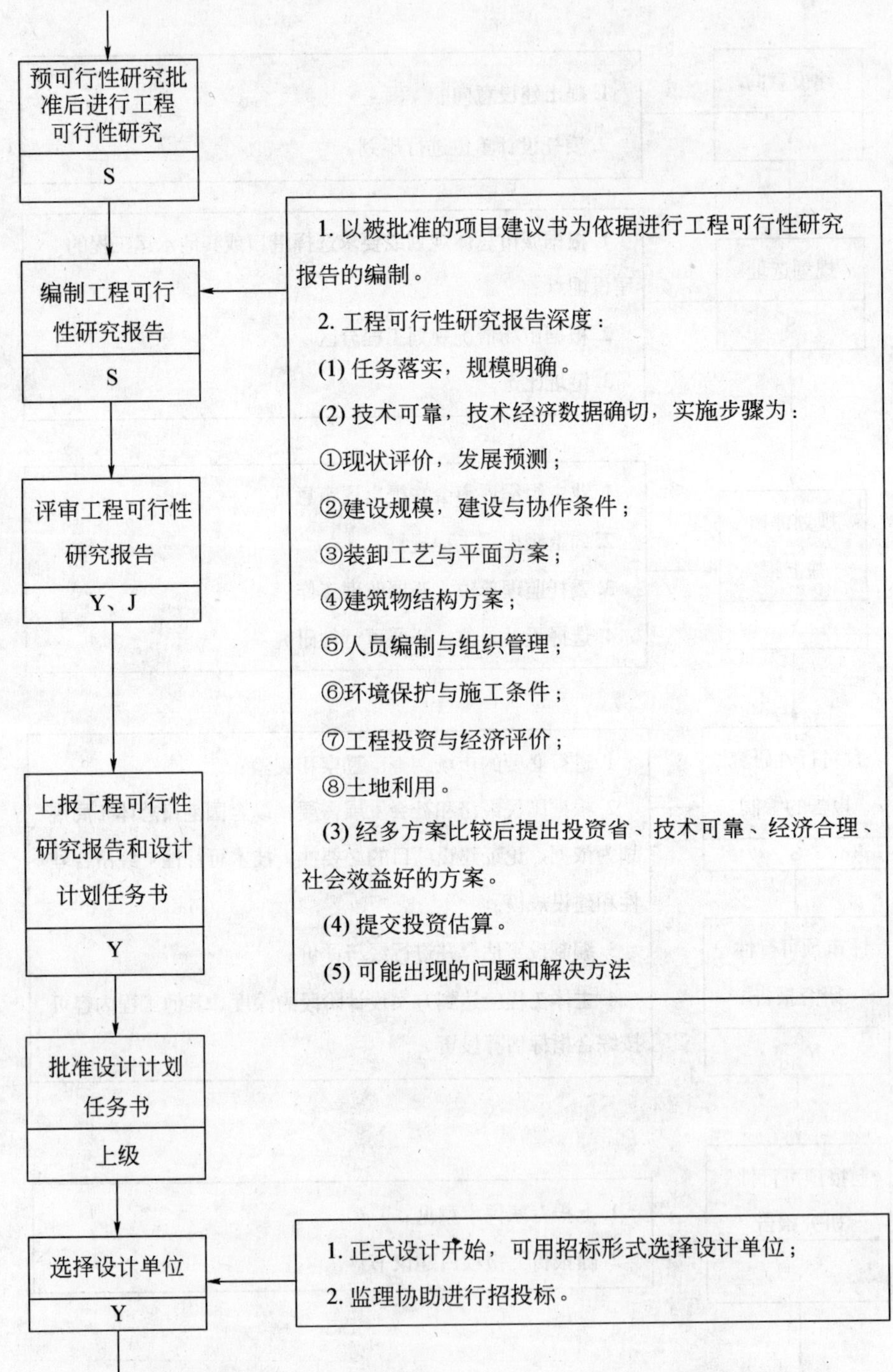
预可行性研究批准后进行工程可行性研究
S
编制工程可行性研究报告
S
评审工程可行性研究报告
Y、J
上报工程可行性研究报告和设计计划任务书
Y
批准设计计划任务书
上级
选择设计单位
Y
1. 以被批准的项目建议书为依据进行工程可行性研究报告的编制。
2. 工程可行性研究报告深度：
(1) 任务落实，规模明确。
(2) 技术可靠，技术经济数据确切，实施步骤为：
①现状评价，发展预测；
②建设规模，建设与协作条件；
③装卸工艺与平面方案；
④建筑物结构方案；
⑤人员编制与组织管理；
⑥环境保护与施工条件；
⑦工程投资与经济评价；
⑧土地利用。
(3) 经多方案比较后提出投资省、技术可靠、经济合理、社会效益好的方案。
(4) 提交投资估算。
(5) 可能出现的问题和解决方法
1. 正式设计开始，可用招标形式选择设计单位；
2. 监理协助进行招投标。

初步设计

S

初步设计的主要依据是上级批准的设计计划任务书

向监理提交基本资料

S

1. 基础资料：地质、测量、水文、气象；

2. 工程可行性研究报告和其他专题报告；

3. 设计大纲：总设计进度、人员安排、拟用规范、各专业方案设想；

4. 设计提纲：分专业按“ISO 9001”的设计管理程序编写设计提纲，包括设计原则、计算方法、设计荷载、计算公式与参数选取等。

审查基本资料

J

1. 检查基本资料的正确性；

2. 检查设计提纲的完整性。

提交计算书

S

计算书的内容：

1. 荷载条件；

2. 计算公式与参数选取；

3. 计算结果。

审查计算书

J

1. 荷载选取的准确值；

2. 计算公式与规范是否相符；

3. 参数选取的合理性；

4. 计算结果能否满足要求。

提交设计成果

S

1. 图纸：至少两个以上方案，且有推荐方案；

2. 初步设计报告：按交通部规定编写；

3. 工程概算；

4. 设备采购清单。

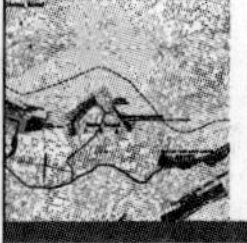

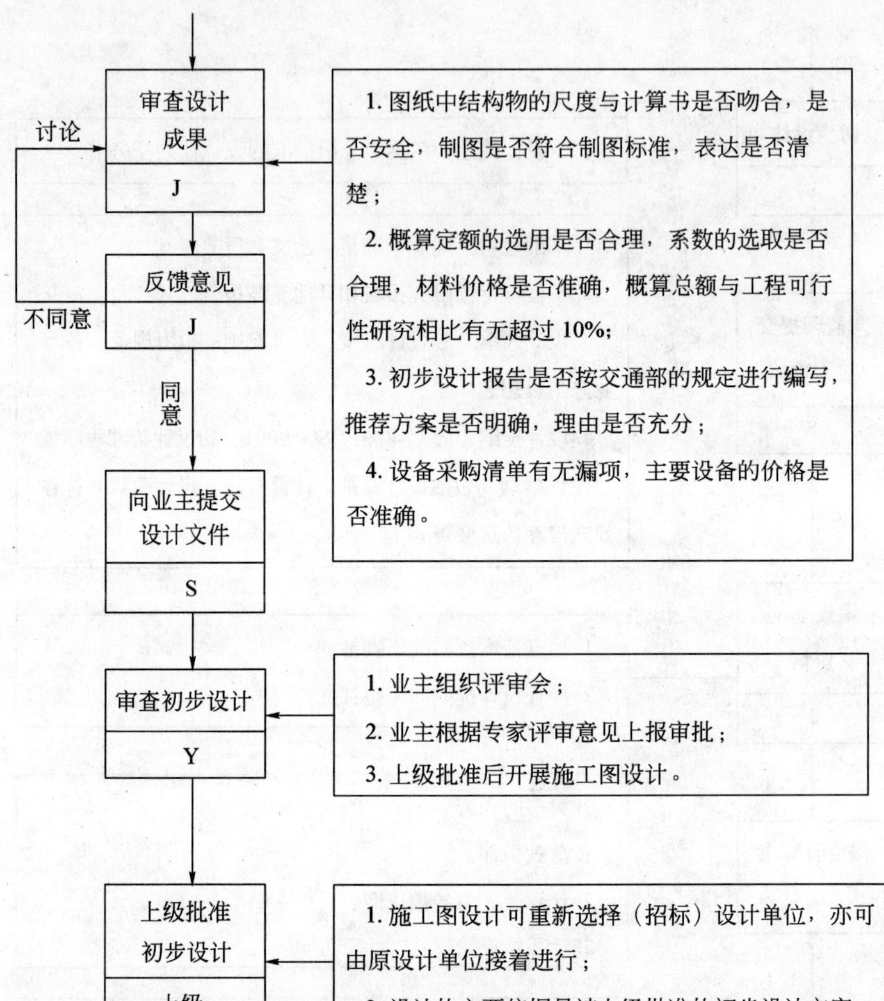

注:施工图阶段的监理程序详见第八至第十章。

第三章　设计监理工程师

一、设计监理工程师的概念

1. 设计监理工程师

设计监理工程师是从事设计监理工作的人员，是一种岗位职务，它包括3个内容：

（1）从事以设计监理为主要业务的人员；

（2）已取得国家或行业颁发的“设计监理资格证书”；

（3）取得合法、有资质证书的设计监理单位颁发的“设计监理工程师聘任证书”。

如同一个工厂里，所有符合条件的厂长、科长、干部和工人均可称为“职工”一样，凡具有“设计监理工程师资格证书”的人，无论被聘为“设计总监”、“设计副总监”、“设计监理工程师”还是“设计总监代表”或“设计监理员”均统称为“设计监理工程师”。

取得“设计监理资格证书”的人，除了因发证单位定期考核不合格而取消其“设计监理工程师”资格以外，他不受监理工作岗位的变动的影响。所以，可以说有证的设计监理工程师资格是永久性或半永久性的。

需要特别说明的是，目前我国尚无完整的有关设计监理的法规文件，设计监理工程师的等级划分尚无明确规定。本文只能借用施工监理工程师的等级划分和工程实践中的经验，叙述设计监理工程师的等级和职责。

2. 设计总监理工程师

“设计总监理工程师”简称“总监”或“设计总监”是指受设计监理单位的委派，前往设计单位代表“设计监理单位”履行设计监理合同，全权处理设计监理业务，具有丰富的设计经验，资深识广的设计监理工程师。

“总监”是临时被设计监理单位委派在某个固定时期和固定工程项目中的岗位职务。目前交通部虽然未对“设计总监”的资质作出明文规定，但从我们多年的实践来看，“设计总监”的资格应具备以下条件：

(1)具有高级工程师或高级经济师职称；

(2)应有10年以上的设计经历且设计经验比较丰富；

(3)被有资质的设计监理单位聘任为设计监理工程师。

3. 设计监理员

对于施工来讲，施工监理员的职责主要是“旁站”，他没有“处方权”，但在监理工程师授权之下有“签认权”。对于设计来讲，是否设“监理员”，国家或行业目前尚无明确规定，根据我们多年的设计监理经验，还是应当设置的，其主要职责不是“旁站”，而是“校核”与“计算”。即在设计监理工程师的指导下，对设计工程量进行校核，对应当复核计算的结构物整体稳定、结构内力和结构受力等内容进行复核计算。

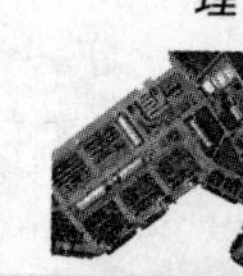

二、设计监理工程师的条件

设计工作是一种高智商的脑力劳动，设计成果是这种脑力劳动的结晶。设计监理必须在设计工作之上，用更高的智慧和更丰富的经验，才能对设计成果的生产过程进行有效的监督与管理，所以设计监理工程师必须也是高智商、有丰富设计经验的工程师。设计监理工程师工作质量的高低，对于被监理的工程项目效果的好坏关系很大，所以要求设计监理工程师在知识水平和工作经验上必须高于设计人员。具体条件是：

1. 设计监理工程师应当具有较高的理论水平

设计工作，是在基本理论和专业知识基础之上进行的。一个好的设计方案的提出和选定，首先取决于设计人员对工程项目的认识和他的基本理论和专业知识水平。设计监理工程师只有以较好的理论水平才能检查和发现设计人员对方案的选取是否合理，计算结果是否准确；才能以更高的智慧发现问题，帮助设计人员纠正设计中的缺陷。可以设想，一个平庸的设计监理工程师，是很难发现设计成果中存在什么问题，提不出什么意见。既然发现不了问题，也就谈不上解决问题，设计质量的提高就是一句空话。

2. 设计监理工程师要有丰富的设计经验

一个设计监理工程师，必须是一个经验丰富的设计工程师，其设计经验主要表现在：

(1)较强的专业知识

水运工程设计是建立在各种力学理论和港口水运等专业知识基础上的，要设计一项港口工程或其他水运工程，设计人员必须有较好的专业知识。作为高于设计的监理工程师，必须有更强的专业知识，才能对设计人员的设计过程起到监督和引导作用，对设计成果才能作出正确与否的判断，才能监督完成一项优秀设计。

(2)明确的逻辑思维方式

设计过程是设计人员的思维过程，能否设计出一项好的设计，主要靠设计人员有无清晰的逻辑思维。例如，一个港址的选择，一个港口规划，要求从市场调查、经营种类、自然条件、交通运输和人文环境等多方面繁杂的因素中，经过去粗取精，去伪存真，由表及里，依重弃轻的分析，然后拟定和选择设计方案。在这个过程中，设计人员的逻辑思维清晰，就能设计出好的设计方案，否则将事倍功半，甚至一事无成。作为设计监理工程师，更要求有明确的逻辑思维，这样才能帮助设计不走弯路，不断纠正设计中的偏差，最后提交出优秀设计成果，这种明确的逻辑思维方式，是监理工程师在其长期的设计工作中积累下来的。

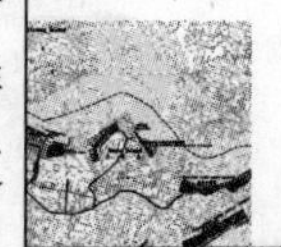

(3)全面的综合分析能力

一项优秀的设计项目，是经过技术、经济、使用和安全等方面的因素经综合比较后产生的。一个技术很先进的方案，如果它的工程造价很高，超出了国家或企业的承受能力，或者其“回报”年限太长，便不能称之为优秀设计。同样，如果一个设计方案其工程造价很低，但是，建成后很不适用，又不安全，这也不是一项好的设计方案。只有经过综合比较，达到相对的技术较先进、经济较合理、经济效益最好的方案才是优秀的设计方案。怎样达到此目的呢？除了设计人员的基础工作之处，监理工程师具有全面的综合分析问题的能力也是十分重要的。这就是设计监理工程师的设计经验，是多年设计工作积累起来的综合分析能力。

▶ 三、设计监理工程师的素质

对于一个设计监理工程师来说，除了具有广泛的理论知识和丰富的设计经验之外，还应具有较高的政治素质和高尚的职业道德。

1. 认真负责的敬业精神

工程设计和设计监理，均是高智商的脑力劳动，外表是难以发现的，只有充分发挥认真负责的敬业精神，才能全心全意地去监督设计，才能监督出好的设计成果来。

2. 公正公平的工作态度

与施工监理不同，设计监理在处理人和人的关系上(主要是监理和设计双方)要简单一些。设计监理公平公正的工作态度，主要表现在对设计方案的处理上。一个设计方案，看起来好像是纯技术问题，但是，包含着设计人员和监理人员的工作态度。例如，设计方案是先进或保守，涉及到设计人员是否以公正公平的态度考虑问题，有无出风头或保面子的思想；有无充分利用条件提出既符合实际又满足业主要求的方案；有无保守思想作怪；有无考虑工程建成后对各方的影响、对环境的影响、对生态平衡的影响等等。这些都反映了设计人员和监理工程师的工作态度是否公平公正。

3. 实事求是的工作作风

工程设计是工程建设的第一步，作为设计和监理工作者，能否从工程实际情况出发，切切实实地充分分析各种有利条件，充分利用各种有利条件想方设法克服不利条件，一切从实际出发，提出最优设计方案，是衡量一个监理工程师工作作风的重要标准。

四、总监理工程师

总监理工程师是监理单位派出的设计监理项目执行机构的代表，是设计监理项目的总负责人，在项目监理中起着举足轻重的作用。所以要求他是一个技术水平高、管理经验丰富、能公正执行合同、决策能力较强的组织者。具体要求是：

1. 专业技术知识水平较高

设计总监理工程师必须有较丰富的专业知识，有成熟的设计经验，能在重大技术方案的决策上进行决断，更能以自己的决断力，鉴别设计方案的优劣。

当然，不是要求设计总监对所有的技术都能精通，但是必须在本专业的范围内的主要技术上能够精通，而且能够借助于专家和各专业监理工程师的协助就可应付自如，得心应手。例如，港口工程的设计总监理工程师必须精通港口工程中的总图、水工结构或装卸工艺等专业中的某一专业，是这个专业的专家，而且，在这个专业中从事过多年的设计工作，有着丰富的设计经验，这样，他在总监理工程师的岗位上便能操作自如了。

2. 管理经验较丰富

总监理工程师的工作，在很大程度上是一种组织与管理工作，设计监理工作具有专业的交叉与渗透的特点。因此，设计总监理工程师不但要有一定深度的专业知识，更需要具备管理知识和组织工作才能。只精通技术，不熟悉管理、无组织能力的人不宜做总监理工程师。正如一流的教授不一定是个称职的校长，技术水平很高的工程师未必是一个合格的厂长一样，一个优秀的总监理工程师必定是技术水较平高、管理能力较强的人。

3. 组织能力较强

总监理工程师要带领监理人员实现监理目标，面对智商较高的群体(设计人员)，要与他们共事，要与新老知识分子打交道，也要协调好各方的关系，这一切均离不开总监理工程师的组织能力、协调能力和领导艺术。

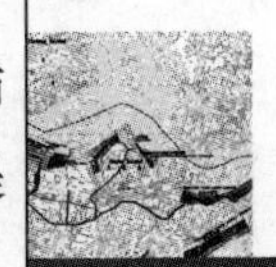

(1)理论修养：现代化的“行为科学”和“管理心理学”应作为总监理工程师的理论修养和实际应用的武器。结合工程设计，选择人员并发挥其才能，是提高总监理工程师自身修养的重要条件。

(2)素质和能力：总监理工程师是监理班子的领导者和指挥者，要实现监理目标，圆满完成设计监理任务，离不开总监理工程师的组织才能和个人素质。这种才能与素质表现在：

①决策应变能力：港口工程设计中，设计资料与设计条件有时不足，有时多变，设计工作往往不能停步，设计人员有时会提出这样和那样的问题。为及时解决这些问题，需要总监理工程师迅速作出判断和决定。所以说总监理工程师的决策与应变能力，对设计进程影响很大。

②组织指挥能力：在工程设计中，涉及多专业共同工作，专业间相互影响互为条件。监理工程师一般按不同专业对本专业的设计进行监理，专业间时有矛盾产生，作为监理人员的领导人，总监理工程师如何做好组织工作，指挥各专业的设计人员和监理工程师，使他们能相互配合共同搞好设计与监理十分重要。只有具备良好的组织指挥才能，才能做好组织与协调工作。

③协调控制能力：总监理工程师要力求将设计与监理各方的活动组成一个整体，处理好各种矛盾，就要求总监理工程师具备良好的协调能力与控制能力。为了确定监理目标的实现，总监理工程师应当认识到：协调是手段，控制是目的，两者互为条件，互相促进。

④总结与表达能力：协商设计条件、讨论设计方案和研究技术要求等，一般应通过会议确定，也通过会议向外表达，作为设计监理负责人和组织者，总监理工程师应有较强的总结能力和表达能力，善于将众说纷纭的意见归纳总结，将

不同的意见分门别类，择优选取，还要能将设计思想、设计方案、设计要求向外正确表述。这些均是一位总监理工程师必须具备的能力。

▶ 五、总监理工程师的职责

在设计监理过程中总监理工程师的职责主要有：

(1)代表监理单位领导监理部，执行设计监理合同，保持与委托人的联系，经常了解其愿望与要求；

(2)编写设计监理规划、组织监理工程师编写监理细则并对其进行审查；

(3)审查设计单位提交的设计计划和设计提纲；

(4)组织安排监理工程师审查业主或设计单位提交的设计基础资料和设计条件；

(5)组织并指导监理工程师审查设计计算书，重点复核主体结构稳定和主要部位的结构强度；

(6)组织指导并参与设计图纸的审查、概算和理论工程量的校核；

(7)主持召开设计和监理双方的协调会，技术讨论会；

(8)编写或审查设计监理总结和监理报告。

▶ 六、设计监理工程师的职责

监理工程师在总监理工程师的领导下，依据设计监理合同，行使以下职责：

(1)严格执行设计监理规划，编写设计监理细则，交总监理工程师审查批准后执行；

(2)审查设计相关专业提交的设计提纲；

(3)审查委托人或设计单位提交的设计基础资料和设计条件；

(4)审查计算书，必要时对主体结构重要部位的计算结果进行复核；

(5)审查设计图纸；

(6)审查工程概算(初设)和理论工程量(施设)；

(7)审查设计说明书；

(8)接受总监理工程师交办的其他工作。

第四章　设计监理阶段的划分

▶ 一、设计阶段的划分

要做好设计监理工作，必须对工程项目设计全过程的工作内容、设计阶段划分、设计程序和各阶段的工作重点等均十分清楚。否则，监理工作就可能忙乱以至盲目。按照交通部的规定，新建的港口工程项目的设计阶段作如下划分：

(1)工程立项；

(2)项目建议书或选址；

(3)预可行性研究或选址，简称“预可”；

(4)工程可行性研究，简称“工可”；

工程项目若无需选址时，可将“预可”与“工可”两阶段合并；

(5)初步设计；

(6)施工图设计。

▶ 二、设计监理程序

工程项目设计全过程如下：

Z—上级主管单位；J—监理单位或监理工程师；Y—业主；S—被监理单位(设计单位)

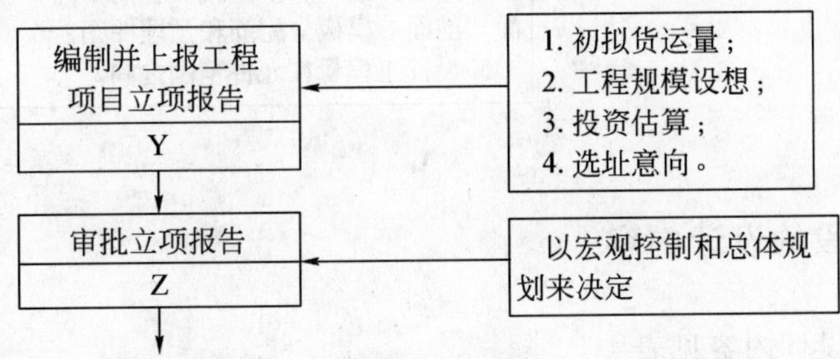

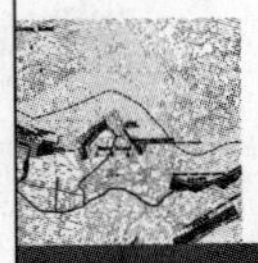

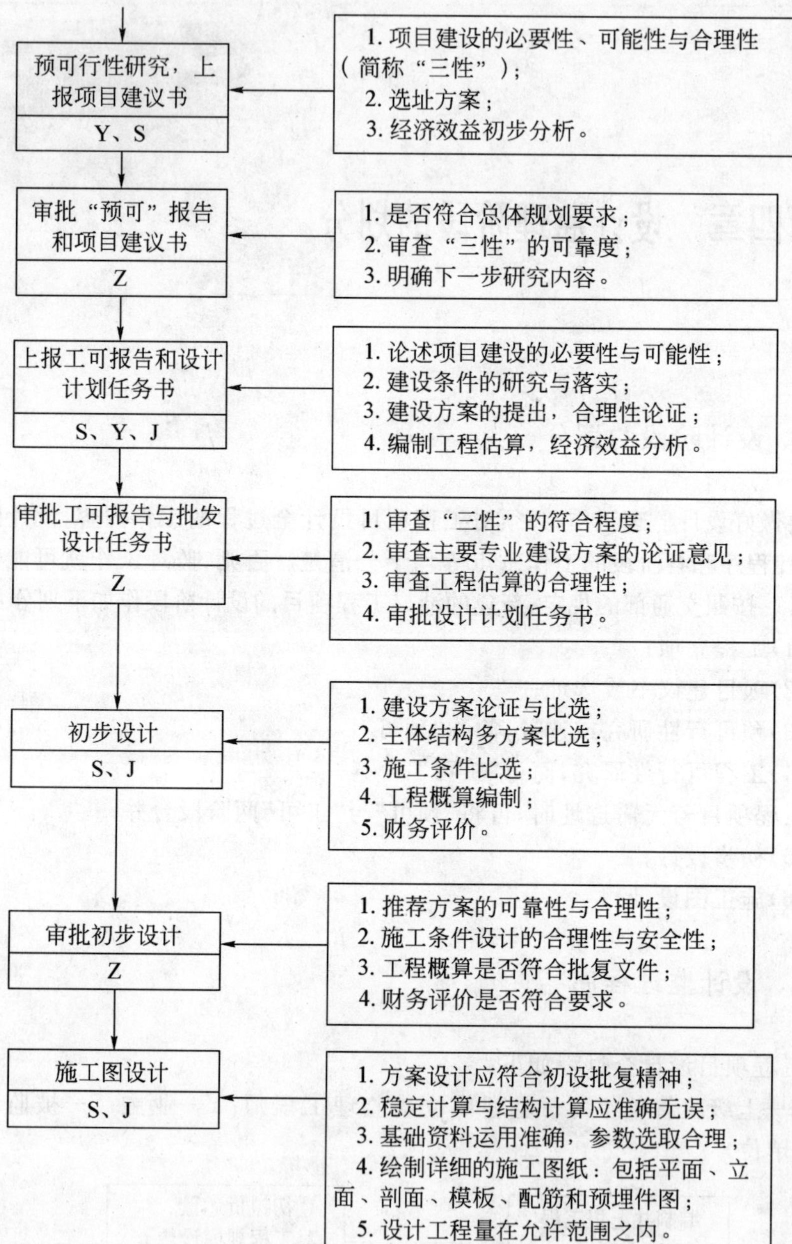

▶ 三、各阶段的设计内容

各阶段的设计内容见表 4-1。

表 4-1

设计阶段	设计与研究目的	工作重点	设计深度	应提交的设计成果	说明
1.预可行性研究（预可）	1.提供编报工程项目建议书的依据； 2.项目选址意见	1.论证项目建设的必要性； 2.论证项目建设的可能性； 3.提出主要工程的建设方案； 4.编制投资匡算，论述项目建设的经济合理性。	1.主体工程应达到方案设计深度； 2.其他工程要按综合指标估算投资； 3.选址方案比较。	1.预可行性研究报告； 2.主体工程方案设计图纸； 3.投资匡算； 4.选址推荐方案。	如果工程无选址要求，此阶段可省略，直接进行“工可”研究
2.工程可行性研究（工可）	1.提供编报设计计划任务书的依据； 2.提供主体工程设计方案	1.深入论证项目建设的必要性； 2.深入论证项目建设的可能性和建设条件； 3.提出全部工程的建设方案； 4.编制投资估算，进行全面的经济分析，论述经济合理性。	1.主体工程方案应达到初步设计深度； 2.配套工程配合主体工程提出设计方案； 3.投资估算基本准确； 4.经济分析应满足内部收益率的规定。	1.工程可行性研究报告； 2.主体方案设计图； 3.专题报告； 4.投资估算； 5.各种意向书。	
3.初步设计	1.提供编报工程建设方案和施工图设计依据； 2.提供筹资（自筹或贷款）的依据	1.主体工程与配套工程建设方案论证与比选； 2.施工条件的选择与比选； 3.工程概算的编制； 4.财务评价。	1.各项工程均应提出设计方案，主体工程应有两个以上方案且有推荐意见； 2.工程概算准确可靠，总额不得超过投资估算的±10%。	1.初步设计报告； 2.工程概算； 3.主要材料与设备清单； 4.各专业设计图。	
4.施工图设计	1.为工程招标和施工提供依据和条件； 2.对施工提出要求	1.所有建（构）筑的稳定与结构计算； 2.绘制施工图。	1.每项工程的稳定与结构计算准确无误，符合规范规定，符合安全稳定的要求； 2.绘制详细施工图，包括总平面、立面、剖面、模板、配筋和预埋件图。	1.详细的施工图纸； 2.书面的施工要求。	

四、工程可行性研究阶段的监理

1. 建立工作关系

设计开始前，业主一般通过招标或直接委托的方式，选好设计单位与监理单位，通过合同建立三方的工作关系，如图 4-1 所示。

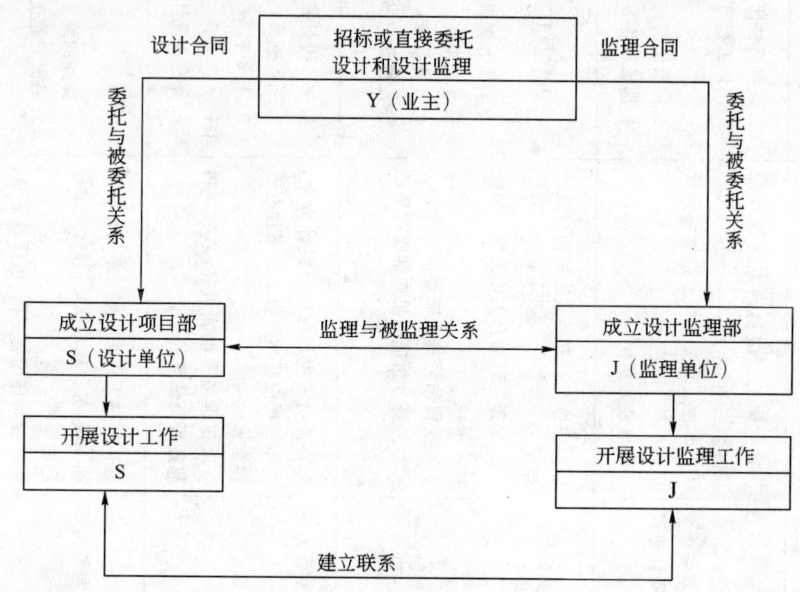

图 4-1 监理关系图

2. 监理单位的工作

我国目前的情况是，无论是“预可”阶段或者“工可”阶段，业主用招标的方式来选择设计单位，多数不会委托监理单位来替代，所以本文不打算介绍监理工程师在“设计招标”中的职责。又因为“预可”与“工可”两阶段的工作内容除选址外，大体相同，仅仅是研究报告的深浅有异，所以本文着重介绍“工程可行性研究”阶段的设计监理工作。

每项监理任务落实后，监理单位和监理工程师应做好以下工作：

(1)成立设计监理部，任命总监理工程师。

(2)向业主和设计单位提交设计监理规划，内容有：

①监理依据、监理范围和工程规模；

②监理机构与人员；

③监理工作目标与进度计划；

④监理内容与要求；
⑤监理程序与工作方法；
⑥设计单位应提供的资料。

(3)向业主和设计单位提交设计监理实施细则。

(4)开展设计监理工作。

(5)提交设计监理报告。

(6)设计监理总结。

3. 监理程序

工程可行性阶段监理程序如下：

Y—业主；S—被监理单位（设计单位）；J—监理单位，监理工程师

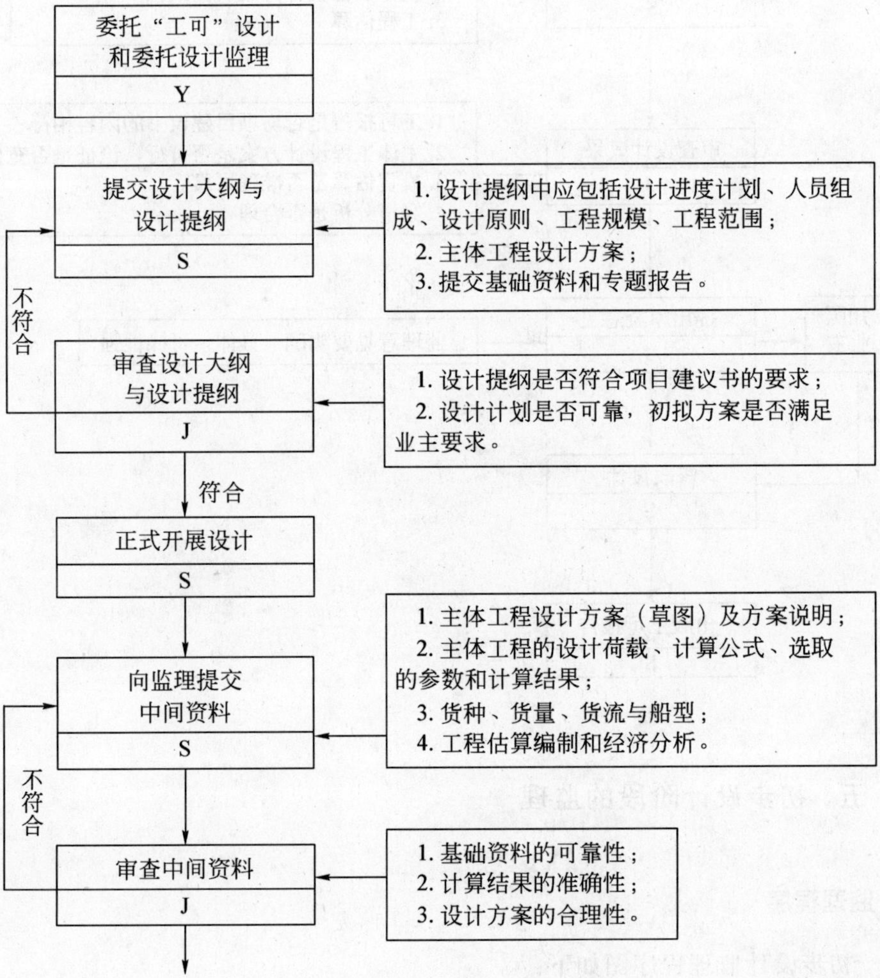

委托“工可”设计和委托设计监理
Y

↓

提交设计大纲与设计提纲
S

← 1. 设计提纲中应包括设计进度计划、人员组成、设计原则、工程规模、工程范围；
2. 主体工程设计方案；
3. 提交基础资料和专题报告。

审查设计大纲与设计提纲
J
（不符合 → 返回“提交设计大纲与设计提纲”）

← 1. 设计提纲是否符合项目建议书的要求；
2. 设计计划是否可靠，初拟方案是否满足业主要求。

↓ 符合

正式开展设计
S

↓

向监理提交中间资料
S

← 1. 主体工程设计方案（草图）及方案说明；
2. 主体工程的设计荷载、计算公式、选取的参数和计算结果；
3. 货种、货量、货流与船型；
4. 工程估算编制和经济分析。

↓

审查中间资料
J
（不符合 → 返回“向监理提交中间资料”）

← 1. 基础资料的可靠性；
2. 计算结果的准确性；
3. 设计方案的合理性。

↓

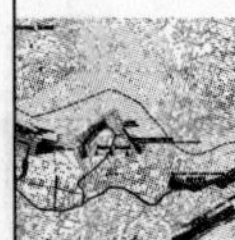

第四章 设计监理阶段的划分

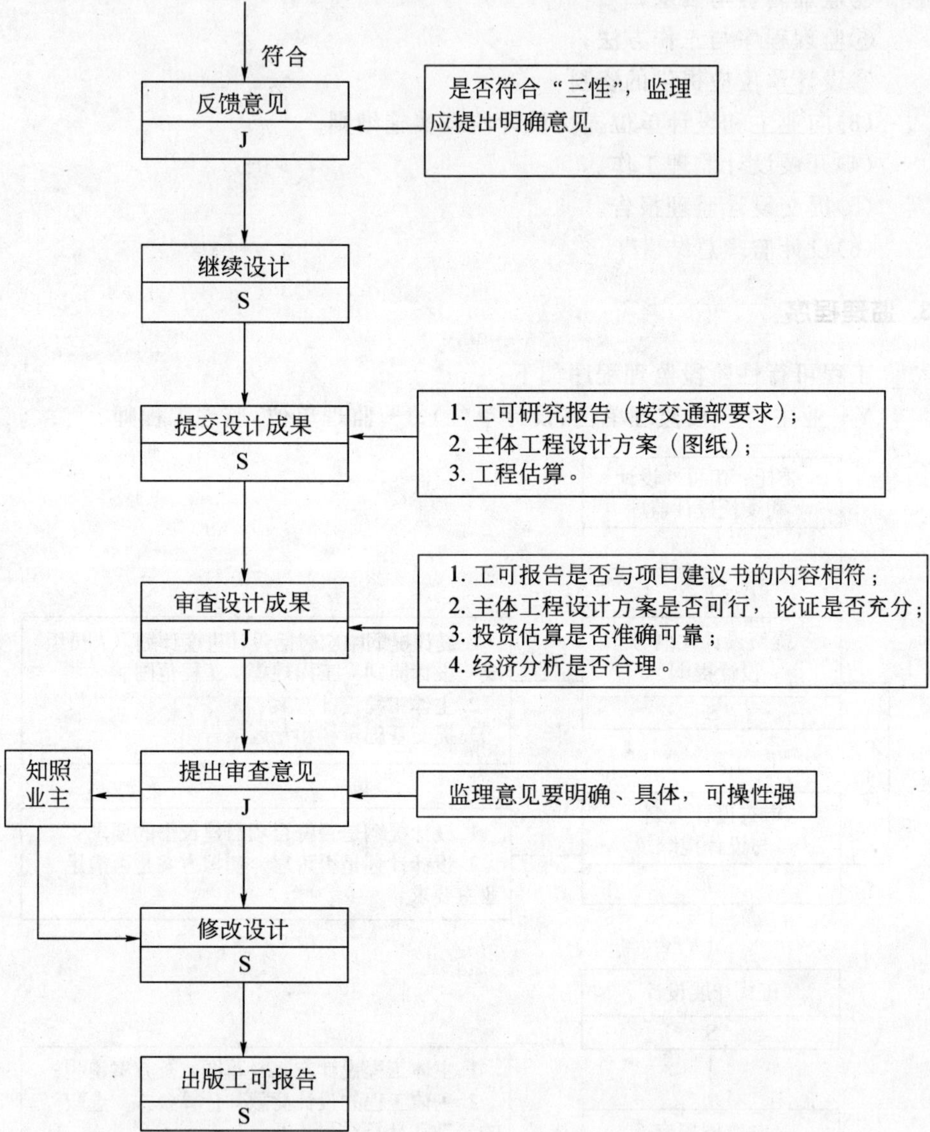

▶ 五、初步设计阶段的监理

1. 监理程序

初步设计监理程序图如下：

Y—业主；J—监理单位，监理工程师；S—被监理单位（设计单位）

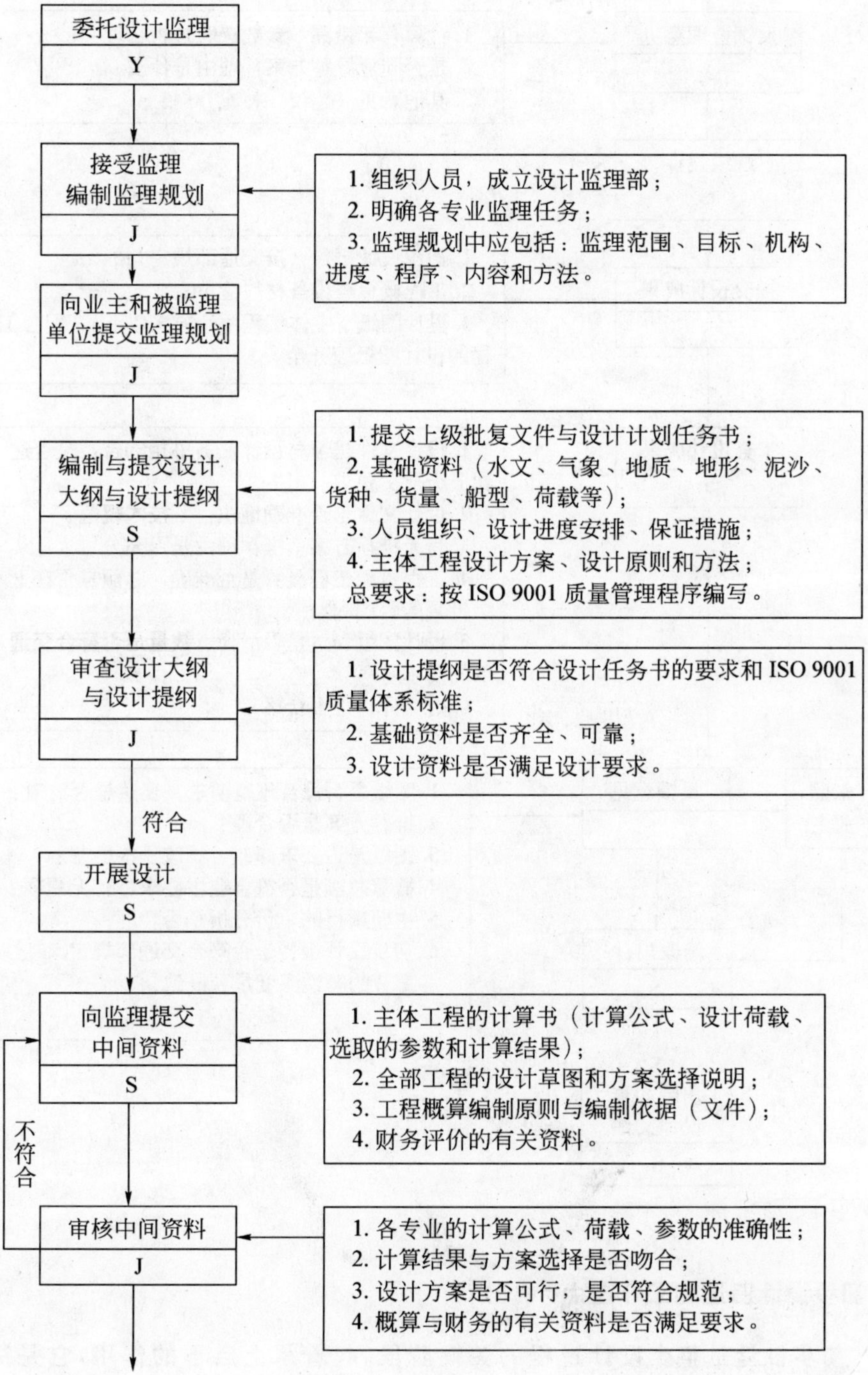

委托设计监理
Y

↓

接受监理
编制监理规划
J

← 1. 组织人员，成立设计监理部；
2. 明确各专业监理任务；
3. 监理规划中应包括：监理范围、目标、机构、进度、程序、内容和方法。

↓

向业主和被监理单位提交监理规划
J

↓

编制与提交设计大纲与设计提纲
S

← 1. 提交上级批复文件与设计计划任务书；
2. 基础资料（水文、气象、地质、地形、泥沙、货种、货量、船型、荷载等）；
3. 人员组织、设计进度安排、保证措施；
4. 主体工程设计方案、设计原则和方法；
总要求：按 ISO 9001 质量管理程序编写。

↓

审查设计大纲与设计提纲
J

← 1. 设计提纲是否符合设计任务书的要求和 ISO 9001 质量体系标准；
2. 基础资料是否齐全、可靠；
3. 设计资料是否满足设计要求。

↓ 符合

开展设计
S

↓

向监理提交中间资料
S

← 1. 主体工程的计算书（计算公式、设计荷载、选取的参数和计算结果）；
2. 全部工程的设计草图和方案选择说明；
3. 工程概算编制原则与编制依据（文件）；
4. 财务评价的有关资料。

↓

审核中间资料
J

← 1. 各专业的计算公式、荷载、参数的准确性；
2. 计算结果与方案选择是否吻合；
3. 设计方案是否可行，是否符合规范；
4. 概算与财务的有关资料是否满足要求。

（不符合 → 返回向监理提交中间资料）

↓

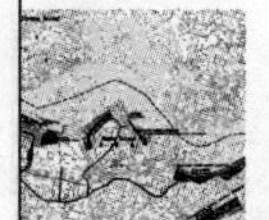

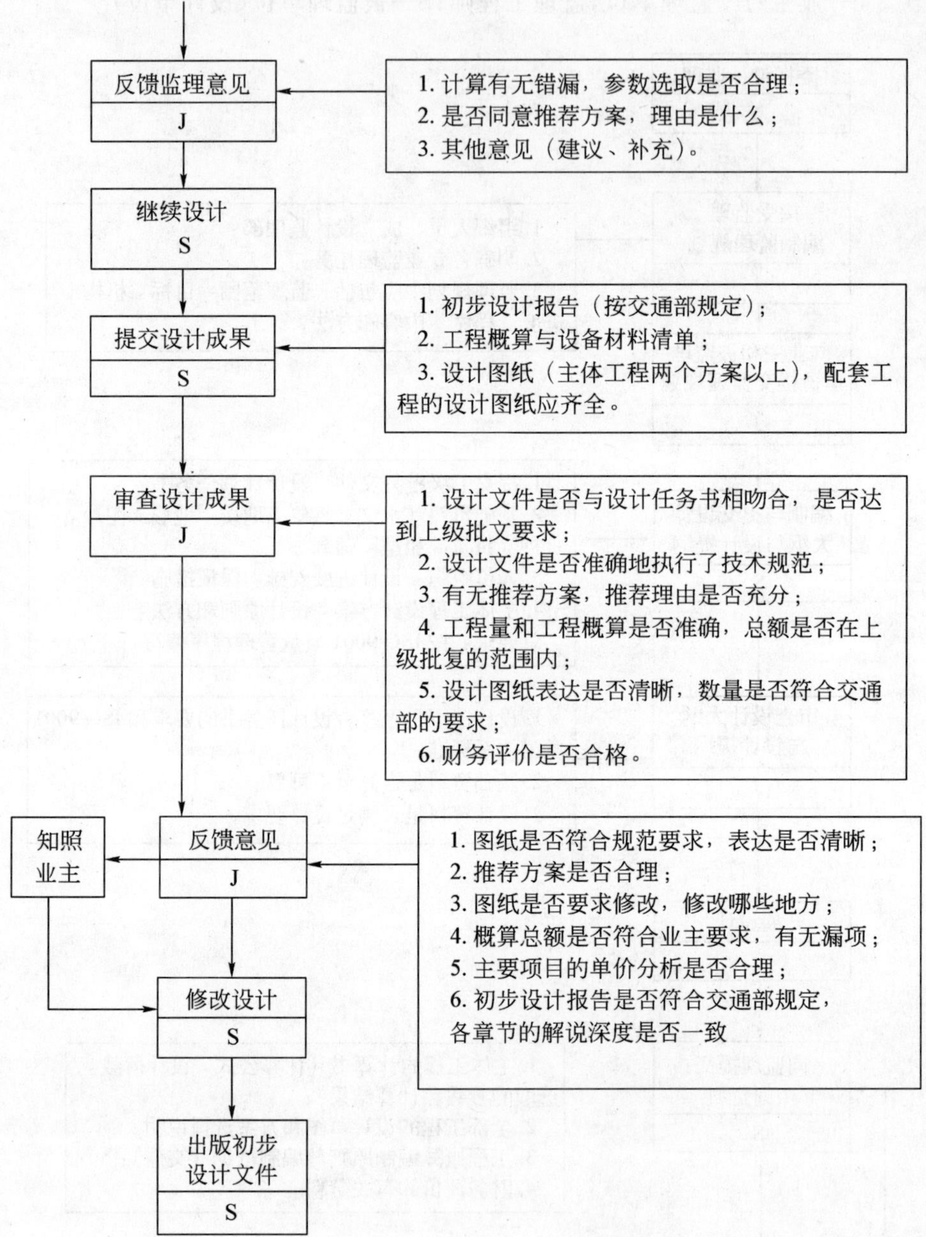

2. 初步设计监理的工作重点

初步设计是整个设计过程的关键阶段，起着承上启下的作用，它是决定建设方案和控制工程总投资的最后阶段，所以初步设计可以说是建设方案的决定阶段，因而它的工作重点是论证、选取、推荐工程建设方案和编制相应的工程概算。设计监理工程师的工作重点也应紧紧围绕建设方案的确立，在“工可”研究的基础上对建设条件、施工条件、建设方案的适用性、科学性、稳定性、耐久性、经济性和合理性等进行论证，与设计人员一道为业主提供一份优秀设计。

▶ 六、施工图设计阶段的监理

1)施工图设计是为施工招标和工程施工提供依据，即提供施工用的图纸。本设计阶段的工作目标是确保施工图纸的符合性与安全性。即符合上级对初步设计的批复精神，施工方便，结构安全可靠。设计监理的工作目标是监督设计确保上述“两性”的实现。

2)监理程序与内容如下：

J—监理单位，监理工程师；S—被监理单位(设计单位)

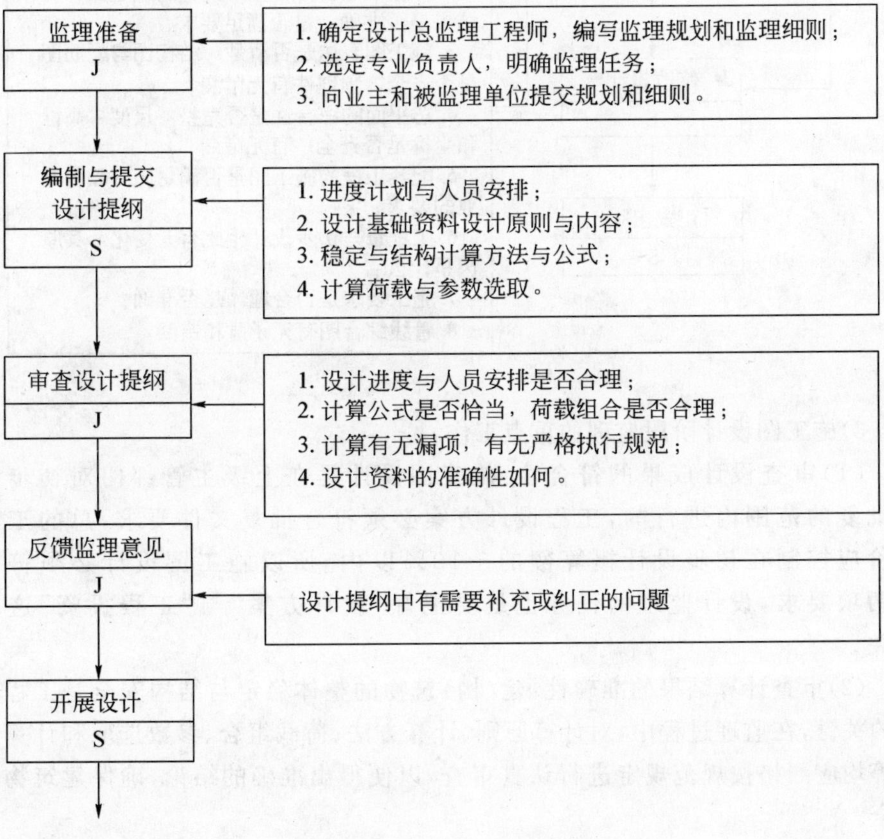

监理准备 J	1. 确定设计总监理工程师，编写监理规划和监理细则； 2. 选定专业负责人，明确监理任务； 3. 向业主和被监理单位提交规划和细则。
编制与提交设计提纲 S	1. 进度计划与人员安排； 2. 设计基础资料设计原则与内容； 3. 稳定与结构计算方法与公式； 4. 计算荷载与参数选取。
审查设计提纲 J	1. 设计进度与人员安排是否合理； 2. 计算公式是否恰当，荷载组合是否合理； 3. 计算有无漏项，有无严格执行规范； 4. 设计资料的准确性如何。
反馈监理意见 J	设计提纲中有需要补充或纠正的问题
开展设计 S	

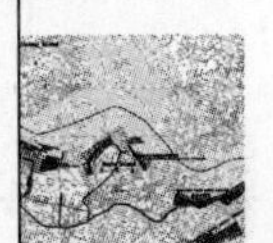

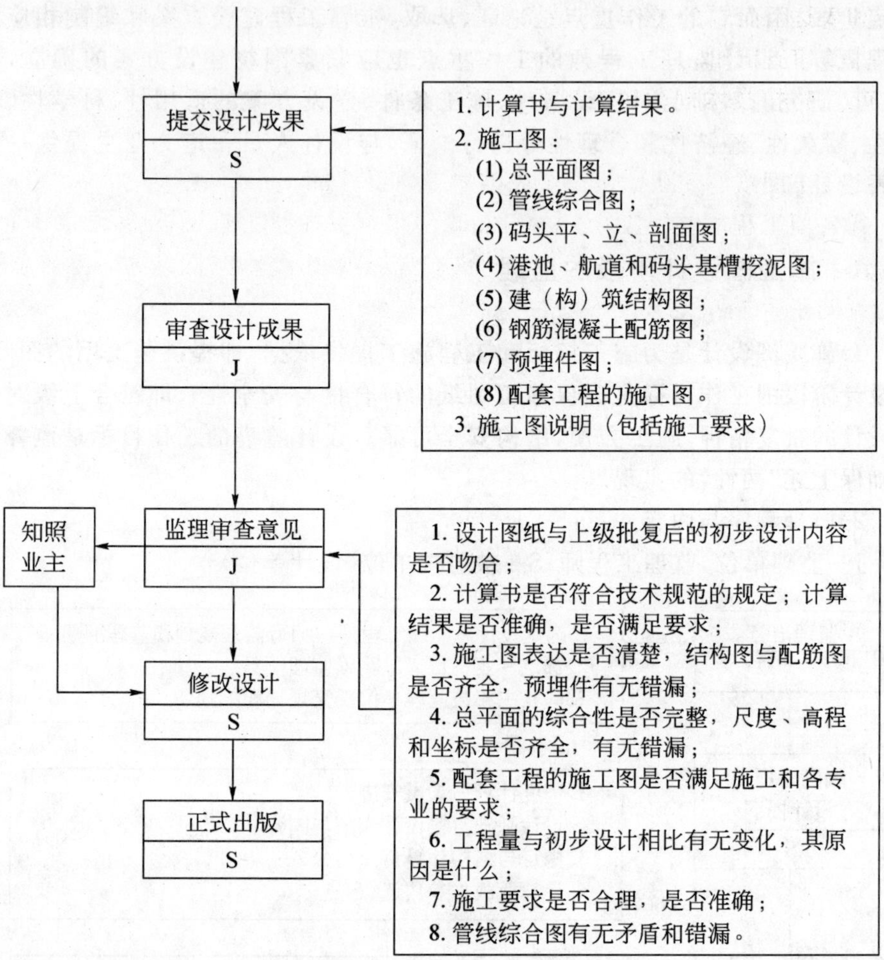

提交设计成果
S

1. 计算书与计算结果。
2. 施工图：
(1) 总平面图；
(2) 管线综合图；
(3) 码头平、立、剖面图；
(4) 港池、航道和码头基槽挖泥图；
(5) 建（构）筑结构图；
(6) 钢筋混凝土配筋图；
(7) 预埋件图；
(8) 配套工程的施工图。
3. 施工图说明（包括施工要求）

审查设计成果
J

监理审查意见
J

知照业主

1. 设计图纸与上级批复后的初步设计内容是否吻合；
2. 计算书是否符合技术规范的规定；计算结果是否准确，是否满足要求；
3. 施工图表达是否清楚，结构图与配筋图是否齐全，预埋件有无错漏；
4. 总平面的综合性是否完整，尺度、高程和坐标是否齐全，有无错漏；
5. 配套工程的施工图是否满足施工和各专业的要求；
6. 工程量与初步设计相比有无变化，其原因是什么；
7. 施工要求是否合理，是否准确；
8. 管线综合图有无矛盾和错漏。

修改设计
S

正式出版
S

3)施工图设计阶段监理的重点工作。

(1)审查设计成果的符合性：施工图设计是在上级主管部门对初步设计批复的范围内进行的，工程设计方案必须符合批复文件要求，总的工程造价应控制在初步设计概算额的±10％以内，所以施工图设计必须符合这两项要求，设计监理的任务也是要把好“设计方案”与“工程投资”这两道关。

(2)审查计算结果的准确性：建(构)筑物的整体稳定与结构安全是工程成败的关键，在监理过程中，对计算原则、计算方法、荷载组合、参数选取和计算结果等均应严格按规范规定进行认真审查，以便得出准确的结论，确保建筑物的安全。

(3)审查设计图纸的完整性：设计图纸是工程施工的依据，除了应确保结构安全和表达清楚以外，重要的是图纸表达应系统完整，设计监理在本阶段的主要工作是审查图纸：

①严格按技术规范审查各种计算结果是否满足要求，有无错漏，有无安全隐患；

②施工图纸有无表达出一个完整的工程项目；

③各项工程的施工图(总平面图、管线综合图、挖泥图、模板图、配筋图、预埋件图和配套工程施工图等)是否齐全，有无漏项，各专业的图纸的表达与总平面图有无矛盾；

④施工图纸有无错漏，高程、坐标、尺寸是否准确，分项工程之间的衔接有无矛盾，图纸中有无模糊不清的地方等。

第五章 设计监理规划

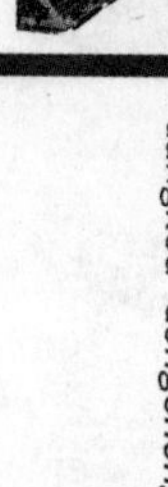

一、设计监理规划的作用

1. 设计监理规划

设计监理规划是监理单位承接了业主委托的监理任务之后，为了指导设计监理而制定的行动计划，它是在“监理大纲”的基础上制定的指导设计监理工作的纲领性文件。它是在确了监理任务之后，根据业主和设计单位提交的基础资料和设计要求来编写的，主要内容是：工程概况、监理组织、监理程序和监理方法，其详细内容将在本章第 4 节介绍。

2. 监理大纲及其主要内容

在“监理规划”之前。监理单位为了承揽任务参加监理投标而要编写一份“监理大纲”，作为监理投标书的一部分。

“监理大纲”又称“监理方案”或“监理建议书”，其目的是期望项目法人采用自己在监理大纲中建议的监理方案，实现建设意图，从而取得监理竞争的胜利。所以，监理大纲是为监理单位的经营目标服务的，是承接监理任务的重要文件。

监理大纲的主要内容如下：

(1)监理单位简况：组织机构、人员组成、资质证明、监理业务范围、单位地址、电话等。

(2)监理单位工作经历：成立日期、承担监理任务的业绩与目前工作状况。

(3)简要监理规划：对项目进行简单评价、如何实现建设目标、监理内容与程序、监理措施和监理制度。

(4)监理人员与组织：参加设计监理人员数量与资质、监理机构的组成、总监理工程师姓名等。

(5)监理条件：要求业主为监理人员提供的工作条件、交通条件、通信条件、办公设备和生活设施。

(6)监理费报价:监理费用总额及其支付办法。

3. 设计监理规划的作用

(1)监理规划是指导设计监理组织(监理部、组)开展监理工作主要文件。

设计监理的主要任务是监督设计单位完成一项好的设计,以实现业主工程建设总目标中的首要目标——经济合理,技术先进,美观适用的优秀设计。这是一个系统工程,它需要制定计划、建立组织机构、配备人员、实行目标控制。因此,监理规划就要对这一系统工程作全面、系统的安排。包括监理目标、监理计划、监理程序、监理方法与措施。监理规划要明确各阶段要做哪些工作?由谁来做?在什么时间用什么方式来做这些工作?如何做好这些工作?

设计监理与施工监理不同,两者虽然都是脑力劳动的技术服务,但两者服务的对象不同。施工监理面对的是广大的实际施工的操作人及其管理者,人员多,范围广。而设计监理面对的是人员集中、范围较小、以脑力劳动为主的高智商的设计人员。所以"设计监理规划"要面对这一实际情况来编写。

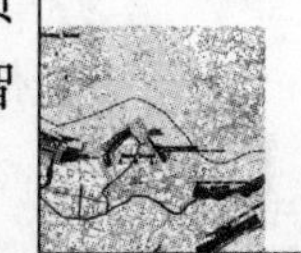

(2)监理规划是监理主管机关对下监督的重要依据。

工程建设监理的主管机关对其下属要实行监督、指导与管理,对下属企业的水平、人员素质、专业配备和监理业绩要进行核查与考评。要做到这一点,除了进行一般性的资质管理之外,更重要的是对具体工程项目的监理业绩的考评才能认定监理单位的水平,所以监理规划便成了上级监督管理的重要依据。

(3)监理规划是业主确认监理单位是否全面、是否认真履行监理合同的重要依据。

监理单位如何履行监理合同?如何落实对业主的各项承诺?监理规划则是其重要依据,它是业主了解和认识监理单位履行监理合同,兑现有关承诺的最好资料。

(4)监理规划是监理单位提高自身水平的重要资料。

设计监理规划的内容会随着工作的进展而逐步调整、补充和完善,随着这种补充与完善,监理工作也随之改进和提高,它在一定程度上真实地反映了一个工程项目的全貌,是最好的工作记录,也是监理单位自身水平提高的见证。

二、设计监理规划的分类与编写

1. 设计监理规划的分类

设计监理规划是监理系统文件的总称,具体可划分成3类:

(1)监理大纲。它是承揽监理业务的文件，其作用有二：一是使业主认可监理方案，从而承揽到监理业务，二是为今后开展监理工作制定方案。监理大纲的内容已在前节中作了介绍，此处从简。

(2)监理规划。它是在监理大纲的基础上，在落实了监理任务之后，由总监负责编写的指导性文件，其内容详见本章第四部分。

(3)监理细则。它是在监理规划的基础上，针对每个不同的专业，指导专业设计监理的实施文件，其特点是针对不同专业、不同程度、不同范围的设计工作，解决设计监理过程中监理工程师如何进行工作，重点是解决可操作性问题。监理细则的内容详见第六、七、八、九、十章。

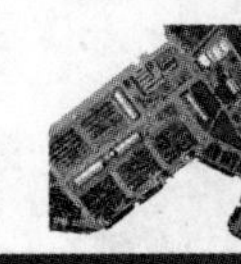

2. 设计监理规划的编写要求

(1)监理规划内容力求统一

我国的设计监理工作的开展虽然尚未形成全国性的规模，但是要使监理工作规范化、制度化，统一监理规划内容十分重要。

(2)规划内容要有针对性

由于监理规划是指导某一特定的设计项目进行监理的技术文件，其内容应当针对这个工程项目的特点，提出监理内容与方法。

(3)监理规划的表达方式应当格式化和标准化，现代科学的管理应当讲究效率、效能和效益，哪一种表达方式能使设计监理规划更明确、更简洁、更直观，使人一目了然。所以，表格、图示是最好、最简洁、最明了的方法，应当尽量使用这些方法。

▶ 三、设计监理规划编写的依据

1. 设计监理委托合同

这是设计监理的主要依据，也是监理规划的主要依据，在合同中至少应有以下内容：

(1)监理单位和监理工程师的权利和义务；

(2)设计监理范围、阶段和内容；

(3)监理组织、人员组成和监理程序；

(4)监理方式、方法和监理工作的报告制度。

2. 设计条件

设计条件应包括自然条件、社会环境条件和经济条件三部分内容：

(1)工程地质与地形地貌；

(2)水文与气象；

(3)潮汐与风浪；

(4)工程区的道路交通；

(5)施工期的水电、通信；

(6)施工场地与构件预制场；

(7)建筑红线与工程区周边环境；

(8)建筑材料市场与设备采购意向；

(9)社会治安与劳动力市场。

3. 法律法规

(1)上阶段的设计研究成果是否被上级主管部门批准？

(2)本项工程是否纳入了城市的总体规划，是否被批准？

(3)土地使用条件是否落实？

(4)环保评价是否得到当地环保部门的确认？环境保护方案是否得到环保主管部门的批准？

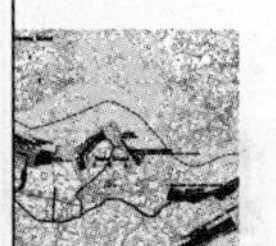

4."上游"设计成果

设计与设计监理均是分阶段进行的，每一个阶段的设计工作，一定是在其"上游"的成果的基础上进行的。例如，"初步设计"的上游是"可行性研究"，"施图设计"的上游是"初步设计"。"上游"设计是"下游"设计的基础，"下游"设计则是"上游"成果的拓展与延续，两者的关系，国家有明文的规定，这也就自然成为编制设计监理规划的依据。

5. 设计监理大纲

此项依据前已叙述，故此从略。

▶ 四、设计监理规划的内容

设计监理规划是在设计监理合同签订后编制的指导监理工作开展的纲领性文件，由于它是在明确了监理委托关系和指定了总监理工程师之后，并基本掌握了设计基础资料和"上游"的设计成果的情况下，由总监理工程师负责编写的，所以监理规划的内容与深度比监理大纲更为详细与具体。

设计监理规划至少包括以下内容：

1. 工程概况

(1)工程名称与建设地点;

(2)工程规模:码头吨级或设计水深,泊位数或码头长度;

(3)主要建筑物的结构形式;

(4)工程投资:工程可行性研究后应有投资估算;初步设计后应有工程概算;施工图设计后应有施工预算;

(5)设计范围与涉及的专业;

(6)设计周期。

以上各项,如果建筑物的数量较多,最好用表格形式来表达,见表 5-1。

表 5-1

主要建筑物名称	吨级(万吨)	总长(m)	设计水深(m)	结构形式	其他
1.主体码头	5.0	1000	−15	重力式	
2.重件码头	1.0	200	−10	重力式	
3.工作船码头	0.2	100	−5	高桩梁板	
4.港池			−14		
5.航道		10000	−13		

2. 监理阶段、范围与目标

(1)监理阶段:可分为可行性研究、初步设计和施工图设计三个设计阶段。

(2)监理范围:在一个综合性的港口工程或其他水运工程,应有一定的范围,其界线大多在设计合同中明确。监理范围也应明确划定,以便开展工作。最好是按子项目一一列出。码头工程中有若干个专业,例如,总图、水工、工艺、路场、给排水、供电与照明、污水处理、自动控制等等。如果有些专业需要监理,应分别列出,如果不写,则意味着要全部监理或者对该项不进行监理。

(3)监理目标:监理目标是监理单位承担的任务后,根据业主的要求所要达到的目标,一般有三。

①质量目标:使设计成果达到优量等级,即技术先进,经济合理,美观实用,或者达到合格等级;

②工期目标:按业主预定的日期提交设计成果;

③投资目标:经济合理,工程造价(概算)不超过“上游”设计投资(估算)。

3. 设计监理规划内容

初步设计和施工图设计阶段的主要内容包括:

(1)根据设计需要,协助业主收集基础资料,如地形地质、水文气象、潮汐潮

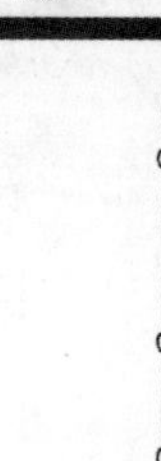

流、波浪要素、泥沙运动、地方材料等等；

(2)协助业主编写设计招标文件并协助进行设计招标；

(3)协助业主编写设计合同并参加合同谈判；

(4)向中标的设计单位提供设计基础资料；

(5)按照监理范围审查设计单位提交的设计大纲；

(6)参与设计方案比选会议，审查确定设计方案；

(7)审查设计图纸并提出审查意见；

(8)审查设计计算书，复核主要结构和重点部位的计算；

(9)审查工程概预算；

(10)监督设计进度，以确保设计周期。

注：本书后部备有某港设计监理规划，供参阅。

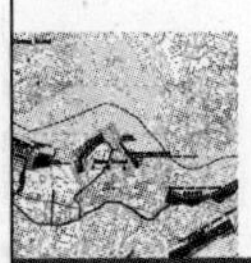

第六章　可行性研究阶段的监理

▶ 一、设计监理程序

港口工程(包括其他水运工程)可行性研究可分两个阶段,即“预可行性研究”和“工程可行性研究”,设计监理程序如下:

Y—业主;J—监理单位;S—设计单位

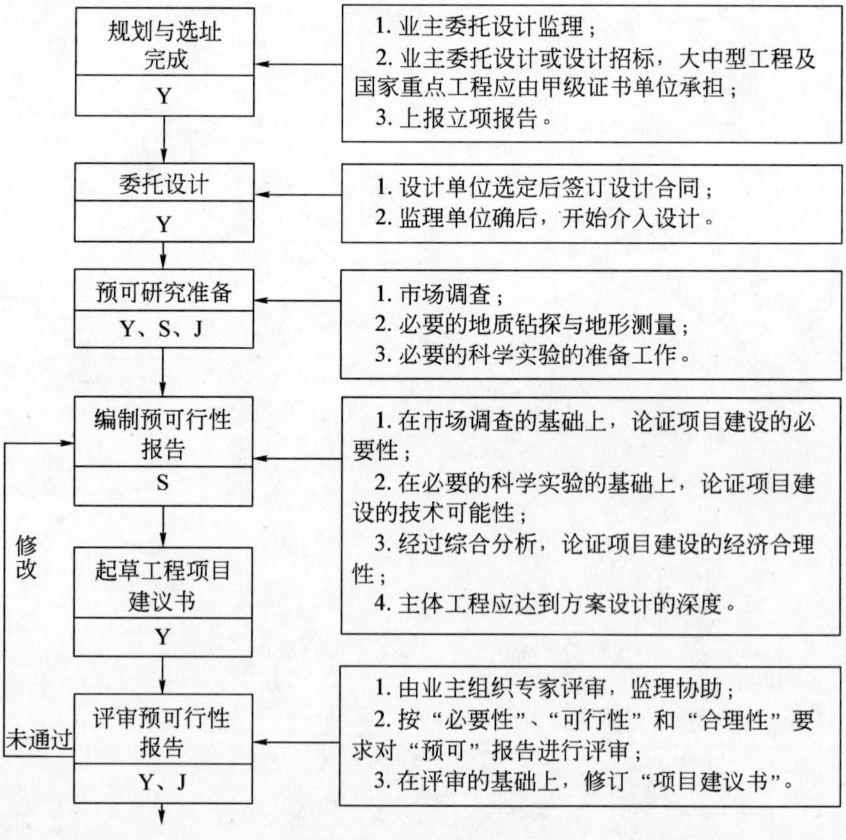

程序	责任	说明
规划与选址完成	Y	1. 业主委托设计监理; 2. 业主委托设计或设计招标,大中型工程及国家重点工程应由甲级证书单位承担; 3. 上报立项报告。
↓ 委托设计	Y	1. 设计单位选定后签订设计合同; 2. 监理单位确后,开始介入设计。
↓ 预可研究准备	Y、S、J	1. 市场调查; 2. 必要的地质钻探与地形测量; 3. 必要的科学实验的准备工作。
↓ 编制预可行性报告	S	1. 在市场调查的基础上,论证项目建设的必要性; 2. 在必要的科学实验的基础上,论证项目建设的技术可能性; 3. 经过综合分析,论证项目建设的经济合理性; 4. 主体工程应达到方案设计的深度。
↓ 起草工程项目建议书	Y	
↓ 评审预可行性报告(未通过→修改,返回编制预可行性报告)	Y、J	1. 由业主组织专家评审,监理协助; 2. 按“必要性”、“可行性”和“合理性”要求对“预可”报告进行评审; 3. 在评审的基础上,修订“项目建议书”。
↓		

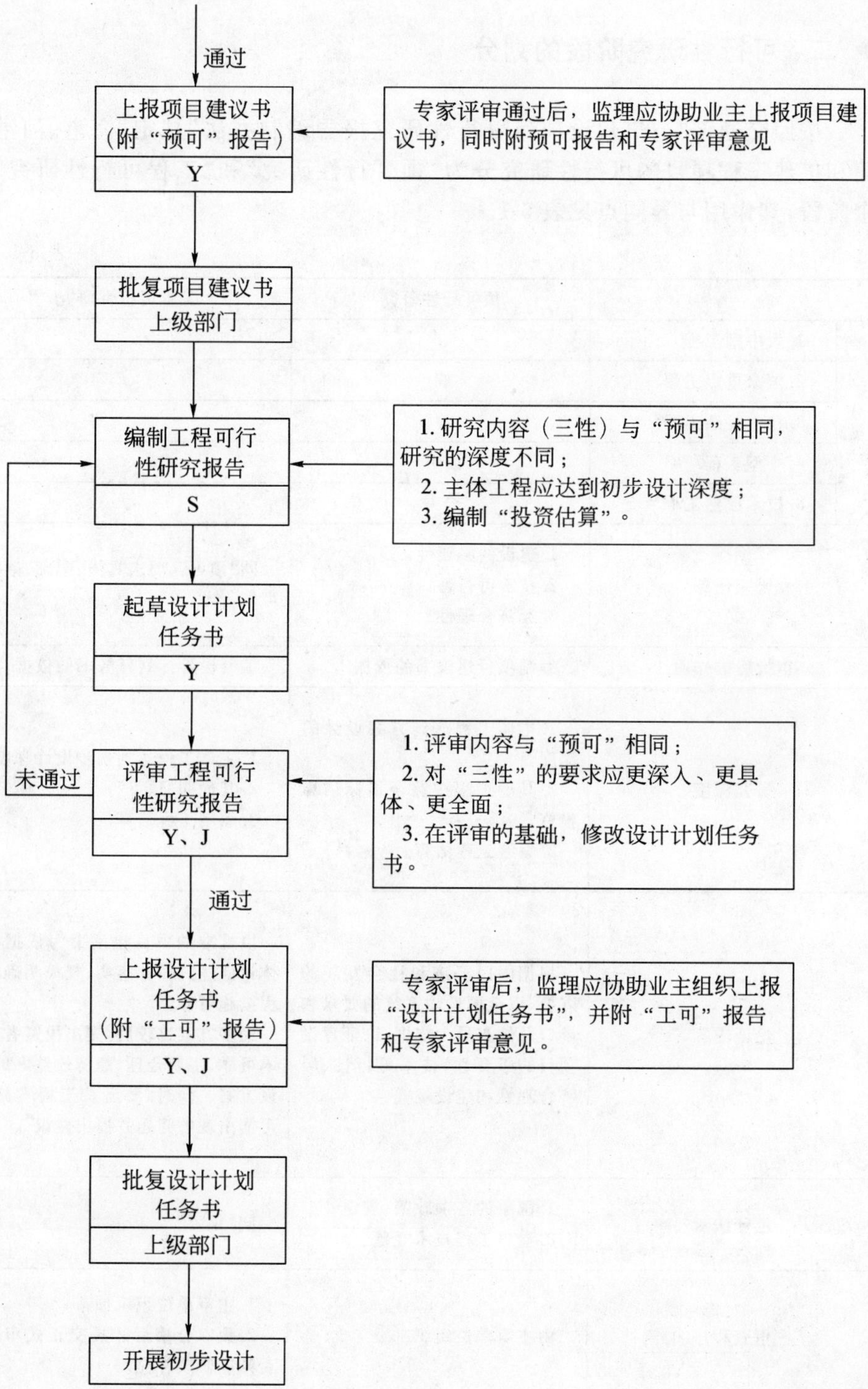

通过

上报项目建议书（附“预可”报告）
Y

专家评审通过后，监理应协助业主上报项目建议书，同时附预可报告和专家评审意见

批复项目建议书
上级部门

编制工程可行性研究报告
S

1. 研究内容（三性）与“预可”相同，研究的深度不同；
2. 主体工程应达到初步设计深度；
3. 编制“投资估算”。

起草设计计划任务书
Y

评审工程可行性研究报告
Y、J

未通过

1. 评审内容与“预可”相同；
2. 对“三性”的要求应更深入、更具体、更全面；
3. 在评审的基础，修改设计计划任务书。

通过

上报设计计划任务书（附“工可”报告）
Y、J

专家评审后，监理应协助业主组织上报“设计计划任务书”，并附“工可”报告和专家评审意见。

批复设计计划任务书
上级部门

开展初步设计

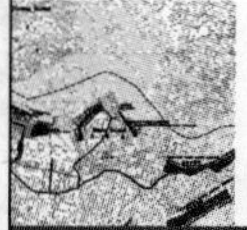

▶ 二、可行性研究阶段的划分

按照交通部“港口建设项目可行性研究报告编制办法”规定，海港、河港新建和扩建工程项目的可行性研究分为“预可行性研究”和“工程可行性研究”两个阶段，其作用与异同点见表 6-1。

表 6-1

内容		预可行性研究	工程可行性研究
分类	1. 大中型工程	√	√
	2. 国家重点工程	√	√
	3. 技术复杂工程	√	√
	4. 小型工程	合并	√
	5. 技术成熟工程	合并	√
研究任务		1. 建设的必要性； 2. 技术可行性； 3. 经济合理性	同“预可”，要求具体、明确、落实、可靠
审批后的作用		编制项目建议书的依据	编制设计计划任务书的依据
研究深度		1. 主体工程达到方案设计的深度； 2. 其他工程按综合指标估算投资； 3. 编制工程估算。	1. 主体工程达到初步设计深度； 2. 其他同“预可”； 3. 编制工程估算。
论证内容		根据国民经济和社会发展的需要，以全国运输系统的要求和港口总体布局为依据，论证建设项目的必要性，技术可行性、经济合理性和建设规模	以批准的项目建议书为依据，具体论证达到任务落实、规模明确，工程措施可靠。 经多方案比较后，提出投资省、技术可靠、工期合理、经济效益好的建设方案。同时，要反映工程实施中可能出现的问题并提出建议
遵守法规		1. 国家的各项政策、规定； 2. 港口工程技术规范。	同“预可”
审查程序		由主审单位组织	1. 主审单位组织预审； 2. 预审合格后才提交正式审查，否则应修改补充。

续上表

内　容	预可行性研究	工程可行性研究
文件组成	1. 研究报告(含主要协议); 2. 图纸; 3. 附件(主要专题报告)	同"预可"
文件尺寸与颜色	外形 16 开(210mm × 297mm)封皮为浅黄色	外形同"预可",封皮为墨绿色
承办资格	同"工可"	大中型和国家重点工程应由水运甲级设计单位承担

▶ 三、可行性研究的内容

预可行性研究必须根据国民经济和社会发展的需要,以全国运输系统的要求及港口总体布局规划为依据,具体论证建设项目的必要性、技术可行性、经济合理性和建设规模。

工程可行性研究是确定建设项目是否可行的最后研究阶段,工程措施可靠,技术、经济数据确切,实施步骤具体。其内容包括:现状评价,发展预测,建设规模,建设条件,协作条件,装卸工艺及工程方案,施工条件,组织管理,人员编制,土地利用,环境保护,工程投资,经济评价等。经多方案比较后,提出投资较省、技术可靠、建设工期合理、投资效果好的建设方案,反映工程实施中可能出现的问题并提出建议。

预可行性研究和工程可行性研究报告的内容按交通部"港口建设项目可行性研究报告编制办法",分列如下:

Ⅰ　预可行性研究报告编制内容

第一章　概　　述

一、编制研究报告的主要依据。

二、根据港口现有能力、发展需要,简要说明该项目建设必要性、技术可能性及经济评价意见。

三、主要问题和建议。

第二章　建设的必要性

一、通过对现有港口能力的评估,找出薄弱环节和解决对策,从经济腹地的社会经济及相应运输系统的发展需要出发,预测吞吐量发展水平、分析能力与需求的适应情况，提出新建或改扩建的规模。

二、要在全国港口布局和本港总体布局规划的基础上，提出新老港区（码头）的合理分工意见，提出新建码头的货种，流量和流向，内外贸及集疏运比例。

三、综合分析建设的必要性。

第三章　建设的可行性

一、经过必要的调查研究、勘察和科研试验，对建港的自然条件，包括气象、水文、地质、地貌、泥沙等进行分析，论证是否具备建港的基本条件，内河港口，需对建港河段河床演变和稳定性进行初步分析。

二、对港口建设的外部协作条件，包括水源、电源、铁路、公路、征地拆迁、土地利用、通信、环保、主材料供应、施工力量等进行调查分析，论证是否具备建港的必要条件。

三、综合分析建港的可行性。

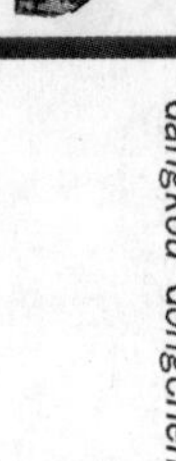

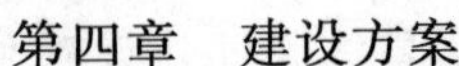

第四章　建设方案

一、根据拟定的近期港口建设规模和远期的发展规划，结合当地自然条件和装卸工艺要求，进行具有不同特点的总平面布置方案比选。

二、根据货种、流量、运距及运输系统的论证，适当考虑船舶对货种，货流及多点停靠的适应性选择设计船型。

三、对装卸工艺设备、水工结构等，可比照邻近现有类似码头，进行选型和估价。

四、根据港口总平面布置、装卸工艺、水工建筑物、陆域形成、占地和造地、土石方挖填平衡、工期、环保、锚地、港作车船、项目经济评价、港内外建港条件、城市依托、总投资等因素，进行全面综合分析，提出推荐方案。

第五章　投资估算及经济评价

一、根据主体工程及配套工程的工程量，综合估算投资水平。

二、根据《水运建设项目经济评价办法》，提出财务效益、经济效益的评价意见。

第六章　问题及建议

II　工程可行性研究报告编制内容

第一章　概　　述

一、编制研究报告的主要依据。

二、主要结论，包括项目的必要性，建设规模及主要内容，

关键技术的可行性，经济评价。

三、主要问题和建议。

第二章 港口现状及问题

一、地理位置、经济腹地、交通概况、发展沿革及特点。

二、港口现有规模，核定的港口通过能力，适应状况，主要技术经济指标。

三、存在的主要问题，原因分析和解决对策。

第三章 吞吐量发展预测及建设规模

一、根据审批的项目建议书，进一步调查分析运输形势开展变化和吞吐量的发展水平，说明不同发展阶段的港口吞吐量的货种、货量、流向以及内、外贸和集疏运比例。

二、根据货种、货量、流向、运距及运输系统论证，适当考虑船舶对货种、货量及多点停靠的适应性确定设计船型。

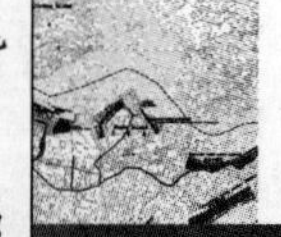

三、结合现有港口的码头设施能力，研究新老港区（码头）的合理分工，提出需要新建泊位承担的货种、数量、泊位等级、能力等具体建设规模。

第四章 自 然 条 件

一、新建港口地理位置概述。

二、气象

气象台站位置、高程、观测方法，资料年限的概述，重点分析小气候资料。

（一）气温

特征值分析，含多年平均气温、多年最高（最低）平均气温、历年极端最高（最低）气温、年内日气温超过港口作业要求的天数等。

（二）降水

特征值分析，含平均年降水量，日、年最大降水量，年最小降水量，年内日降水量超过装卸作业要求的天数等。

（三）风况

1. 绘制风玫瑰图。

2. 对常、次常风向及频率，强、次强风向及频率，当地风向的季节分布等的描述。

3. 台风对港口建设、营运作业和锚地选择的影响。

4. 年内风力超过港口作业要求的天数等。

（四）雾况

1. 雾的日、季分布特征。

2. 能见度低于港口作业要求的天数等。

(五)湿度

三、水文

水文站、验潮站、水位站的位置、高程,观测方法,测波浮鼓位置,使用资料年限。

(一)潮汐、水位

1. 基准面及换算关系。

2. 潮型。

3. 潮位特征值。

包括:平均海平面、历年最高潮位、历年最低潮位、历年平均高潮位、历年平均低潮位、历年平均潮差、历年最大潮差。

4. 设计水位。

设计高水位、设计低水位、校核高水位、校核低水位。

5. 港池、航道乘潮水位。

6. 必要时需分析冬季潮位的不利影响。

(二)波浪

1. 绘制波高及其周期玫瑰图。

2. 对常、次常浪向及频率,强、次强浪向及频率,当地浪的季节分布和波型的描述。

3. 设计波浪要素推算及波浪对掩护设施的要求。

(三)海(水)流

1. 海(水)流类型。

2. 与港口设计有关的海(水)流观测资料分析和概述。

(四)冰凌

冰况分析,含冰期、冰况、冰型、月分布特征、冰对水工建筑物的影响及对船舶航行与靠离作业的影响,年内冰凌影响港口作业的天数等。

四、地形、地貌及泥沙运动

(一)港址及其有关区域的地形、地貌特征概述。

(二)泥沙来源与动力条件 。

(三)泥沙运移方式和港池、航道回淤强度及相应的维护挖泥量估算。

五、河势

对内河港口,需对建港河段的河床进行稳定性分析,必要时需经模型试验验证。

六、地质

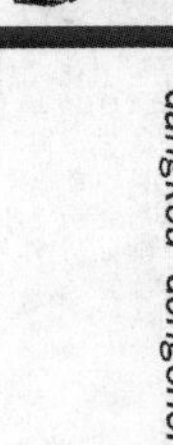

（一）港址及其有关区域的地质特征概述。

（二）港区地质分层、埋深、物理力学指标。

（三）有代表性的纵、横地质剖面图。

（四）必要时绘制淤泥或岩面埋深等值线图。

七、地震

港址及其附近区域的地震史，地震地质构造和前景概述，港区地震基本烈度。

第五章 装 卸 工 艺

一、按不同货种、批量，港口规模及船型等进行机械选型和工艺布置，对具有不同特点的工艺方案进行技术经济比选，提出推荐方案。

二、计算码头泊位数、泊位年通过能力、泊位利用率、库场面积及其能力、装卸机械数量、装卸工人和司机定员等。

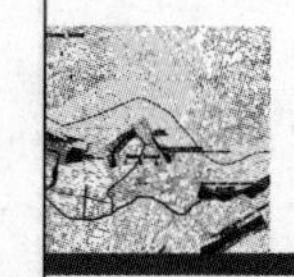

第六章 总平面布置及方案比选

一、港口总平面位置的基本原则。

二、确定码头前沿高程。

三、根据不同设计船型及可能停靠的船舶的尺度，计算码头前沿、港池、航道设计水深，码头泊位长度。

四、根据自然条件和船舶航行、靠离要求，按港口规模布置港区水域、码头、防波堤和口门、进港航道，并结合港口陆域、装卸工艺以及铁路、堆场道路、陆域形成、占地和造地、土石方平衡、高程等因素，综合考虑后进行具有不同特点的总平面布置方案技术经济比选，提出推荐方案。

五、根据自然条件和作业要求，计算码头作业天数，校核泊稳条件。

六、计算港口设施、航道挖泥量、选择抛泥区，考虑吹填造陆的可能性。

七、选择布置导助航设施和锚地。

八、计算港口作业区生产辅助建筑物、生活辅助建筑物和生活福利设施规模。根据装卸工艺的合理流程和管理的要求，拟定港口陆城分工位置，并对港内主要建（构）筑物进行布置，计算港口水、陆域用地面积。

九、配备港作车船。

第七章 水工建筑物

一、研究确定水工建筑物的种类、规模及其设计条件。

二、按建筑物的使用要求、荷载、地基条件进行结构选型，通过技术、经济比选，提出推荐结构形式。

第八章 配套工程

港内配套工程按港口规模和功能要求，一般包括以下各项的全部或一部分：

供电、照明、通信、给水、排水、环保、消防、采暖、通风、空调、港内生产及生活辅助建筑物、生活福利设施、库场、道路、铁路、桥涵、导助航、机修等。凡有以上项目的，均需根据国家有关规定计算其规模和估算投资。

第九章 环保及节能

一、环境保护，根据(87)国环字第002号文关于颁发《建设项目环境保护设施规定》的通知，可行性研究阶段需编制环境影响报告书，其主要内容为：

(一)建设地区的环境现状。

(二)主要污染源和污染物。

(三)港口建设可能引起的生态变化。

(四)设计采用的环境保护标准。

(五)控制污染和生态变化的初步方案。

(六)环保投资估算。

(七)环境影响评价的结论或环境影响分析。

二、节能措施。

第十章 外部协作条件

外部协作条件问题，应与有关地方政府、部门协商，并遵照国家规定，达成书面协议，主要包括：

一、提出征地和动迁数量，根据初定的港口近期工程陆域建设用地面积，办理征地和动迁意向或协议手续，如有水产养殖须同时办理港口近期工程水域使用面积范围内的动迁意向或协议手续，对填海造陆工程需计算造陆面积。

二、计算建设工程需水量，提出港外水源和供水方案，办理供水意向或协议。

三、计算建设工程用电量，提出港外电源和供电方案，办理供电意向或协议。

四、港外铁路工程方案。

五、港外公路和内河工程方案。

六、港内外通信系统方案（含有线和无线）。

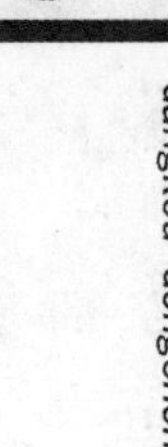

七、砂石料来源、数量、质量、单价。

第十一章 施工条件

一、施工条件及特点。

二、施工组织方案。

三、施工进度安排。

第十二章 组织管理和人员编制

根据经济体制和企业管理改革的要求,分析现有组织管理形式,计算港口定员,提出港口组织管理的意见。

第十三章 投资估算和经济评价

一、投资估算

(一)编制说明。

(二)编制总估算表及主要工程量和材料表。

二、经济评价

按《水运建设项目经济评价办法》分析计算财务效益和经济效益。

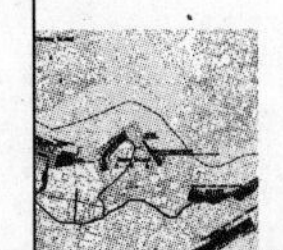

第十四章 综合论证及推荐方案

根据工程量、投资额、经济评价、施工条件、建设工期、外部依托条件等方面进行建设方案综合比较,提出推荐方案。

根据交通部(87)交计字第288号文的要求对推荐方案,依实际情况,提出分期建设、分期投产的安排意见。

第十五章 问题与建议

▶ 四、可行性研究的经济评价

按交通部"港口建设项目可行性研究报告编制办法"规定,"水运建设项目经济评价办法",对水运工程的评价内容有:

1. 总则

(1)水运工程经济评价是可行性研究报告的重要组成部分,是编制项目建议书、设计计划任务书和项目评估的主要依据之一。

(2)水运工程经济评价包括经济评价、财务评价和综合评价。

①经济评价:考察项目对国民经济的贡献;

②财务评价:考察项目的企业财务效益;

③综合评价:全面评价项目对社会、经济和企业的影响,以确定项目的可行性。

(3)预可行性研究阶段侧重进行经济评价,财务评价只计算财务净现值和财务内部收益章。

工程可行性研究阶段,应进行全面评价。

初步设计阶段侧重于财务评价。

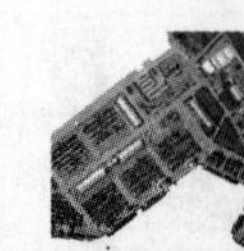

2. 经济评价

(1)经济评价采用费用效益分析方法。费用是指国民经济为项目建设付出的全部代价,效益是指项目对国民经济所做的全部贡献。

(2)项目投入费用:

①建设总投资(包括流动资金);

②营运费用(不包括折旧);

③项目引起的其他费用。

(3)项目效益:

①营运或运输费节约部分;

②运输时间缩短;

③项目对地区发展的贡献;

④物质部门增加的效益;

⑤新增外贸净效益;

⑥其他经济效益。

3. 财务评价

(1)财务评价是从企业角度出发,根据现行的财务制度、价格和行业基准收益率进行项目的费用和收益计算。分析与评价项目的营运设施投资在财务上的盈利能力、清偿能力、外汇的创汇、偿还能力。

(2)财务评价可选用财务净现值、财务内部收益率、投资回收期、贷款还期作为主要评价指标。

4. 不确定性分析

(1)项目评价采用的数据大部分来自预测和估算,存在一定程度的不确定性。为了预测项目可能存在的风险,确保项目在经济上、财务上的可靠性和可接受的程度,需对项目进行不确定性分析。

(2)不确定性分析包括盈亏平衡分析、敏感性分析和风险分析。盈亏平衡分析用于财务评价，敏感性分析和风险分析同时适用于经济评价和财务评价。

(3)盈亏平衡分析是通过盈亏平衡点(BEP)分析项目对市场因素变化的适应能力。

(4)敏感性分析是预测主要因素发生变化对经济评价指标受到的影响，主要因素有：产量、价格、投资、营运费、建设期、投产期等。

(5)风险分析是利用概率来研究一些不确定因素的变化对项目的影响，以选择经济效益好、风险小的方案。

5. 方案比较方法

(1)方案选择应通过经济评价来确定，但对产出物(运量、吞吐量)相同，投入物构成基本一致的方案进行比选时，亦可通过财务评价来确定。

(2)运输项目效益(运量)相同但难以具体估算的方案，可用最小费用法进行比选。

6. 综合评价

(1)综合评价是对项目实施可能产生的经济效益和社会效益以及它们的影响进行全面分析和评价，在综合评价中首先应确定能够用货币表示的全部经济效益，对于不能用货币定量表示的经济效益和社会效益要尽可能的充分地用文字予以具体说明。

(2)水运建设项目的综合评价包括下列内容：

①项目实施产生的经济效益和财务效益；

②航道开发对水资源综合利用(防洪、排涝、灌溉、发电、养殖、旅游等)的效果；

③在当地经济发展中，对改善投资环境，促进工农业、建筑业和商业活动，以及工业的合理布局和腹地自然资源的开发效果；

④发展水运，改善运输条件，减少生产部门和货主部门的损失(产量、质量、损耗量等)；

⑤对增加地区就业人员、提高人民收入和生活水平，促进地区交通、科学、技术、文教卫生、社会事业的发展，缩小地区经济和社会发展的不平衡的效果；

⑥对生态平衡、环境保护、自然景观、文化古迹的影响；

⑦对增进民族团结、提高国防安全和国际威望的影响；

⑧其他。

▶五、可行性研究的监理目标

1. 可行性研究的基本任务

无论是预可行性研究还是工程可行性研究，其基本任务是对建设项目的建设必要性、技术可行性和经济合理性进行论证，提出肯定或否定的意见。“预可”是项目研究的起始阶段，它是编报项目建议书的依据，所以对“三性”的论证是粗线条和概括性的，即在总体上进行把握，使论证结论不出现大的偏差。在研究的广度上不能漏项，深度上不产生矛盾现象。可行或不可行的结论，都应有明确的论证依据。

工程可行性研究是确定建设项目是否可行的最后阶段，它应以项目建议书为依据，要达到任务落实、规模明确、工程措施可靠、技术经济数据确切、实施步骤具体。经多方案比较后，提出技术可行、经济合理、综合效益好的建设方案。“工可”在广度上应与“预可”相同，在深度上应比“预可”更深、更细、更具体。因而也更可靠。

2. 设计监理目标

如前所述，无论是“预可”还是“工可”，其基本任务是论证“三性”的可能性，两者只是深浅程度和准确度不同而已。作为设计监理工程师的工作目标也就是监督设计人员如何认真工作，充分论证，最后为业主提出一个“三性”论证准确、结论可靠的研究成果，为“项目建议书”和“设计计划任务书”编制和上报准备充足的依据，为建设项目的初步设计工作提供顺畅的前提条件。

在设计监理过程中，监理工程师的工作不能眉毛胡子一把抓，应当有明确的重点。那么什么是监理工作的重点呢？“预可”与“工可”两阶段的研究工作均是论证“三性”，但是各阶段有各自的重点，“预可”的重点是解决“必要性”问题，即建设项目有没有必要建设，“可行性”和“合理性”则是第二位的。“工可”的重点则是“可行性”问题，即解决建设的技术可行性，它在深度上应提出技术可行的具体措施。监理工程师应把握两个阶段的研究重点，以便让论证结论建立在可靠的基础上。

▶六、设计监理的工作方法

设计监理的工作方法多种多样，大致可采用以下几种：

(1)积极参与调查：“预可”阶段的一个重要工作是市场调查，以摸清全国、全省和本地区的港口状况，以决定本建设项目建设的必要性，这一阶段的调查主体当然是设计人员，但是作为监理工程师不能坐等，而应当积极参与这一调查，全过程的动态监控，掌握第一手资料，以便为“必要性”的结论，准备可靠的资料。

(2)参与科学实验：为了得到某一成果，需要通过科学实验来取得，例如，港口总体布置，防波堤的走向，口门的方向，泥沙回行强度等等，都需要通过模型试验或工程现场实地观测等手段来取得科学的数据，这是实验人员的工作，也是设计人员应掌握的，而监理工程师决不能将自己当外人，只看结论不管实情，应当具体了解，尽量参与，最后才能掌握可靠的结论。如果只是看结论，听汇报，而不了解科学实验过程中的千变万化，监理工程师是难以起到监督作用的。

(3)认真研究方案：设计过程中，设计人员提出的各种设计方案是否可行?例如，平面布置是否合理，结构方案是否可靠，设计方案是否先进等等。监理工程师都应认真研究，与设计人员充分讨论，在掌握大量数据的基础上，最后才能提出自己的监理意见。

(4)仔细审查研究报告：可行性研究报告是可行性研究工作的最后成果，监理工程师在审查报告时，一定要紧抓对“三性”的论证，看设计提出的论证理由是否充分，所列数据是否全面，是否可靠。审查时更要突出重点，即“预可”时，一定要解决“必要性”问题，“工可”时一定要解决“可行性”问题。重点抓好了，可行性研究报告的根基就打好了。这样才经得起专家的审查，报告才能成为下一步设计工作的依据。

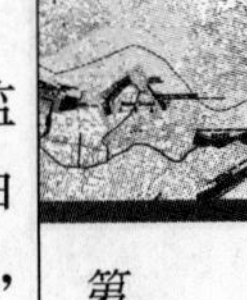

第七章　初步设计阶段的监理

初步设计是工程可行性研究报告完成之后，依照被批准的设计计划任务书而开展的设计工作，其主要任务是比选设计方案，落实工程措施，编制工程概算，提出施工方案和设备采购清单。在工程可行性研究投资框架内，在多方案比较的基础上推荐出最优设计方案。

▶ 一、设计监理的依据与范围

1. 设计监理依据

除监理单位与业主签订的监理合同之外，其他监理依据应与设计依据相同，计有：

(1)设计监理合同与设计监理招投标文件；

(2)设计合同；

(3)被上级主管部门批准的设计计划任务书和被批准的工程可行性研究报告；

(4)国家或行业的法规性文件；

(5)设计规范与监理规范；

(6)有关本工程的会议纪要和业主的有关函件。

2. 设计监理范围

(1)设计监理范围原则上与设计范围相同，若设计监理合同中另有规定时，则应单独列出。

(2)设计监理单位在编写监理规划时，应将监理范围(即监理项目)内的工程项目全部列出。

二、设计监理目标

初步设计是建设项目真正意义上的设计阶段,其主要目标有二:

第一,在多方案比较的基础上,推荐出最优设计方案;

第二,同样在多方案比较的基础上,确定最优方案的工程概算。

设计监理的目标与设计目标是一致的,但是,监理工程师在设计监理过程中,应围绕这两个目标作深入细致的工作:

1. 方案选择

初步设计中,每个专业,特别是主体工程专业(总平面布置和水工结构)必须进行多方案比较,根据技术、经济、适用、安全和自然条件等多种因素,比选至少 3 个方案,并对每个方案进行严格的计算,确认稳定、安全无误后,再将每个方案的各项指标全部列出,逐项对比,最终根据综合条件选出最优方案作为推荐方案。

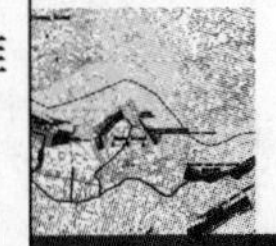

2. 工程概算

工程概算是初步设计的主要工作之一,也是主攻目标之一,在编制概算时有以下要求:

(1)概算总额应不超过工程可行性研究报告中投资估算的±10%;

(2)编制概算时,定额及各项系数的选取要准确,要符合工程地区的施工条件,材料价格要作市场调查,取值尽可能准确。

三、设计监理程序

初步设计阶段的监理程序如下页如示:

Y—业主;J—监理工程师;S—设计单位

四、初步设计内容

按交通部的规定,港口工程初步设计文件共 4 个部分:

(1)设计说明书。

(2)主要设备及材料。

(3)工程概算。

(4)设计图纸。

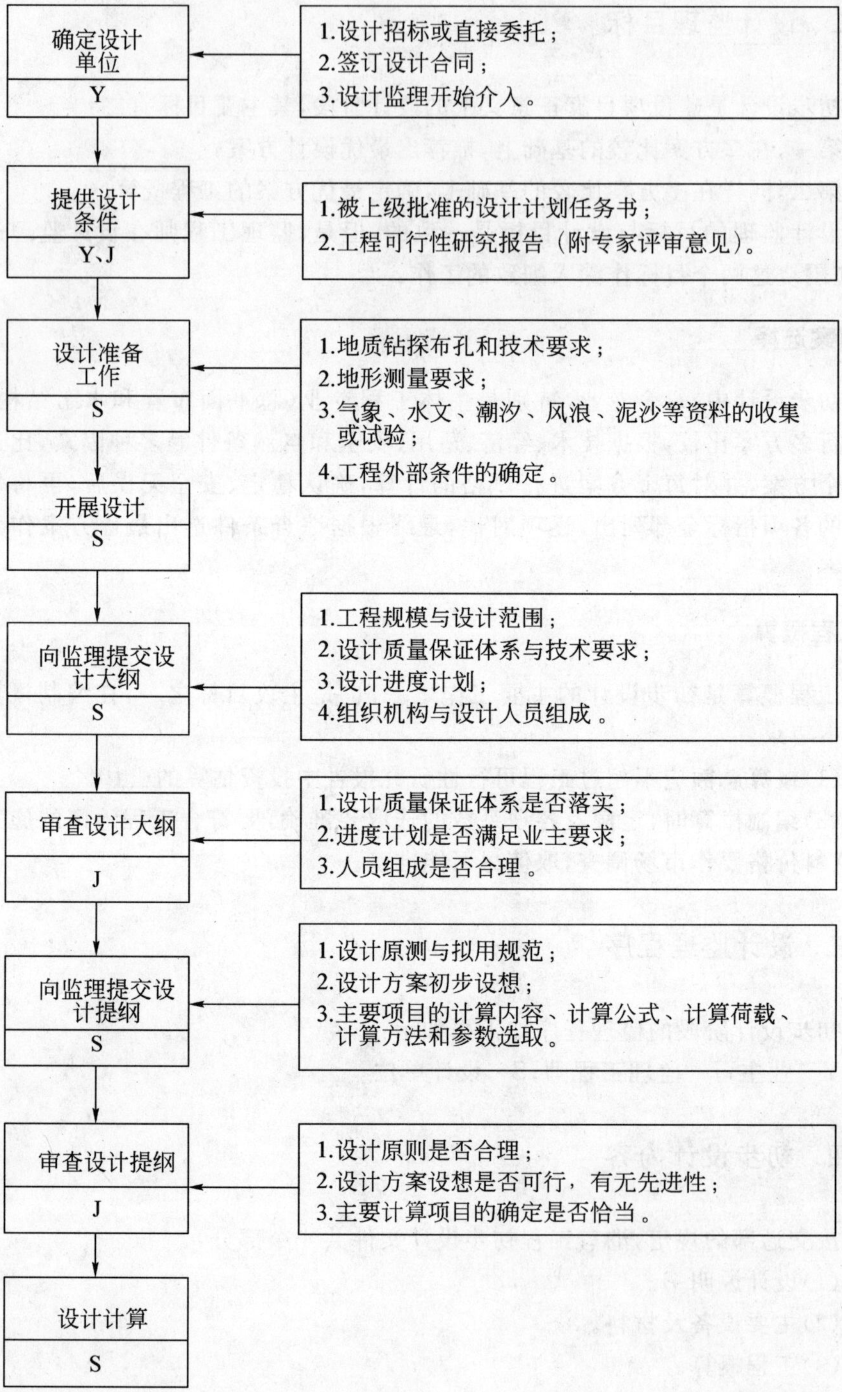

确定设计单位 Y	1.设计招标或直接委托； 2.签订设计合同； 3.设计监理开始介入。
提供设计条件 Y、J	1.被上级批准的设计计划任务书； 2.工程可行性研究报告（附专家评审意见）。
设计准备工作 S	1.地质钻探布孔和技术要求； 2.地形测量要求； 3.气象、水文、潮汐、风浪、泥沙等资料的收集或试验； 4.工程外部条件的确定。
开展设计 S	
向监理提交设计大纲 S	1.工程规模与设计范围； 2.设计质量保证体系与技术要求； 3.设计进度计划； 4.组织机构与设计人员组成。
审查设计大纲 J	1.设计质量保证体系是否落实； 2.进度计划是否满足业主要求； 3.人员组成是否合理。
向监理提交设计提纲 S	1.设计原测与拟用规范； 2.设计方案初步设想； 3.主要项目的计算内容、计算公式、计算荷载、计算方法和参数选取。
审查设计提纲 J	1.设计原则是否合理； 2.设计方案设想是否可行，有无先进性； 3.主要计算项目的确定是否恰当。
设计计算 S	

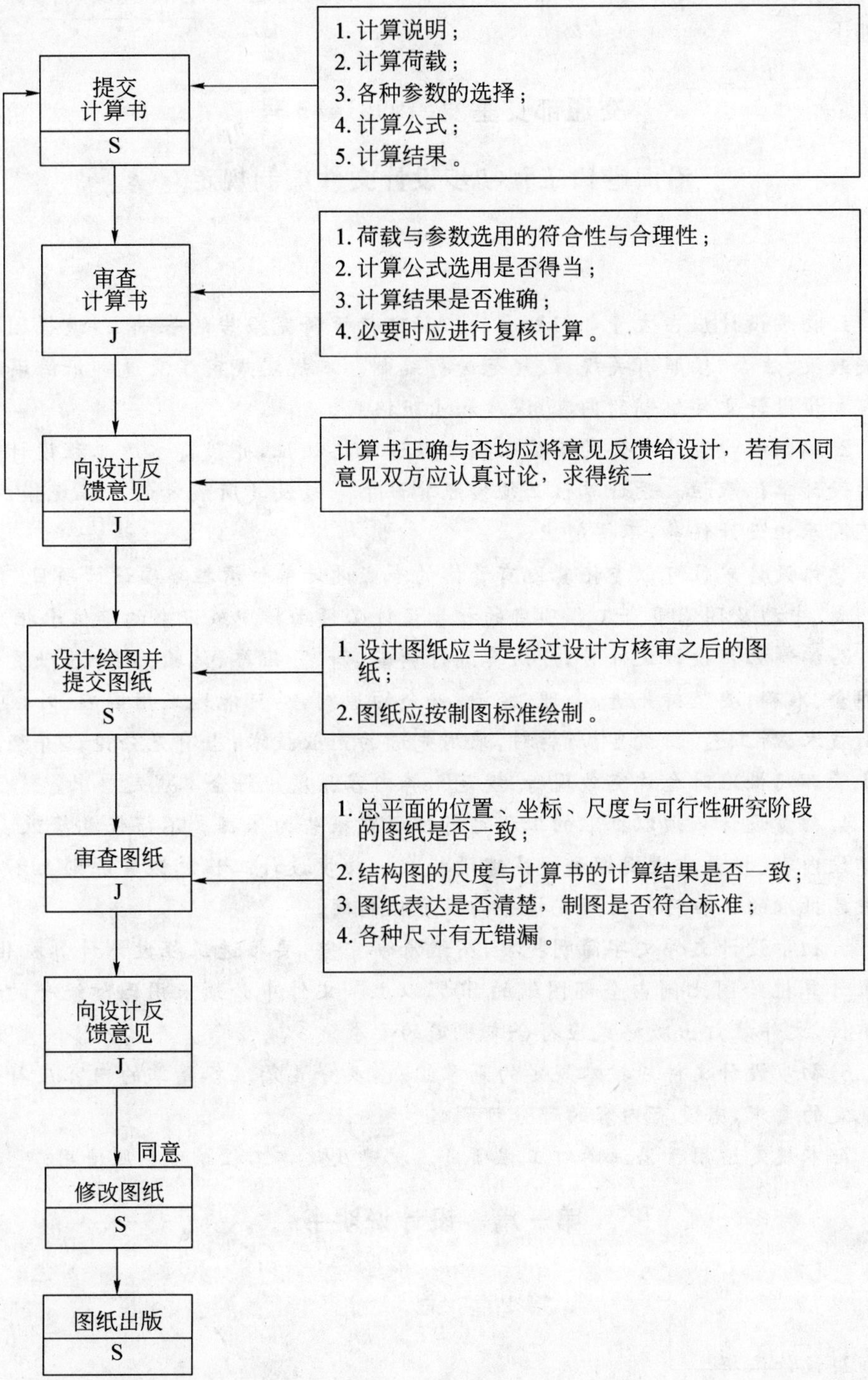

提交计算书（S）	1. 计算说明； 2. 计算荷载； 3. 各种参数的选择； 4. 计算公式； 5. 计算结果。
↓	
审查计算书（J）	1. 荷载与参数选用的符合性与合理性； 2. 计算公式选用是否得当； 3. 计算结果是否准确； 4. 必要时应进行复核计算。
↓	
向设计反馈意见（J）	计算书正确与否均应将意见反馈给设计，若有不同意见双方应认真讨论，求得统一
↓	
设计绘图并提交图纸（S）	1. 设计图纸应当是经过设计方核审之后的图纸； 2. 图纸应按制图标准绘制。
↓	
审查图纸（J）	1. 总平面的位置、坐标、尺度与可行性研究阶段的图纸是否一致； 2. 结构图的尺度与计算书的计算结果是否一致； 3. 图纸表达是否清楚，制图是否符合标准； 4. 各种尺寸有无错漏。
↓	
向设计反馈意见（J）	
↓ 同意	
修改图纸（S）	
↓	
图纸出版（S）	

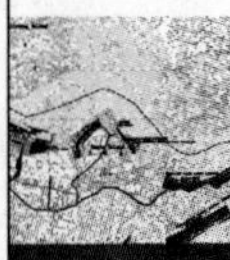

现将交通部“沿海港口工程初步设计文件编制规定”中有初步设计内容抄录如下。

交通部交基发(1995)483号

沿海港口工程初步设计文件编制规定

总　则

1. 初步设计应在主管部门批准的工程可行性研究报告的基础上，遵循国家有关政策、法令，按照有关规程、规范进行编制。本规定规定了交通部沿海港口工程初步设计文件编制的内容、深度和出版格式。

2. 编制初步设计文件的单位必须由经过资格认证，并获得水运工程设计证书的设计单位承担。设计单位必须按照其证书等级及其所规定的工程规模、任务范围承担设计任务，不得超出。

总体设计单位可以委托其他有资格的专业设计单位承担单项设计项目。

大、中型及国家重点工程项目的初步设计必须由持甲级证书的单位承担。

3. 编制初步设计文件时，应认真进行调查、研究、勘察、试验；设计基础资料应齐全、准确；要坚持先进、合理、经济、安全的原则，尽可能地采用国内、外成熟的新技术、新工艺、新设备、新材料，采用先进的产业技术；当有充分论证并经上级主管部门批准时允许突破现行“规范”，其内容深度应符合本规定要求。

4. 初步设计必须以批准的工程可行性研究报告为依据。不得任意修改、变更建设内容、扩大建设规模和提高建设标准。初步设计工程总概算原则上不得突破已批准的工程可行性研究报告的投资控制额。

5. 初步设计文件文字简明扼要，图纸清晰完整，要推进工程设计计算机化，要求计算机绘图比例占全部图纸的50%以上。文件中必须采用国际统一的计量单位，文件装订出版格式应符合本规定的要求。

6. 初步设计文件应按本规定的篇章组成，共分4篇。各篇章的内容应符合本规定的要求，若没有内容的部分可删略。

7. 本规定适用于沿海港口工程项目。扩建及改建工程等可参照使用。

第一篇　设计说明书

第1章　总　　论

1. 设计依据

设计依据包括已批准的可行性研究报告及其审批意见、其他由上级主管部门或有关部门下达的文件、建设单位的委托书、有关会议纪要、重要来往函件和与相关单位签订的重要协议、合同等。

一般情况下只列有关文件的编号及文件全名。如特殊需要时可在初步设计文件中对所述重要文件附以全文。

2. 设计分工及范围

本节应明确提出与相邻工程或设计单位在设计上的分界，如铁路接轨点、道路的衔接点和各种管线的接线点等，以及在本设计范围内设计、科研单位的工作分工。

3. 设计概要

重点简述本报告的主要结论，如建设地点、内容、推荐的总平面布置、装卸工艺、水工结构形式（码头、防波堤、护岸等）以及各个专业方案的简述。

4. 主要技术经济指标

说明工程项目的规模、运量、设计能力、泊位数、码头长度、防波堤长度、航道长度，建、构筑物面积，铁路和道路总长、总占地面积、主要工程量、用电量、用水量、电话装机容量、供热及采暖的热负荷和总定员等指标。

经济指标包括：工程总投资；资金来源（包括内外币比价）；建设期（施工期）；财务内部收益率（税后）；国民经济内部收益率（税后）；投资回收期；贷款偿还期以及敏感性分析等。

5. 工程建设外部条件

论述工程项目建设的外部条件，主要包括集疏运方式、港外铁路、公路的布置原则和依据以及水、电、征地（海）拆迁等（附有关协议）。

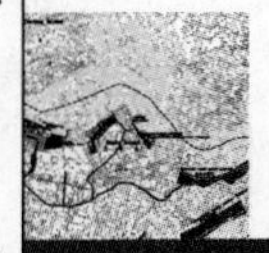

第2章 自然条件

1. 港口地理位置

2. 气象

气象台站位置、高程、观测方法、资料年限及代表性。

(1)气温

(2)风

①风向、风速分级统计表；

②对常、次常风向及频率，强、次强风向及频率，当地风向季节分布和台风等的描述；

③对港口作业的影响。

(3)降水

①特征值分析

含平均年降水量，日及年最大、最小降水量及降水量的季节分析。

②对港口作业的影响

统计年降水量超过作业标准的影响天数。

(4)雾

①雾的日、季分布特征,必要时提供能见度分级统计表。

②对港口作业的影响。

统计年能见度低于作业标准的影响天数。

3. 水文

水文站及验潮站的位置、高程、观测方法,测波浮鼓位置和使用资料年限。

(1)潮位

①基准面及换算关系。

确定当地理论最低潮面与当地平均海平面高程的关系,需要时尚应给出与黄海零点的高程关系。

②潮型。

③潮位特征值。

包括平均海平面,历年最高、最低潮位,年平均高、低潮位和年平均潮差。

④设计水位。

包括设计高、低水位和校核高、低水位。

⑤港池、航道乘潮水位。

不同延时各累积频率的乘潮水位,必要时分析潮位较低的冬三月的不利影响。

⑥在风暴潮多发区,提出增水最高潮位。

(2)波浪

①波型。

②波高、波向分级统计表。

③确定常、次常浪向及频率,强、次强浪向及频率。

按设计高、低水位(必要时需增加校核高、低水位)计算各重现期水工建筑物前波要素,对地形复杂的海区,尚应通过物理模型试验或数学模型计算分析比较确定。

④分析港内泊稳状态,并统计年超过作业标准的影响天数。

(3)海流

①类型。

②观测资料分析和概述。

分析海流性质及流场概况,并绘出海流特征值。对大型开敞式码头,应作流场数值计算。

(4)冰凌

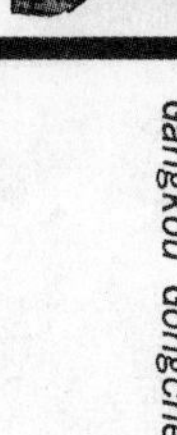

①冰况分析

分析包括冰期、冰况、冰型、月分布特征和流水密集度等。

对冰情严重的海区且缺少海岸台站观测资料时，应通过卫星照片（或航空遥感）分析。

②冰况对航行及水工建筑物的影响

统计年影响作业的天数。

4. 地形、地貌及工程泥沙

(1)地貌发育及底质分析

该段河口或海岸的性质、成因类型、地貌发育及典型地形、地貌形态。

底质分析主要包括：底质类型、分布规律及底质粒度参数特征等。

(2)河床或海岸演变

河床或海岸的长周期及短周期冲淤变化规律，并预测未来冲淤演变趋势。

(3)工程地貌与泥沙

重点分析地貌与港口构筑物的相互影响、相互作用。分析研究港口泥沙回淤问题，并对减淤、防淤措施提出建议。附必要的河床演变或海岸动力地貌调查分析报告。

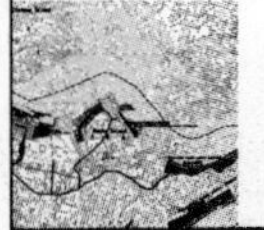

5. 地质条件

(1)地质构造

主要是针对对建筑物有影响的构造现象，如断裂、不利的层理构造和岩层倾向等。说明其危害程度，提出防治措施。

(2)岩、土层分布特征

依次阐明岩土的分布、产状、颜色、性质、地质时代及成因等，达到从宏观、直观上对岩土层的认识目的。

(3)不良地质现象

工程范围内是否有冲沟、滑坡、泥石流、溶洞或今后能否发生此类现象及其对工程建设的影响。

(4)地下水

对建筑物有影响的地下水的层数、类型、水位特征和地下水是否受环境污染等。

(5)岩、土物理力学性质

给出各岩、土层物理力学指标标准值（以统计成果表的形式表达）。

(6)工程地质问题

主要指除地质构造、不良地质现象、地下水等因素外还可能存在的某种岩、土软化、崩解以及环境工程等地质问题。

6. 地震

根据当地地震局提出的地震烈度确定。

第3章 货运量及船型

1.货种、流量、流向及集疏运方式

经济腹地现状和发展预测;分析货种、流向和集疏运方式。

2.船型确定

根据货种、流量、流向、运距等确定合理的靠泊船型。根据现有船型统计资料和未来船型发展动态,确定设计船型并列出主要尺度。

第4章 总平面布置

1.总平面布置原则

根据港口总平面布置中所涉及的各种因素,阐述总体布置所遵循的原则。诸如:应遵守国家、当地政府的有关法律、规定等,在各种自然条件下所遵循的原则;港口经营管理的原则;环境保护和劳动、安全卫生方面所遵循的原则等。

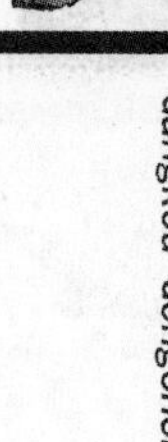

2.论述总平面布置与港口总体局规划、后续工程建设及远景发展规划之间的关系;论述总平面布置与相邻单位之间的关系。

3.泊位作业标准

阐述港内水域的作业标准,确定船舶在航道中航行和靠泊作业时允许的风、雨、雾、浪、流和冰的等级,并通过统计计算确定码头年作业天数。

4.船型尺度

各种设计船型和兼顾船型的主尺度。对于规范没有规定的特殊船型,要经统计论述后确定。

5.总平面布置方案

(1)水域

①防波堤和口门的布置

经论证确定防波堤的轴线、口门的朝向和尺度。

②港池和港内航道布置

经论证确定港池和港内航道的布置和主尺度。

③码头布置

论述码头轴线的布置、泊位水深、码头面高程、与临近的其他码头和设施相对位置及今后规划发展泊位轴线布置等,从而确定其方位和尺度。

(2)陆域

①港内道路和铁路布置

根据集、疏、运车辆和港内作业车辆的特性以及港内外条件,确定港内道路和铁路的布置和尺度。

②码头作业区建、构筑物布置

论述码头作业区建、构筑物的布置，确定各建筑物间的合理尺度。

③高程控制设计

对港区内各部分高程进行控制性设计。设计应依据当地水文条件、陆地的天然高程、开挖条件、回填料来源等进行综合比较，确定主要区域的控制性标高。

④主干管线系统设计

简述各专业管线系统布置原则和概况。

(3)港作车船

说明港口作业所需车辆、船舶数量和规格要求等。

6.总平面方案比较

应在多方案比较的基础上列出两个以上方案的优缺点，并详细说明推荐方案的意见和理由。

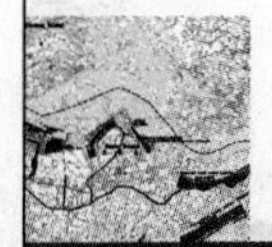

第5章 航道、锚地及导助航设施

本章主要阐述外航道和待泊锚地的设计内容。

1.航道选线和尺度

(1)航道选线原则

根据港口海域的自然条件以及船舶安全航行条件等，阐述航道走向及尺度选定的原则。

(2)主要设计参数

根据设计船型尺度和航行作业要求以及自然条件等，确定各有关设计参数。诸如，船舶航速、航行历时、乘潮水位、船舶密度以及不同船型的作业标准等。

(3)航道选线方案

根据地质、地貌、泥沙运动、波浪、流场、潮汐和风况等自然条件，阐述选择航道轴线的理由和依据，论证不同航道走向对船舶航行、波浪的折射作用、航道淤积等方面的影响，经论证比选提出最佳航道轴线方案。

(4)航道设计主尺度

按照规范要求，计算航道的主尺度。

2.航槽可挖性及稳定性分析

根据航道所在海域的水下地貌、波浪和水流动力、泥沙运动等自然条件，对近海浅滩的成因、历史演变和近期的冲淤特征进行调查研究分析，论证航槽的可挖性和稳定性，并推算航道的回淤强度和回淤量，必要时要计算灾害性天气的骤淤情况。

3. 航道疏浚工程

(1)计算航道疏浚工程量

根据航道轴线地形、地质情况和主尺度，计算航槽基建疏浚工程量和施工期回淤量。

(2)抛泥区选择

根据港口建设需要，从当地海域生态环境、回淤情况和距抛泥区的距离出发，论证分析抛泥区的位置、面积、抛填容量的合理性。

(3)疏浚工艺方案选择

说明疏浚土分类并详述疏浚工艺方案确定的原则及依据，说明施工船机选型及配备。

4. 常规导助航标志的配布

按照中国海区水上助航标志，结合工程实际，沿航道、港池配布所需的各种助航标志。提出所选助航标志的类型、规格、型号、数量及助航导标的前后标布置原则和标体高度及标牌工艺要求等。

5. 待泊锚地的布置和尺度

根据船舶引港概率分布，说明锚地容纳船舶艘数及所需面积。

6. 港口导航

应根据港口航道和锚地布局特点，确定导航台站的位置并进行导航设备的选择。

第6章 装卸工艺

1. 主要设计参数

本条主要目的是明确设计前提条件，以此作为初步设计的依据。其主要设计参数应包括：年运量、货种及特性、设计船型、年营运天、工作班制、日工作小时、不平衡系数、货物平均堆存天、直取比重和集疏运方式等。

2. 工艺方案

根据货种及运量确定泊位性质。在确定专业化泊位时，应对货运量的稳定性及经济运量进行分析。在确定泊位分工的基础上，阐述工艺布置和作业流程，确定操作环节少、机械化、自动化程度高和经济合理的工艺方案。

3. 装卸机械设备的选型

应对主要装卸设备的选型进行必要的计算与说明(包括作业线的设置、船时效率、台时效率及作业线各环节配机的设计说明等)，并列出设备的主要性质、参数、型号及规格等。

对采用新产品和非标设备应有充分的论证。

4. 泊位通过能力

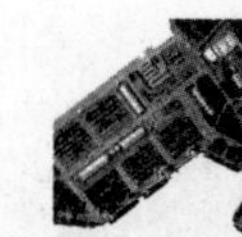

列出计算公式、采用的设计参数及计算结果。

5.仓库、堆场面积

列出计算公式、采用的设计参数及计算结果。

6.装卸车能力

确定铁路装卸线长度、装卸汽车的车位数并计算装卸车能力，列出计算公式和采用的设计参数。

7.装卸作业人员

包括装卸工与司机、一线的装卸及业务管理人员、辅助生产人员和机械维修人员等，并对人员配备的原则及有关情况作必要的说明。

8.装卸工艺方案比较

应进行多方案的技术经济比较，列出两个或两个以上方案的优缺点并提出推荐方案及理由。

9.装卸机械设备配置表

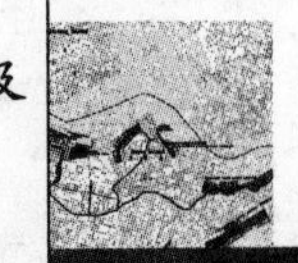

装卸机械配置用表格形式列出。其内容包括：设备名称、主要性能参数及台数。

10.装卸工艺主要技术经济指标

用表格形式列出装卸工艺主要技术经济指标。包括：货种、运量、泊位数、船型、库、场容量及面积、主要设备数量及总投资、装机总容量、配工数和直接装卸成本等。

第7章　水工建筑物

1.建筑物的种类和等级

水工建筑物的种类如码头、防波堤(含导流堤、防沙堤等)、护岸、修造船建筑物(船坞、船台和滑道等)和围埝等，并确定各类建筑物的等级。

2.建筑物的主要尺度

各建筑物的主要尺度，如：长度、顶面标高、底面标高、顶宽、底宽和基床厚度等，并列出计算原则和公式。

3.工艺荷载

列出工艺荷载要求，如堆货均布荷载和各种机械轮压或支腿的集中荷载等。

4.水文地质条件

(1)设计水位及波浪要素

列出进行结构计算采用的设计水位及不同建筑物前的波要素(波向、波高和周期)。

(2)地基的物理力学指标

列出设计采用的建筑物所在位置上设计采用的地基土壤的物理力学指标。

5. 主要外力计算结果

计算作用在建筑物上的波浪力及船舶作用力(系船力、挤靠力和撞击力)、冰压力和流压力等。要列出计算公式和结果。

6. 荷载组合

确定作用在建筑物上的荷载组合情况,以满足结构计算的需要。

7. 主要建筑物的结构计算内容、方法和结果

说明推荐结构方案的主要计算内容、方法及成果,包括整体稳定安全系数、抗滑、抗倾安全系数、基床应力、地基承载力、桩基承载力和地基沉降等;主要构件的强度和变形计算成果等。

8. 地基处理

对需要进行地基加固处理的建筑物,应简述地基处理的方案比选过程,对选定方案要说明设计参数的选取、处理的技术要求和处理效果等。

9. 结构方案比较

简述结构方案的选型过程,应进行多方案技术经济比较,列出两个以上方案的优缺点,并提出推荐意见和理由。在方案优选过程中除考虑当地自然条件、施工条件和工期等多种因素外,尚应尽可能推荐和采用新结构新技术,以推进港工技术水平的提高。

10. 试验结果和建议

在结构选型、结构计算或地基处理过程中若有试验成果和建议时,应附试验报告并叙述主要结论。

11. 主要工程量

各水工建筑物的主要工程量列表表示。

第8章 陆域形成和道路、堆场

1. 陆域形成

结合地基处理方案提出陆域形成的方法(包括挖填平衡,填料要求及填料来源)和相应的技术要求;确定陆域形成所需的构筑物(如围埝、临时护岸等)并给出工程量(填方工程量应包括填方以下原状土的沉降量)。

2. 地基处理

给出地基处理设计参数、计算稳定性、沉降量及各层土的地基承载力、基础处理方案并给出工程量。

3. 堆场、道路结构方案

确定设计参数(包括工艺荷载及地基模量)、面层结构并给出工程量。

4. 陆域形成、地基处理、面层结构组合方案比选

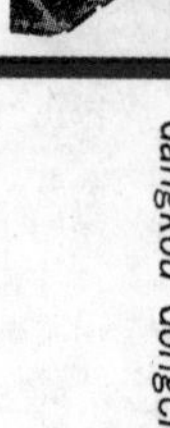

比选中，要列出两个或两个以上的方案，进行工程费、工期、使用效果等优缺点的比较，并提出推荐意见和理由。

第9章 港区铁路

1. 概述

港区铁路概况及与港外铁路的衔接。

2. 经济资料与行车组织

设计运量、车型、车列流及行车组织方式(应含港区铁路管理方式)。

3. 线路及站场

港区铁路的平面、纵断面和路基形式设计；确定线路上部建筑标准、配件形式、轨道加强设备及线路标志等。

4. 铁路通信

论述港区铁路通信网络和进行通信设备选型等。当港区铁路规模较小时本节内容可与港区通信合并。

5. 铁路信号

根据港口铁路行车组织方式确定信号的设计标准，包括与港外铁路的衔接方式、闭塞方式、信号设备选型及布局等。

6. 铁路供电

论述港区铁路供电系统及照明方式等。港区铁路规模较小时本节可与港区供电合并。

7. 房建

包括生产及辅助建筑的布局，各单体的建筑面积，生活房屋建设标准等。

8. 站场其他设施

对与港区铁路有关的围墙、排水沟、轨道衡和机务设施等进行选型与设计。如港区内需设机务段或其他大型机务整备设施时，可将机务独立一节。

9. 铁路定员

包括按车务、机务、工务、电务分类的生产定员及非生产定员。

第10章 生产、生产辅助及生活福利建筑物

1. 建筑

(1)定员编制

计算全员人数并列出定员编制一览表。各专业确定工程定员时，应当尽量减少人员配置，这方面要有必要的论证。

(2)建、构筑物

①列出生产建筑、生产辅助建筑项目及建筑面积；

②列出本工程必要的生活辅助建筑物项目，并根据有关规定计算出建筑面积；

③计算生活福利建筑总面积，并计算住宅、单身宿舍等主要生活福利建筑单项面积；

④列出构筑物项目以及主要几何尺寸；

⑤列出建、构筑物一览表。

(3)典型或主要建、构筑物设计方案

选取本工程中重要的或典型的建、构筑物，做出设计方案，绘制平、立、剖面图及主要建筑构造节点大样图，必要时应做比较方案，提出推荐方案并说明理由。

2. 主要建、构筑物结构

(1)场地水文地质条件

说明所在场地的地基土类型、特征、主要物理力学性质指标和地下水的水位变化及其对建筑物影响等。

(2)建筑物安全等级

按照有关规范规定确定建、构筑物的安全等级。

(3)荷载

确定作用在结构上的活荷载、安装荷载、风载、雪载及地震荷载等。

(4)结构及基础设计

建、构筑物结构类型、结构布置及选用的主要建筑材料。根据结构分析，进行主要构件计算并给出结果。

比较确定基础形式及基础主要结构尺寸等。

(5)地基处理

确定地基处理方案，对不良地质条件下的特殊土地基，应做多方案比较。

(6)主要工程量

列出建、构筑物的主要工程量。

第11章　供电、照明

1. 设计范围的划分

供电电源落实的情况和供电部门(电业局)是否定好供电协议，并说明设计分界点或范围。

2. 供电电源及总降压站、变(配)电所的布置

电源情况，回路数，电压等级，路径，线路敷设方式及总降站、变(配)电所在平面图上的布置情况及各单体的电气设备选择，供电线路及敷设方式。

对需设置 35kV 级及以上的总降压站的工程，尚需说明主接线，二次接线及

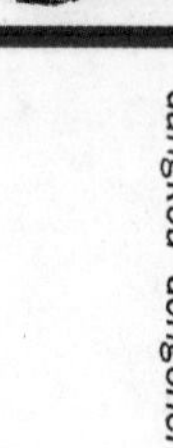

站内的配置情况，变(配)电所一次接线、二次接线及所内的设备配置。变电所至各用电负荷的供电线路及敷设方式。

3. 负荷情况及电气设备选择

本节是供电的主要内容，包括负荷计算，功率因数补偿，短路计算，变压器容量的选择，高、低压设备的选型，电缆截面选择，运行方式及敷设方式等。

4. 室外照明设施及港口照度的选择

随着照明技术的发展，港口对室外照明提出了更高的要求，设计主要体现照度均匀，照明设施维修方便等。对大面积照明应提供照明灯杆设置数量、高度及其布置。

5. 维修设施

根据工程的大小规模确定是否需要维修设施，一般情况下与110kV变电站或35kV变电站统筹建设。

6. 主要工程量

主要工程量包括电源线路，高低压电气设备(包括变压器)，微机管理系统，变电所土建工程，电缆沟和电缆桥架等设施，避雷针、避雷带、接地装置等，室外照明设施，室外电线、电缆及其他工程量。

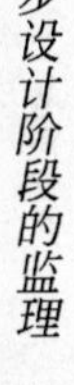

第12章　控制及计算机管理

1. 控制系统的组成

根据装卸作业流程，确定控制系统的组成。包括控制设备的选择、设备的主要功能和各设备之间的连接方式(数据通信方式)。

2. 控制功能

控制流程、控制方式、皮带机或其他设备的安全保护功能。

3. 管理功能

计算机管理的功能、管理方式和管理报表。

4. 控制系统线路敷设

控制电缆的选择和线路的敷设方式。

5. 控制设备一览表

第13章　通　　信

1. 港口自动电话

论述自动电话站站址、总机的容量、设备选型、中继方式、网络结构、中继线束的配备以及接口、机线的配套设施的配备及接地要求。

2. 生产调度电话

(1)确定有线调度电话调度网络结构(二级或三级)和电源配置。

(2)无线调度电话

说明组网方式、频段、规模及设备选型。

3. 通信传输线路

说明中继线是否采用数字型线路及对用户线的配备原则、配接线方式。

4. 海岸电台

(1)高频通信

包括电路规模与类型、控制方式、站址选择、设备选型与天线配置和地网设置等。

不允许新建短波岸台的港口，应说明采用何种通信方式及利用哪个短波岸台来解决船岸短波通信。

(2)甚高频通信

说明电路规模、中继方式、设备选型、机线配置和天线挂高等。

5. 数字微波通信

对端站、中继站的站址进行论证。要有详细的可靠性计算过程，同时还应对系统的监控方式、设备选型、分集技术和天线挂高等加以说明。

6. 移动通信

对系统服务范围、服务质量、站址选择、天线挂高及终期规模等作较详细的说明，同时应对系统的网络组成、中继方式、信令接口方式、天线共用技术及设备选型进行论证。

7. 闭路电视监视系统

说明系统的组网要求、设备的配置原则、设备选型、线路敷设方式及主要技术参数等。

第14章　给　排　水

1. 设计范围

根据上级批准文件和有关设计资料，说明本专业设计的内容和分工(当有其他单位共同设计时)。

2. 给水

(1)港区用水量

包括港区的船舶、生产、生活、环境保护、消防和未预见水量。并给出港区最高日用水量。港口各项用水量需列表表示。

(2)给水水源及输水管道

①城市供水时，说明接管点位置、接管管径、供水量和水压；

②自建水源时，应说明水文及水文地质情况和水源方案的选择，水源的水质分析及水质处理的意见，主要给水构筑物及设备的选择和规模；

③输水管道设施

说明输水管道的路线选择、主要设施、管材、连接方式、基础措施、防腐措施、障碍穿越等。

(3)港区给水系统

说明码头、库场区和辅建区的给水系统类型;主要的供水设施(供水调节站和水塔等);管网布置形式,管材选择及连接方式;管道敷设及主要附属构筑物。

3.排水

(1)排水量及排水体制

排水体制的选择。

(2)雨水管道(渠)

①布置及系统划分;

②主要设计参数和暴雨强度计算公式的选择;排水管出口处管顶(水面线)高程的选择。

(3)污水管道

污水管道布置及系统划分,并对污水出路进行说明。

(4)管道敷设及附属构筑物

管道的管材、接口、管道基础以及附属构筑物的选用。

(5)排水泵站

排水泵站的位置、能力、建构筑物形式、泵房布置和设备选择。

第15章 采暖、通风与供热

1.设计依据

执行的标准和规范。

2.设计范围

根据上级批准文件和有关设计资料,说明本专业设计的内容和分工。

3.采暖

包括室外空气计算参数、各采暖房间室内空气计算参数;采暖的热媒及其参数的确定和采暖设备的选型。

4.通风

包括室外空气计算参数、室内空气计算参数;生产、使用过程中放散的热、湿和有害物的性质、成分、数量以及车间名称、建筑面积或体积和通风系统的组成及设备选型。

5.空气调节

包括计算参数;空调房间的名称、建筑面积和体积;系统的形式、风量、冷量、热量的确定和主要设备选型。

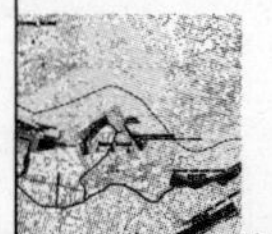

6.锅炉房

包括燃烧种类及其技术指标、原水水质指标、热负荷、供热介质及参数、锅炉型号、规格、台数及其有关的工艺要求。

7.热力管网

包括管网布置原则及其最大供热半径；热水采暖系统的定压方式及措施；蒸汽凝结水回收方式及措施和管道敷设方式的确定。

第16章 机 修

1.机修范围

在港内已有港机修理厂或机修车间的情况下，新建作业区一般仅设置必要的维修点进行设备的日常维修保养。在有城市依托的地方，可不设单独的港机修理厂，只设维修车间。

2.车间的组成

根据装卸设备数量及修理范围，确定机修车间的组成。

3.人员的配置

根据维修车间数量及任务量确定所需人员的数量。

第17章 供 油

本章系指对港内装卸机械、运输等所需燃料的供给，港口船舶供油一般由燃供公司负责，不包括在港口工程内。

1.供油方式；

2.油品的种类和储量；

3.加油站的规模和布置；

4.加油车的选型及数量。

第18章 消 防

1.设计依据

(1)国家和地方颁布的有关消防技术规范、规定；

(2)在上级主管部门主持下，由设计单位、建设单位和公安机关协商确定的书面意见或交通部消防主管部门的审批意见。

2.工程火灾危险性定类及爆炸危险性分区

介绍本工程所承担的任务、范围、港口装卸和贮存主要货物的火灾危险性定类及爆炸性危险性分区。

3.消防设计

(1)主要根据《建筑防火设计规范》等消防技术规范和交通部颁布的港口防

火设计规范、规定，并参照各地“建筑防火设计专篇”的内容和要求，分别从总平面、建筑结构、给排水、电气、采暖通风和工艺等方面进行论述并扼要说明重点消防的消防总体设计方案。

(2)消防站：

根据交通部标准进行陆域和水上消防站设计。陆域消防站尚应符合公安部标准《消防站建筑设计标准》。

(3)灭火器配置：

按照《建筑灭火器配置设计规范》进行建筑物的灭火器配置设计。

(4)消防系统投资额。

第19章 环境保护

1.设计依据

(1)环境影响报告及其批文；

(2)建设项目可行性研究报告中有关环境保护内容的要求及规定。

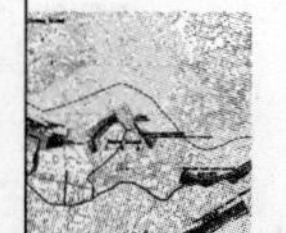

2.设计采用的环保标准

环保标准包括环境质量标准和排放标准。

3.主要污染源和主要污染物

简述港口装卸工艺流程，重点突出对环境可能造成污染环节；说明主要污染物的种类、名称、数量、浓度或强度及排放方式。

4.环境保护工程设施及预期效果

(1)防止大气污染的措施

分别说明各种污水(含煤、含矿石、含油和生活污水)的处理设施及其效果。当设置污水处理厂时，可按下列要求进行阐述：建设规模及进出口污水水质标准；工艺流程；主要构筑物及处理设备的选择和厂内主要辅助建筑的建筑面积及其使用功能。

(2)防止固体废弃物及噪声污染措施

5.对建设项目引起的生态变化所采取的防范措施

6.绿化设计

简要说明港区绿化规划、绿化面积等设计内容。

7.环境监测设施

说明监测内容、测站等级、仪器设备及车、船配置等。

8.环境保护投资额

第20章 职业安全卫生

1.设计依据

简述国家及当地政府等对职业安全卫生所颁布的法规、标准和技术规范和本工程“职业安全卫生评价”报告的主要结论。

2. 主要职业危险、危害因素的分析

对建设项目中产生对职工主要危险、危害的建筑、场地布置、设施及设备进行简单叙述。分析港口生产过程中的危险、危害等不安全因素。

3. 职业安全卫生对策

根据对危险、危害因素的分析，提出消除和控制产生危险、危害等不安全因素的具体措施和要求。

第21章 节 能

1. 能源消耗的主要环节

分析能源消耗的主要设备及环节，如装卸设备、锅炉、照明等。

2. 合理利用能源措施

根据国家有关能源政策，从选用节能型产品及加强管理等方面，论述合理利用能源措施。

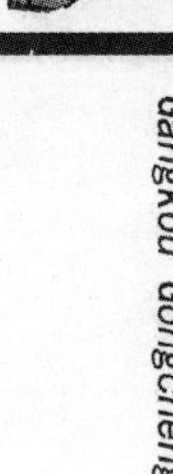

第22章 施工条件、方法和进度

1. 工程概况及施工依托条件

概述主要工程内容和主要工程项目的结构形式，列出主要工程数量表。说明当地各类主要建筑材料的供应条件、水陆交通条件、场地条件、水电供应条件等以及当地水文、气象条件和原有港区生产对工程施工的影响等。

2. 施工方法、施工顺序的建议及施工总体布置

(1)主要施工特点及可能采用的施工方法；

(2)建设或利用的各类大型施工设施，以及相应的规模、能力和布置方式；

(3)施工期间使用的主要大型施工机具、船舶的形式、规格和数量等；

(4)各主要工程项目的施工顺序、衔接条件等。

3. 施工进度安排

(1)工程总工期及主要控制进度的工程项目，并说明对大型建设项目分期投产安排的建议；

(2)施工进度表。

第23章 经济效益分析

1. 编制依据

主要包括：国家和有关部门的规定。

2. 编制说明

包括：建设规模、吞吐量、概算投资、收费依据、建设工期、分年投资、项目营

运期、资金筹措方式、流动资金、定员和基准收益率等。

3. 港口营运收入、税金、总成本费用和利润测算

4. 财务效益指标计算和分析

(1)财务盈利能力分析

包括财务内部收益率(FIRR)、财务净现值(FNPV)、投资回收期和投资利税率。

(2)项目清偿能力分析

包括资产负债率、流动比率、速动比率和借款偿还期。

5. 不确定性分析

(1)敏感性分析;

(2)盈亏平衡分析。

6. 财务效益评估意见

提出该项目在经济方面的合理性和建议。

7. 各种附表

(1)损益表;

(2)总成本费用估算表;

(3)借款还本付息计算表;

(4)财务现金流量表;

(5)资金运用和来源表;

(6)资产负债表。

第24章 存在问题

设计中存在的主要问题以及需要设计审查时确定的问题。

第二篇 主要设备及材料

列出主要设备技术规格和数量,按单项工程列出三大材料数量。

第三篇 工程概算

1. 编制说明

(1)简要说明工程概况及工程规模(如吞吐量、货种泊位数量等)。

(2)列出工程的总投资并将基础设施总投资和地面设施总投资分列。若总投资中使用外币则将内币和外币分列。

(3)说明概算编制的原则和依据:

①国家的有关法令和法规;

②初步设计文件(包括施工条件设计);

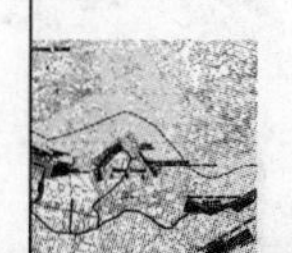

③现行初步设计概算的编制规定、有关定额、费用标准和有关规定；

④设备的出厂价格；

⑤地方颁发的材料、半成品及各种设备器材的价格或工程所在地基建主管部门颁发的材料预算价格及有关规定；

⑥注明上述规定、定额、标准及价格的颁发时间。

(4)注明上述规定、定额、标准及价格的颁发时间。

(5)说明以上未包括的其他必要的说明(如开工、竣工年限和外汇汇率等)及存在的主要问题。

2.沿海港口建设工程总概算表

(1)总概算表应包括建设项目从可行性研究到竣工验收所需的全部建设费用；

(2)一个建设项目，如由几个设计单位共同设计时由主体设计单位负责统一概算编制原则和依据并汇编总概算；

(3)根据建设工程投资的不同资金来源及贷款利率的差别，应将建设工程中的基础设施和地面设施及相应的费用分开计算，以作为银行贷款的依据；

(4)使用国外贷款的建设项目应分别编制内币概算和外币概算。

3.沿海港口建设工程单项(单位)工程概算表

(1)建筑工程概算表；

(2)安装工程概算表；

(3)设备购置及安装工程概算表；

(4)主要材料汇总表：按各专业分别列出主要材料的用量；

(5)主要材料和设备的价格表；

(6)总概算表、单位工程概算表、主要材料汇总表的表格形式应符合交通部有关规定；

(7)对送审的初步设计文件必须提供“单位估价表”及“材料单价表”各一份。

4.沿海港口建设工程主要材料汇总表。

第四篇　设 计 图 纸

初步设计中应包括下列图纸，设计单位可根据工程实际情况删减或补充。

1.港区形势图；

2.港区总平面布置图(包括风、波玫瑰图、港区绿化、陆域形成和控制点的高程)，必要时绘制港区鸟瞰图；

3.管线系统图；

4.港池、航道疏浚图；

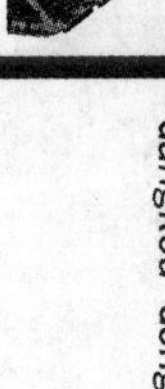

5.钻孔布置图；

6.具有代表性的地质剖面图，岩面等高线图（附地质报告）；

7.工艺流程图；

8.装卸工艺平面布置图（图中应给出装卸工艺设计的主要技术经济指标表）；

9.装卸工艺断面布置图；

10.港内交通运输流向系统图（指集装箱码头）；

11.维修车间的工艺布置图；

12.水工建筑物平面布置图；

13.水工建筑物立面图和剖面图；

14.水工建筑物基础处理图；

15.陆域形成平面和高程控制图；

16.道路、堆场、轨道基础平面布置图；

17.道路、堆场、轨道基础结构及基础处理图；

18.港口铁路总布置图；

19.港区铁路站场平面图；

20.港区铁路纵、横断面图；

21.港区铁路信号平面布置图；

22.港口铁路通信系统图；

23.港区主要或典型建、构筑物的平、立、剖面图，必要时绘制渲染图；

24.港区主要建、构筑物结构图；

25.主要建筑物及需特殊处理的建筑物基础图；

26.35kV级及以上总降压站工艺平面布置和110kV(35kV)/10kV(6kV)侧单线系统图、二次线路配置图；

27.10kV(6kV)变配电所工艺平面布置和10kV(6kV)/0.4kV单线系统图；

28.港口供电照明平面布置图；

29.电修车间工艺布置图；

30.给排水管网平面布置图；

31.供水调节站平面布置图；

32.港区通信系统网；

33.自动电话交换机中继方式图；

34.数字微波通信系统图；

35.海岸电台工艺布置图；

36.通信管线布置图；

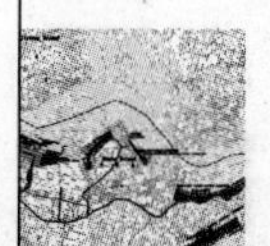

37. 港口导航形势图；

38. 导航台工艺布置图；

39. 导航系统图；

40. 热力管网平面布置图；

41. 锅炉房工艺平面布置图；

42. 控制室(楼)布置图；

43. 控制系统配置图；

44. 加油站工艺布置图；

45. 消防管线平面布置图；

46. 除尘系统布置图；

47. 污水处理厂平面布置图；

48. 污水处理厂工艺流程图；

49. 施工设施及施工场地平面布置图；

50. 地方材料供应分布图。

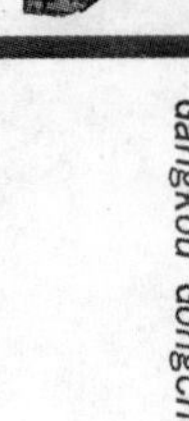

五、设计监理内容

由第四部分所列内容可知，初步设计的主要工作是比选设计方案和编制相应的工程概算，并在多方案的基础上，根据技术、经济条件的优劣，推荐最优方案。

设计监理应围绕方案选择这一基本任务，监督设计人员做好设计工作，具体内容有：

(1)严格遵守国家、交通部和当地政府有关工程建设的各项规定、法规、政策和强制性标准；

(2)协助业主签订工程勘察设计合同并监督管理合同的实施；

(3)审查设计单位提交的进度计划，监督管理设计进度的顺利执行；

(4)审查设计单位提交的设计提纲和基础资料，监督管理设计单位严格执行设计规范，按业主关于质量、投资的要求，高标准完成设计任务；

(5)审查设计计算书、设计图纸和设计说明，严格把关，一丝不苟，认真执行规范，做到不错不漏，为业主提供合格的设计成果；

(6)密切配合设计人员，认真研究设计方案，为业主提出一个经济合理、技术先进、施工便利、美观实用的设计方案；

(7)认真审查工程的概算，做到不超不漏，使其控制在上一设计阶段(工可研)所确定的投资之内；

(8)发挥监理工程师智慧和才能，运用本身的工作经验，与设计人员密切配合，尽可能优化设计方案，并向业主提出优化建议；

(9)及时向业主通报监理工作中出现的情况和存在的问题，并提出解决办法，供业主决策；

(10)设计进行中，按业主的要求分阶段向业主提交阶段监理工作报告。设计完成后，应向业主提交设计监理总结报告。

▶ 六、设计监理方法

设计是一项高智能的脑力劳动。作为设计监理工程师，应当能适应这种脑力劳动，故在监理方法上不能等同于施工监理，设计监理工程师在工作中，要十分讲究和运用好的、科学的方法。

1. 跟进

设计监理主要是设计过程的监督与管理，监理工程师应当根据设计的进展，一直跟进。稍滞后于设计人员，审查设计提纲，阅读与审核设计基本资料，审查设计条件。随之审查计算书，复核重要部位的计算，最后是对设计成果(图纸、概算与初设报告)的审查。这些工作均需紧跟设计进程，随时进行。只有这样才能发现设计中的问题，并反馈给设计人员，以便及时研究，及时改进。否则将会事倍功半，甚至造成不必要的矛盾。因为设计是一步一步进行的，前一步是后一步的条件，后一步是前一步的中间成果。如果前一步有错或不完备，则后一步一定会是错误或有缺陷的中间成果。如此类推，最后的成果也将是有错误或有缺陷的。所以，监理工程师的“跟进监理”是最基本的方法。

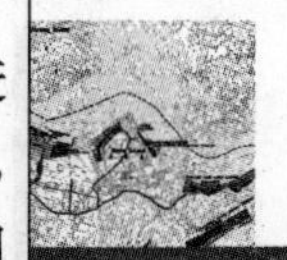

2. 研究

设计工作是一种高智商的脑力劳动，必须充分发挥设计人员的智慧，认真负责，才能设计出好的成果。而且，设计提出的设计方案，也不像某个具体实物那样一目了然。为了提出一个好的设计方案，监理工程师应当听取设计人员的意见，与设计人员充分研究，找出设计方案的优缺点。如果一时有意见分歧，应当通过召开技术讨论会、专家咨询会等方式，以求得统一。用这种民主的、相互尊重的方式充分研究，最后才能提出优秀的设计方案。

3. 严格

在设计过程中，严格执行国家和行业的有关设计规范和技术标准是十分重要的。无论是设计人员还是监理工程师都应当严格执行规范，每个人都有自己的思维方式和不同的工作方法，所完成的设计成果可能不尽相同。不同意见，各种矛盾是始终存在的，但是，设计参数（自然因素、荷载、分项系数、计算公式等等）的选取、计算公式的运用和设计方案的确定都应当严格执行规范，严格遵守技术标准。

4. 灵活

严格执行规范是问题的一面，另一面便是灵活对待设计过程中遇到的各种问题，这是一个优秀的监理工程师应具备的工作方法。如前所述，设计是一种脑力劳动，对问题的看法（如设计方案的优劣、各种技术要求等）每个人的观点可能相差很大。在监理过程中，一个有水平、有经验的监理工程师，要善于听取不同意见，去伪存真、由表及里，以灵活的方法，在规范允许的情况下，抓住主要矛盾，舍去次要因素，集中主流意见，以得出正确的结论。

第八章　施工图设计阶段的监理（一）

施工图设计是在被批准的初步设计基础上进行的，它的设计依据、设计范围、设计内容和设计目标等均与初步设计有所不同。因此，设计监理的依据、范围、内容和目标与初步设计的设计监理也是不同的。施工图设计的主要特点是详细、准确、具体和可操作性强。所以，监理工程师在监理时，必须注意这些特点。

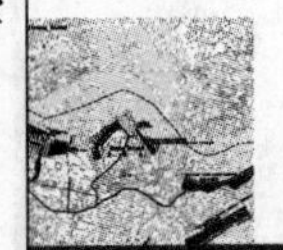

▶ 一、监理依据和范围

1. 监理依据

(1)设计监理委托人(业主)的委托书或业主与监理企业签订的设计监理合同；

(2)被上级批准或被业主书面认可的初步设计文件(初设报告和图纸)；

(3)初步设计审查会议纪要或被业主认可的专家评审意见；

(4)基本设计资料；

(5)业主的函件或会议纪要。

2. 监理范围

一般是按设计监理委托合同中所确定的范围进行监理。

▶ 二、监理目标

施工图设计阶段的监理是通过对设计单位提交的设计资料的审查，使该项设计成为符合被批准的初步设计要求、工程数量准确并控制在允许范围以内、图纸完整清晰、施工要求明确和方便施工的详细设计。具体要求是：

(1)符合性：施工图设计是初步设计的延续，是在初步设计的基础上进行的。所以它必须与被批准的初步设计的工程范围、设计方案(平面与结构)、工程数量和建筑的安全度等相符合。如有改变、除经上级主管部门批准以外，均应控制在允许的范围以内。否则，就不满足符合性要求。

(2)安全性：施工图设计的图纸是工程施工的依据，按此图施工，必须确保建筑物的稳定与安全，所以审查建筑物的结构稳定与安全十分重要，监理工程师必须十分认真地对计算书进行复核，对设计图纸进行认真审查，以确保稳定与安全。

(3)准确性：这里是指对设计图纸和各项技术要求进行审查，以确保图纸内容和技术要求准确无误。

▶三、监理内容与重点

1. 监理内容

设计监理工作，是随着设计进度而开展的全过程的监督与管理，不仅是审查设计成果，更重要的是注重设计过程。

(1)审查与分析基础资料：设计基础资料与设计条件的重要性是不言而喻的，但是却往往被审查人所忽视，以为基础资料都是正确的。作为设计监理工程师决不能轻视对设计基础资料和设计条件的审查。基础资料若有问题，设计成果肯定是不合格的。

(2)审查设计提纲：设计一开始，监理工程师就应当要求设计人员按照被批准的初步设计的各项要求进行设计。起步不好，将事倍功半，所以要从头抓起。

(3)审查与复核计算书：对于主要建筑物的稳定、主要部位的结构强度和基础(基床、路基等)沉降等计算书进行审查，必要时尚应对重要部位进行复核计算，以确保建筑物的安全与稳定。

(4)详细审查施工图设计图纸。

2. 监理重点

施工图设计是整个工程设计工作的最后阶段，它是在被建设主管部门批准或者业主明文认可的“初步设计”基础上进行的，其目的是为施工招标、工程施工和设备采购提供依据。所以，要求设计成果(图纸和文字)要全面、详细、可靠、准确和具体。设计成果以图纸为主，其次是附有施工要求和采购标准等方面的说明。所以，施工图设计的审查主要是审查设计图纸及其相对应的计算书，文字审查则是第二位的。无论哪个专业，应掌握以下审查重点：

(1)施工图设计的规模、范围和方案与批准的“初步设计”是否吻合；若不吻合是何原因，有无论证，专家会议的评审意见可供参考；

(2)工程数量、设备规格和数量与初步设计是否相同；若不同，则原因是什么，变更的理由是否充分；

(3)施工图纸的设计深度是否符合规范规定和是否满足施工要求，有无模糊不清的图示。

3. 施工图设计文件

(1)设计合同要求所涉及的所有专业的设计图纸。包括图纸目录、设备清单、主要建筑材料表等。

(2)技术规格书。其内容主要是设计说明、施工技术要求、采购标准及其他注意事项。

(3)施工预算。

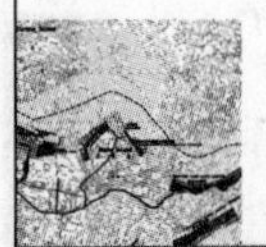

4. 图纸合订本封面应标明以下内容

(1)工程项目名称；

(2)设计单位名称；

(3)工程项目的设计编号；

(4)设计阶段；

(5)设计单位的法定代表人，总工程师和项目经理；

(6)出图日期。

▶ 四、监理程序

无论是哪个专业，施工图设计阶段的设计监理程序，均可按如下流程进行。但总图和水工专业的设计内容较复杂，人员较多，承担设计项目经理的人员，多数又是这两个专业的人，所以监理程序应按这两个专业的设计情况进行。其他专业可以参照，适当简化也是可行的。

设计阶段监理程序如下所示：

J—监理工程师；S—被监理单位(设计院)；Y—业主

步骤	责任方	内容
监理准备	J	1. 任命总监理工程师，明确监理任务； 2. 总监编写设计监理规划和监理细则； 3. 向业主和设计方提交监理规划。
向监理提交基础资料	S、Y	1. 初步设计文件（图纸和报告）和批文； 2. 工程地质资料与工程测图； 3. 自然条件：气象、水文、潮汐、地震； 4. 其他条件：外协条件、施工条件、材料来源等。
查阅资料	J	1. 阅读基础资料，审查其可靠性； 2. 查阅初步设计资料，了解推荐方案。
向监理提交设计大纲	S	1. 工程概况与设计范围； 2. 设计质量保证体系与技术要求； 3. 设计进度计划与人员组成； 4. 简介被批准的初步设计方案。
审查设计大纲	J	1. 设计质量保证体系是否落实； 2. 进度计划是否满足业主要求； 3. 人员配备是否合理； 4. 被批准的初设方案是否明确。
向监理提交设计提纲	S	1. 建筑物计算项目、计算原则和计算内容； 2. 计算荷载、参数选取、计算图式、计算公式和计算方法。
审查设计提纲	J	1. 建筑场计算项目是否齐全，有无缺项； 2. 计算公式是否恰当，荷载组合是否合理； 3. 计算有无漏项，是否严格执行规范。
提纲审查意见	J	监理工程师审查设计提纲后，针对具体问题应提出明确的肯定或否定的意见。
研究监理意见	S	1. 接受监理意见时，则表示同意； 2. 不接受监理意见时，说明理由。

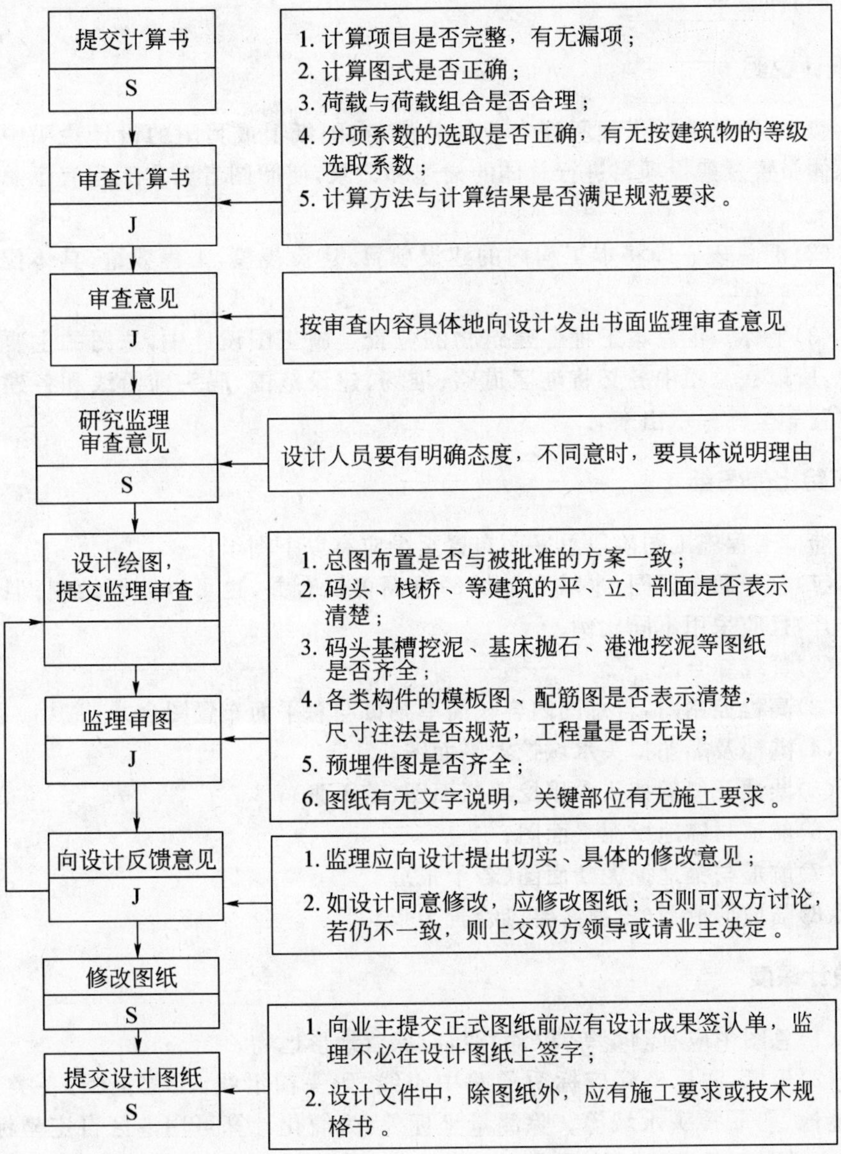

提交计算书
S
↓
审查计算书 ← 1. 计算项目是否完整，有无漏项；
2. 计算图式是否正确；
3. 荷载与荷载组合是否合理；
4. 分项系数的选取是否正确，有无按建筑物的等级选取系数；
5. 计算方法与计算结果是否满足规范要求。
J
↓
审查意见 ← 按审查内容具体地向设计发出书面监理审查意见
J
↓
研究监理审查意见 ← 设计人员要有明确态度，不同意时，要具体说明理由
S
↓
设计绘图，提交监理审查
↓
监理审图 ← 1. 总图布置是否与被批准的方案一致；
2. 码头、栈桥、等建筑的平、立、剖面是否表示清楚；
3. 码头基槽挖泥、基床抛石、港池挖泥等图纸是否齐全；
4. 各类构件的模板图、配筋图是否表示清楚，尺寸注法是否规范，工程量是否无误；
5. 预埋件图是否齐全；
6. 图纸有无文字说明，关键部位有无施工要求。
J
↓
向设计反馈意见（→ 返回设计绘图，提交监理审查） ← 1. 监理应向设计提出切实、具体的修改意见；
2. 如设计同意修改，应修改图纸；否则可双方讨论，若仍不一致，则上交双方领导或请业主决定。
J
↓
修改图纸
S
↓
提交设计图纸 ← 1. 向业主提交正式图纸前应有设计成果签认单，监理不必在设计图纸上签字；
2. 设计文件中，除图纸外，应有施工要求或技术规格书。
S

五、总平面布置

1. 设计文件内容

(1)图纸目录；

(2)设计图纸(包括新绘制的图纸和重复利用的图纸)；

(3)设计说明书；

(4)计算书。

2. 设计说明

(1)总图是港口工程所涉专业的总汇,在图纸上或另附的设计说明中对港口总体布置及建设项目进行总体的描述和记录,使阅图者对本工程有个总体认识。

(2)汇总表。即将本工程内的建设项目、建设规模,工程数量,具体位置等均一一列出。

(3)坐标。汇总本工程各建筑物的位置是施工图设计中,总图的主要任务之一,所以在总图中务必将港区道路、堆场、建设范围、码头前沿线和各建筑物的位置等坐标标示出来。

3. 应给出的图纸

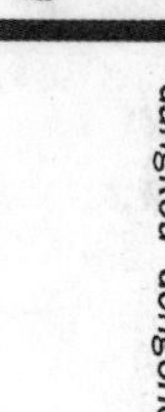

港口工程施工图阶段总平面布置至少应有以下图纸:

(1)总平面布置图:水域和陆域的总图可以合并,也可以分开绘制;但最好是分开,且应采用不同比例;

(2)管线综合图;

(3)高程控制图,若总图内容较简单则可与总平面布置图合并;

(4)港池及船舶掉头水域挖泥平面图;

(5)港池及船舶掉头水域挖泥断面图(若干张);

(6)航道与锚地挖泥平面图;

(7)航道与锚地挖泥断面图(若干张);

(8)陆域形成图(根据需要应绘若干张)。

4. 设计深度

(1)总图中应有测量等高(深)线,应保留地形地物。

(2)坐标:测量坐标应标明道路中心线、码头前沿线、工程范围、各类建筑物、港池、船舶掉头水域等。除测量坐标外,为简化计算可用港区自定坐标,但图中应说明两种坐标的关系式。

(3)指北针与风玫瑰。

(4)建筑物汇总表:包括码头长度、设计水深、各类建筑名称、规模和尺度、路场、给排水、供电照明、环保、自控等工程的各项指标。

(5)尺寸及高程:说明尺寸单位、高程系统和图纸比例等。

5. 审查内容

(1)工程区内外边界平面坐标系统与数字的准确性。

(2)水域、陆域原地面(泥面)标高及高程系统的准确性。

(3)码头和其他建筑物平面坐标与标高的准确性,主尺度与坐标是否吻合。

(4)平面图范围内及周边已建和拟建建筑物的名称是否齐全,标高与坐标是否准确,护舷布置是否适应船舶停靠要求,系船柱等级与数量是否符合规范规定。

(5)道路、铁路、堆场和干道排水沟等的控制点(起点、转折点、终点等)坐标和标高是否标注齐全,坡向箭头是否准确。

(6)指北针、风玫瑰图、波玫瑰图是否标出。

(7)建筑物、构筑物的名称是否规范,使用编号时,应列出"建筑物构筑物"一览表,并应标注建筑规模,其中,绿化面积也应在拟建工程范围内。

(8)说明栏内应至少有以下内容:

①图纸尺寸单位和比例;

②坐标系统与高程系统;

③图例。

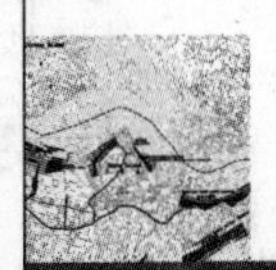

6. 管线综合图审查内容

(1)管线综合图的范围应与总平面布置图一致,图幅大小和比例最好与总平面布置图相同。

(2)工程四周边界(包括水陆交界)坐标或尺寸是否齐全,有无错漏。

(3)各类管线(电缆、通信、给水、排水、污水、动力)的平面布置是否齐全,各管线与建筑物(构筑物)的距离、管线间的距离是否符合规范要求。

(4)港内外各类管线的接入点的位置是否合理,是否标明接点坐标。

(5)管线与管线,管线与建筑物(构筑物)有无碰撞,各管线的标高设置是否合理,有无重叠和矛盾现象。

(6)管线密集或3个以上专业的管线交叉处有无大样图。

(7)图内有无设置指北针和风玫瑰图。

(8)说明中至少包括:尺寸单位、图纸比例和管线图例。

▶ 六、装卸工艺

1. 应绘制的设计图纸

(1)装卸工艺布置图(含平面图、剖面图和剖视图);

(2)装卸工艺流程图或流程;

(3)港内交通运输流向图(只对集装箱运输);

(4)维修车间工艺布置图(若没有维修车间应说明)。

2. 审查内容

施工图设计阶段的审查内容主要是检查设计图纸是否按被批准的初步设计的泊位吨级和规模进行设计的,具体内容有:

(1)装卸工艺图是否与被批准的初步设计工艺方案相一致:若初设未批复则应审查装卸工艺方案与初步设计的推荐方案和业主的意见是否一致,若有变化,有无进行充分的论证。

(2)装卸工艺设计是否按港口工程设计规范的规定进行,内容是否齐全,图纸表达是否清楚。

(3)装卸机械设备的技术规格是否与被批准的初步设计方案初步设计推荐方案相一致,各种参数是否齐全并满足要求,若有变化,有无充分论证,有无得到上级主管单位或业主的同意。

(4)装卸船机的生产能力是否与年货物吞吐量相匹配,各生产环节和能力是否协调。

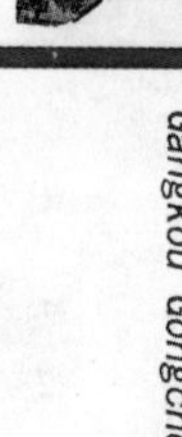

(5)堆场装卸设备与堆场容量是否相匹配,运输流程与路线是否合理。

(6)港区内水平运输(包括进出大门)是否合理,各控制点有无明显的标志。

(7)根据设计配备的装卸设备的规格与数量,复核港口设计年通过能力,评价是否满足年任务吞吐量的要求。

(8)审查设计图纸的完整性:装卸工艺设计图中,除平剖面图外,应有图示与说明,至少应有以下内容:

①汇总表。内容包括泊位吨级、泊位数、年计划任务量、设计年吞吐能力、库场容量、库场面积、装卸工人数、驾驶员人数、装卸机械投资、装卸成本、单位能耗等;

②机械设备明细表和主要技术经济指标表。主要汇集装卸机械设备名称、技术规格、机械数量等;

③图幅比例和高程系统;

④必要的文字说明。

▶ 七、水工建筑物

港口工程的水工建筑物主要是码头,本节以码头结构中的“重力式”和“桩基”两种形式为内容,介绍其施工图设计监理细则。

1. 监理目标

监理工程师应当用现场踏勘、查阅、计算、交流和论证等方法,对施工图设计计算成果与设计成果进行监理，与设计人员一道为业主提供一项符合规范规定、满足业主要求、技术先进、经济合理、符合三性(符合性、安全性、准确性)要求，并方便施工的优质施工图设计。

(1)确保初步设计标准:施工图设计应在初步设计的平面布置、主体结构方案的基础上进行，严格按被上级或业主批准的初步设计方案进行施工图设计并控制工程造价。也就是说，施工图设计是初步设计的延续、深化和细化。满足符合性、安全性和准确性要求，不改变被业主批准或确认的设计方案与设计规模;对初步设计进行优化，具体要求是:

①总平面与结构方案严格按被批准的初步设计进行;

②工程量不得超过初步设计的控制投资;

③水工建筑物的稳定与主要结构的计算结果应确保稳定与安全;

④严格审图:施工图设计要按“港口工程制图标准”(JTJ 206—96)绘图，图纸要求完整、准确、明确，便于施工，图纸的布图率控制在70%～80%，不能满布，也不能空布。

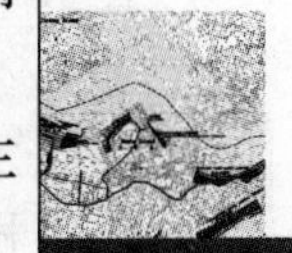

⑤稳定与结构计算应向监理提交计算书，监理除审查全部计算书外，对主要计算成果应进行复核。

(2)优化设计:因情况变化，初步设计可能有不完备的地方，施工图设计阶段应进行优化。

2. 监理需要的基础资料

为了做好设计监理工作，设计方或业主应向监理部提供以下资料:

(1)初步设计文件(图纸与初设报告)。

(2)初步设计批准文件或业主来文和业主确认的专家评审意见。

(3)工程地质资料与工程测量资料。

(4)自然条件:水文、气象、潮汐、波浪、地震等。

(5)其他条件:外协条件、施工条件与材料来源等。

3. 水工结构设计质量监控

(1)审查设计提纲

设计提纲是整个设计具体工作指导性文件，十分重要。许多具体数据和设计方案均应在设计提纲中反映。监理工程师在审查设计提纲时，应掌握:

①设计依据是否齐全。

施工图设计阶段的设计依据主要有:

a)业主的委托书或设计合同;

b)业主的上级主管单位对本工程初步设计的审批意见;

c)与本工程有关的行业规范和其他技术标准；

d)自然条件:水文、气象、潮汐、波浪等；

e)工程地质报告、工程测量图；

f)初步设计文件(图纸与报告书)；

g)有关专业所提的设计条件；

h)主要设计参数(水位、波浪、土质力学指标、各类荷载和安全系数)。

②荷载取值是否合理。

码头稳定与结构计算中涉及许多荷载,计有船舶荷载、水压力、波浪力、堆货荷载、机械荷载、地震力等。这些荷载均有个取值问题,取值正确与否,对计算结果影响较大,这是基础,一定要把好关。此外,工程的主要建筑物的安全等级定为几级,其结构重要性系数是否按相应级别来选取。

③荷载组合是否合理。

荷载确定以后,荷载组合是否周全(有无漏项),是否合理,组合情况是否会发生等也要进行分析。

④设计提纲中,还应包括设计进度安排和设计的其他要求。监理工程师同样要监督和促进设计组按期完成设计任务。

(2)审查计算书

①审查设计条件。所谓设计条件,除自然条件外(水位、波浪、地质等),主要指使用条件与荷载条件。作为监理工程师,首先要对自然条件进行检查,看是否有差错与不合理的地方。自然条件无误后,其次要分析使用条件是否与实际情况相吻合,有无过高的要求和考虑不当的地方,审查荷载数值的选取与荷载组合的合理性。这一点往往被设计人员所轻视,随便加码,任意组合,似乎越大越好。监理工程师应当认真而又慎重地审查设计条件,这也是计算的基础。设计不合理,计算再准确也没有意义。

②审查码头等建筑物基础的稳定与沉降计算。码头的稳定与沉降计算是重力式码头中最重要的计算内容,码头的成败主要取决于稳定与沉降计算的准确性。

某些工程区的地层承载力虽然较好,沉降量也可能不会太大,但是其地层分布若较复杂,软硬不均,更容易发生不均匀沉降,设计监理时尤为注意。

③审查码头等建筑物的重要部位的结构计算,应给予足够的重视。

④复核计算。除审查设计提交的全部计算成果以外,监理还应对重要部位进行复核计算,例如靠船墩的稳定、栈桥梁板结构、基础桩基等。

(3)审查设计图纸

对设计图纸的审查是施工图设计监理的主要工作,图纸多,工作量大,监理工程师务必认真工作,一丝不苟地对图纸进行审查。

①审图一般要求

水工建筑物的施工图设计图纸是施工招标、工程施工和设备采购的依据。所以，水工施工图应符合"四性"要求。即符合性(符合初步设计批复精神)，稳定性(结构自身安全、稳定)，适应性(结构和构件强度满足规范要求)，便利性(方便施工)。

在审查过程中，注意两个具体问题：

一是工程规模、工程范围与初步设计相比有无变化，有无初步设计批复文件，工程规模、工程范围与初步设计批复内容是否一致；

二是工程量有无变化，施工预算是否在批准概算±10%的范围内。

②重力式码头施工图设计深度

a)施工图设计文件应包括图纸目录、设计说明、设计图纸和计算书(内部归档)。

b)水工结构设计总说明，内容至少包括：

- 水工结构设计的主要依据；
- 工程地质条件；
- 地震基本烈度；
- 设计水位；
- 设计荷载(包括波浪)；
- 批准的设计方案；
- 业主的特殊要求；
- 建筑物各部位的标高、尺寸及单位；
- 建筑物的安全等级及设计使用年限；
- 建筑物地基类别、地基液化等级、抗震设防类别、抗震设防烈度；
- 简要说明地基情况，对不良地基的处理措施；
- 选用结构材料的品种、规格、性能和对重要材料(或设备)的特殊要求；
- 施工中应遵循的施工规范和技术要求。

c)设计图纸：

- 码头平立面图

应绘出码头前沿线位置及坐标、分段长度、护舷位置及间距、码头顶标高、码头前沿水域底标高、作业水域宽度、基床顶与底标高、码头宽度，起重机轨道长度与位置、平台尺度与位置、系缆墩位置等。

- 基槽和基床平面图：平面位置(坐标、码头前沿线)、原地形水深等深线、基槽底与基床顶标高。
- 基槽和基床断面图：断面尺寸、基床标高与厚度(不同宽度或厚度的基床要分别绘图并编号)、垫层顶底标高与厚度。

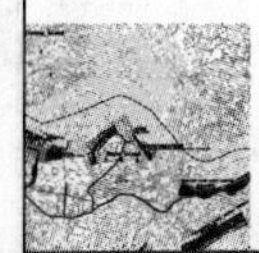

- 码头墙身：包括墙身结构（预制沉箱，沉箱安放，接缝倒滤层）；上部结构（胸墙、管沟、预制构件的预制与安装，伸缩缝与沉降缝）；码头面层（面层混凝土，护轮坎，护舷，系船柱，栏杆，系网环，扶梯）；配筋图、预埋件（对上述各个部位的配筋图、预埋件图和必要的大样图）。

d)设计人员应提交的资料：

水工建筑物的施工图设计是在被批准的初步设计基础上进行的，其前提是：码头结构整体是稳定的，主要部件的结构强度应满足设计要求。故此，施工图阶段仅对结构物整体稳定进行校核。但是如果初步设计计算不完备，或结构物有变化，则应对整体稳定进行计算。由于结构强度计算是施工图阶段的主要任务，所以结构强度校核便成为设计监理的主要任务之一。为此，设计人员应提供以下资料：

- 计算书（包括各类设计参数）；
- 施工图设计图纸；
- 工程数量总表和分表；
- 施工要求等说明（最好图纸中有简要说明）。

③图纸审查内容

图纸审查内容应包括：简要自然条件，工程地质简况，设计标准，计算结果，主要分项工程的施工要求，关键的技术部位和主要基础工程的施工方法等。具体内容如下：

a)水工建筑物的整体稳定是否符合港口工程设计规范的规定（如果初步设计计算较完备且经过监理审核，施工图阶段可从简）；

b)构件强度（所有部位）计算时的荷载组合是否合理，计算结果是否满足要求；

c)构件模板图尺寸是否准确，各部位配筋是否满足要求，是否符合规范规定；

d)基槽开挖、基床抛石、基床整平、墙身构件安装等是否符合规范规定；

e)码头上部结构、管沟、护轮坎、盖板、护舷、系船柱和爬梯等设计是否合理；

f)对施工的要求是否合理，有无过宽或过严的不合理要求。

④审图时应注意的问题

a)主体结构与被批准的初步计中的方案是否一致，若不一致，理由是什么，有无论证，是否被业主或上级批准；若一致，有无优化；

b)构件尺寸与初步设计相比，有无变化，是大了还是小了，为什么；

c)主要部件的理论工程量与初步设计相比有无变化，为什么；

d)图纸是否清晰，布图是否合理，比例选择是否合理，布图率是大还是小

(70%～80%为最佳)；

e)所标建筑物或构件尺寸有无差错，图中是否附有工程数量和必要的文字说明，用语是否规范；

f)图纸是否按《港口工程制图标准》(JTJ 206—96)绘制(监理工程师亦要掌握该标准)。

⑤桩基结构施工图设计深度

栈桥与人行桥多数是桩基结构，其设计深度应参照桩基码头施工图设计：

a)施工图设计文件，虽不单独装订成册，但其内容与重力式码头相近。另外，其设计依据与重力式码头相同。

b)设计图纸。根据不同工程列出图纸名称。

c)图纸审查内容。桩基工程图纸的审查与重力式码头一样，要首先审查自然条件、工程地质条件(特别是桩的持力层)、设计标准、计算结果、施工要求等，特别是沉桩要求。具体内容如下：

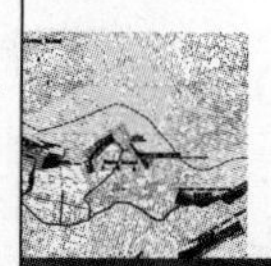

• 结构的整体稳定是否符合港口设计规范要求，桩尖的下沉标高是否合理，是摩擦桩还是支承桩，还是两者兼顾，持力层选取是否合理；

• 纵横梁模板图尺寸是否与计算结果相符，配筋图是否符合规范规定；

• 有无沉桩要求，是否合理，有无过宽或过严的要求。

d)审图时应注意的问题：

• 结构方案与初步设计被批准的方案是否一致，若不一致，理由是什么，有无论证；若一致，有无优化；

• 梁板尺度与初步设计相比有无变化，理由是什么；

• 桩、纵梁、横梁、面板的理论工程量与初步设计相比，有无变化，什么原因；

• 图纸是否清晰，是否符合制图标准的要求，比例选取是否合理，布图是否合理，布图率以70%～80%为好；

• 所标尺寸有无差错，整体尺寸与梁板构件尺寸是否吻合。

(4)核查工程量

所谓投资监控最终归结到工程量，因为工程投资是否超过初步设计阶段的工程概算，投资是否超初步设计，其衡量标准是设计工程量。对施工图设计来说，若工程量未超，则基本可以说投资得到控制。所以，监理工程师要监控好工程投资，就是监控工程量，认真审查、复核工程量的准确性。

(5)审查设计说明

施工图设计说明应反映两方面的问题，一是对图纸表达不十分清楚或者结构的关键部位需要用文字加以说明，以便阅图者更容易理解。二是设计对施工的要求，即施工招标文件中的“技术规格书”。监理工程师在审查文字说明时，至少掌握 3 点：

①文字表达是否清楚，有没有尚未说清楚的地方；

②施工要求是否恰当，有无过严或过宽的地方；

③文字尽量简单通顺、不重复。施工规范中有了的，可以从略或从简。

4. 设计进度监控

(1)监理与设计密切配合

影响设计进度的主要因素是设计条件的变化(业主原因较多)和设计环节配合较差。所以监理工程师应侧重在这两方面与设计密切配合，主动解决问题，力求按计划进度进行。

(2)满足业主的合理要求

施工图设计中，业主可能有许多条件未明确，设计方只好按设想的方案进行，今后变动的可能性较大，所以监理工程师也应理解这种情况，配合设计，在满足业主合理要求的情况下，尽量确保进度要求。

5. 投资监控

设计投资监控与质量监控是一致的，监理工程师只要监督设计工程量不超过初步设计的总数量，使基本达到施工图设计阶段投资控制的要求。若能进一步优化，就是高标准了。

6. 监理报告与监理总结

按照业主的要求，设计要定期向其提交设计进度报告(简单的可填表)，监理工程师应与设计配合，按时向业主提交报告：

(1)无论是审查基础资料还是审查设计文件(图纸与文字)，先要将审查意见记录下来，然后与设计交谈或通过总监向设计发文，无论结果如何(设计接受或不接受)，都应将结果记录在案。为使情况真实，建议每位监理工程师备一个本子，以便随时记录；

(2)监理工作告一段落或监理工作结束，监理部要写“阶段报告”或“总结报告”，对监理工作总结后提交业主。

八、道路与堆场

港口工程的路场主要是两个部分：一是港区道路(包括主干道，次干道与支道)；二是货物堆场(包括集装箱堆场、散货堆场与件杂堆场等)，一般是由总图专业根据总体设计确定了港口总平面布置后，根据港内总图运输的需要与货物堆存面积而提出的设计条件，由路场专业进行设计。道路的等级、尺度、线路、标高、纵坡等均由总图专业确定。故路场专业仅仅是按总图专业的要求来完成基础处理与结构设计。

1. 监理所需的基本资料

(1)初步设计中有关路场的设计文件。

(2)初步设计批准文件、业主来文或专家评审意见。

(3)自然条件:水文、气象、潮汐、地震等。

(4)工程地质资料与地形测量图。

(5)总图专业提供的设计条件。

(6)工程材料，如砂、石、水泥、钢筋等。

2. 监理程序

与水工专业大体相同，故此从略。

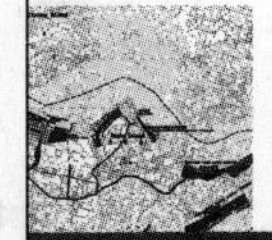

3. 应绘制的图纸

(1)路场平面图。

(2)路场地基与基础处理图。

(3)路场结构图。

(4)轨道梁平面布置与基础处理图。

(5)路(场)面坡度与排水平面图。

(6)其他图纸。

4. 审查计算书

路场结构分上下两部分，最底层是“土基”，也称“地基”，对其主要进行沉降计算。上部为“铺面结构”，共分三层，自上而下依次为“面层”、“基层”和“垫层”。路场的计算主要是指对铺面结构强度和稳定。

铺面结构方案(包括种类和尺度)应当在初步设计中已经选定了的，施工图设计阶段的计算，严格来说是复核性的。

监理工程师在审查路场专业的计算书时应掌握以下几点：

(1)无论是道路还是堆场，无论是哪种结构基层的强度与稳定，计算是必不可少的，监理工程师首先应审查这种计算；

(2)路场的各类铺面在设计使用年限内的残余沉降量不宜大于设计规范所定的数值；

(3)结构计算时，荷载选取与荷载组合是否规范，是否合理，例如：

①道路铺面计算荷载选取了哪种流动机械荷载,是否合理;

②堆场铺面计算荷载,是否按不同区域来选取不同荷载;

③选取标准荷载时,有无考虑流动机械车的作用次数。

5. 审查图纸

(1)符合性:主要审查图纸与被批准的初步设计方案是否一致,与总图专业所提的条件图是否一致。

(2)完整性:审查图纸是否完整,有无缺图,结构设计图、平面图、分区图是否表达清楚。

(3)平面图:道路与堆场的主尺度与总图是否一致,平面坐标,特别是干道的坐标是否正确,有无必要的文字说明。

(4)结构图:铺面结构各层是否绘制清楚,对"土基"的处理是否合理,有无满足"稳定"、"密实"和"均匀"的要求。

(5)工程量校核:理论工程量是施工图设计的重要部分,是施工招标的主要依据,也是衡量设计单位控制水平的重要因素,所以监理工程师在审查设计图时,一定要校核设计提供的路场工程的工程量。

第九章　施工图设计阶段的监理（二）

▶ 一、供电与照明

在港口工程中，供电与照明虽然是配套专业，但却十分重要，而且在施工图设计阶段，由于其项目多、管线多、配件多、规格多，因而图纸亦多。审查时务必要细致、全面、不遗漏。除了注意供电规模是否与被批准的初步设计相吻合以外，还应审查各环节与总图工艺是否协调。

1. 设计应绘制的图纸

(1)35kV 及以上总降压站工艺平面布置图

(2)110kV(35kV)/10kV(6kV)侧单线系统图、二次线路配置图

(3)10kV(6kV)变配电所工艺平面布置图

(4)10kV(6kV)/0.4kV 单线系统图

(5)港区供电照明总平面布置图

(6)电修车间工艺布置图

(7)前后方变电所工艺布置图

(8)前后方变电所中压系统图

(9)前后方变电所低压系统图

(10)供电电缆敷设表

2. 设计应向监理人提供的资料

(1)设计说明

(2)施工设计图

(3)设备清单

(4)计算用参数

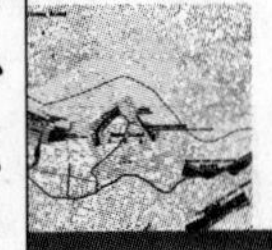

3. 审查内容

1)总要求：

(1)供电规模、降压站布置和前后方变电所布置是否符合被批准的初步设计的要求；

(2)各供电建筑物与港区总平面图是否一致；

(3)图纸是否齐全，有无采用标准图，有无列标准图号；

(4)有无设计总说明，其内容是否齐全，如在图纸中有较清楚的说明，则在总说明中可以从略；

2)供电总平面与变配电所：

(1)供电总平面图：

①图纸内容应满足以下要求：

a)标出建筑子项名称(或编号)、层数(或标高)、等高线(画 5，10，…，5n 各条)和用户的设备容量等；

b)画出变、配电所位置、线路走向、电杆、路灯、拉线、重复接地和避雷器、室外电缆沟等；标出回路编号、电缆、导线截面、根数、路灯型号和容量；

c)绘制杆型选择表。

②"说明"应包括以下内容：

a)电源电压、进线方向、线路结构、敷设方式；

b)杆型的选择：杆型种类、高低压线是否共杆、电杆距路边的距离、杆顶装置引用标准图的索引号；

c)架空线路的敷设、导线型号规格、档数、入户线的架设和保护；

d)路灯的控制、路灯方位和照向、路灯型号规格和容量、路灯保护；

e)重复接地装置的电阻值、型式、材料和埋置方法；

f)设备、材料表。

(2)高低压供电系统图应包括以下内容：

①画单线图，在其右侧(按看图方向)近旁，标明继电保护，电工仪表，电压等级，母线和设备元件的型号规格；

②系统标题栏应从上至下依次为：开关柜编号、开关柜型、回路编号、设备容量(kW)、计算电流(A)、导线型号及规格，用户名称(或二次结线方案编号)。

(3)变、配电所平、剖面图应包括以下内容：

①按比例画出变压器、开关柜、控制屏、电容器柜、母线、穿墙套管、支架等平剖布置、安装尺寸；

②进出线的敷设、安装方法，标出进出线编号、方向位置、线路型号规格；

③变电所选用标准图时，应注明选用标准图编号和页次，不需绘制剖面图。

(4)继电保护二次结线图和屏面布置图(工程简单时可略):

绘制高低压系统继电保护二次结线展开图、屏面布置图、接线图和外部结线图。

(5)变、配电所照明和接地平面图:

①接地极和接地线的平面布置、材料规格、埋设深度、接地电阻值等;

②引见标准安装图编号、页次。

3)电力

(1)电力平面图

①图纸内容:

a)画出建筑物门窗、轴线、主要尺寸、工艺设备编号及容量、进出线位置;

b)配电箱、开关、起动器、线路及接地平面布置;注明编号、配电箱总容量、型号规格、保护管径、安装高度和敷设方法;两种以上电源的配电箱应冠以文字符号区别;

c)不出电力系统图时,必须在平面图上,注明自动开关整定电流和熔丝电流;

d)引见标准安装图编号、页次、施工说明。

②"说明"内容:

a)电源电压、引入方式;

b)导线选型和敷设方式;

c)设备安装高度;

d)接地或接零;

e)设备、材料表。

(2)电力系统图(一般可不出图)

用单线图绘制、标出配电箱、开关、熔断器、导线型号规格,保护管管径和敷设方法,用电设备名称等。

(3)自控、联锁及信号装置等原理图

包括控制原理图和设备元件布置图、接线图、外引端子板图。

(4)安装图

包括设备安装图和非标准件制作图、设备材料明细表。

4)电气照明

(1)照明平面图:

①配电箱、灯具、开关、插座、线路等平面布置;

②线路走向,引入线规格,有功计算容量,电能计量方法;

③复杂工程的照明,需画局部平剖面图;多层建筑可绘出标准层照明平面图;

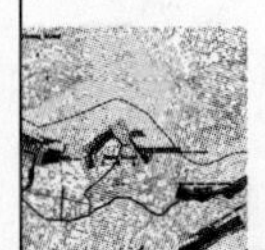

④设备、材料表。

(2)照明系统图(简单工程可不出图)

内容和深度同电力系统图。

(3)照明控制图

包括照明控制原理图和特殊照明装置图。

(4)照明安装图

照明器及线路安装图(尽量选用标准图,一般可不出图)。

5)自动控制与自动调节

(1)配电系统图、方框图、原理图

注明线路电器元件符号、接线端子编号、环节名称,列出设备、材料表。

(2)控制、供电、仪表盘面布置图

盘面布置图按比例画出元件、开关、信号灯、仪表轮廓线,标上符号,注明中心线尺寸,列出设备、材料表。

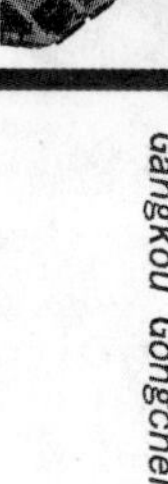

(3)盘后接线图

电器元件布置与盘面相对应,标出内部各元件接线端子编号,用呼号法表示各元件之间端子的接线。

(4)外部接线图和管线表(一般工程可不出图)

盘外部之间的连接应注明编号、去向、线路型号规格、敷设方法等。

(5)控制室图

包括控制室平、剖面图和管线敷设图。

(6)安装图

包括构件安装图及构件大样图。

(7)设备、材料表

按子项工程分别列出设备、材料表。

6)建筑物防雷保护

(1)建筑物防雷接地平面图

①小型建筑物绘顶视平面图,复杂形状的大型建筑物应绘立面图,注出标高和主要尺寸;

②避雷针、避雷带、接地线和接地极平面布置图、材料规格、相对位置尺寸;

③引见标准图编号、页次。

(2)防雷接地平面图说明

①建筑物和构筑物防雷等级和采取的防雷措施;

②接地装置的电阻值、型式、材料和埋置方法;

③设备、材料表。

▶ 二、给排水

在港口工程中，给排水虽然是配套专业，但却十分重要，审查时，除了注意其规模是否与被批准的初步设计相吻合以外，还要注意管网布置等环节与总图、工艺是否一致。

港口工程的给排水应包括“港区室外给排水”、“港区室内给排水”和“污水处理”三部分。

1. 港区室外给排水

1)设计应绘制的图纸：

(1)图纸目录中要先列出新绘制的图纸，后列出选用的标准图或重复利用的图纸名及编号，设计说明可写在图纸上；

(2)给排水平面图；

(3)管道纵横断面；

(4)给水净化处理站平剖面图；

(5)水泵房平剖面图；

(6)水塔水池平剖面图。

2)设计应向监理人提交的资料：

(1)设计图纸；

(2)计算书和设计选取的各种参数；

(3)设计说明书(若在图中和总说明中已有叙述，则此项设计说明书可省略)。

3)审查内容：

(1)给排水平面图与本工程总平面图的尺度、路场布置、房屋建筑等应当吻合，否则应当校正；

(2)给排水平面图：

①坐标、标高、建(构)筑名称、检查井、雨水口、化粪池等是否齐全；

②给水干管有无说明管径、管长和敷设标高，有无节点图，节点结构、闸门井尺寸、编号及引用详图等应当标明；

③排水干管有无标注检查井编号和水流方向；

④对于复杂、管线较多的工程，给水和排水平面布置图应分开绘制；

⑤给水管线应标明港外供水接管位置。

(3)管道纵断面图：

①图示比例以采用竖向 1∶100，横向 1∶1000 为好；

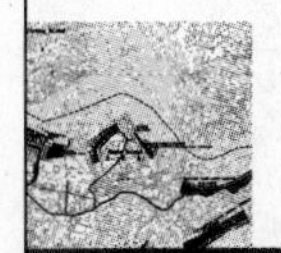

②对于管线较多、沿程变化较大的工程，排水管道应绘制管道纵断面图，图中应标出设计地面标高、管内底标高、管径、坡度、井距、井号、井深，并标出交叉管线的管径、位置和标高；

③一般工程可不绘制排水管道纵断面图，可在平面图列出排水管道高程表，将排水管道的编号、管径、地面标高、管内底标高、坡度、井距等写在表内；

④在管道较多、交叉复杂时，应绘制给水管纵断面图。

(4)水泵房：城市给水管线接入港区后，一般要设置水泵房进行二次加压。审查内容为：

①平面图绘制内容是否齐全，其内容应包括：水泵房基础及螺栓孔尺度、管道位置、设备型号、管径、阀门及管件，并列出设备与材料表；

②剖面图中，水泵基础尺度、标高、水泵轴线、管道阀门安装标高、防水套管位置和标高等是否齐全，是否准确；

③有无引用的详图，其名称与编号应标明。

(5)水塔及水池：

①有无绘制水塔、水池的进水、出水、排水、放空、溢水等各管道平、剖面图；

②有无系统图和其他详图，准确与否。

(6)有无循环水构筑物平、剖面图，若有，应绘制出循环冷却水的构筑物、水泵房及各种管道系统图。

2. 港区室内给排水

1)设计应绘制的图纸：

(1)图纸目录中应先列出新绘制的图纸，后列出选用的标准图或重复利用的图纸。设计说明可分别写在有关的图纸上；

(2)给排水平面图；

(3)给排水管道系统图；

(4)局部设施图；

(5)附件、设备与仪表详图。

2)设计应向监理提交的资料：

(1)设计图纸；

(2)计算书和设计选取的各种参数；

(3)设计说明书，若图中已有说明，则可省略。

3)审查内容：

(1)每个建筑物的供水量和排水量与工程总体规模对单体的要求是否吻合，给排水管线是否满足使用要求；

(2)如何审查给排水平面图：设计图中是否绘全以下内容：

①应绘出底层和标准层主要轴线编号、用水点位置及编号、给排水管道平面布置、立管位置及编号、底层平面应标出给排水管道进出口与轴线位置尺寸和标高；

②复杂部分，如热交换器站、开水间、卫生间、给排水设备及管道较多的地方，应绘出局部放大图；

③当建筑物内用水点较多时，应分别绘出各层平面卫生设备、生产工艺设备的位置（注明名称与编号）和给排水管道平面布置图。

（3）如何审查给排水系统图：给排水系统图中应有以下内容，审查时，首先应看图纸中绘制是否齐全，标示是否清楚：

①管道系统图中应表明管道走向、管径、坡度、管长、进出口（起点、末点）标高、各系统编号、各楼层卫生设备和工艺用水设备的连接点位置和标高；

②复杂的连接点应绘局部大样图；

③在系统图上，应注明室内外标高差和相当于±0.000的绝对标高；

④大型屋面要绘制屋面雨水斗布置图，雨水立管，悬吊管走向，管径与坡度，标明每个雨水斗集水面积、雨水立管系统图及编号；

⑤简单管段在平面图上注明管径、坡度、走向、进出水管位置及标高，可不绘系统图。

（4）如何审查其他给排水图纸：

①当建筑物内有提升、调节或小型局部给排水处理设施时，应单独给出其平、剖面图及详图，或者注明引用的标准图；

②凡管道附件、设备、仪表及特殊配件需要加工又无标准图可利用时，应绘制详图。

3. 污水处理

（1）设计应提交的资料和审查内容可参照1和2给排水部分。

（2）如果有集中的污水处理或局部污水处理，应绘制出污水处理部（厂）平面、高程系统图，并绘出各构筑物平、剖面图及详图，其绘制深度可参照给排水相应的图纸内容。

三、通信与自控

1. 设计应绘制的图纸

（1）港区通信系统图。

（2）港区闭路电视系统图。

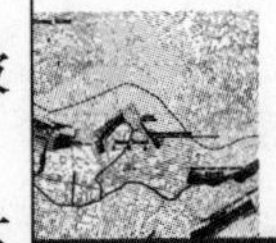

(3)港区有线电话与广播系统图。

(4)数字微波通信系统图。

(5)海岸电台工艺布置图。

(6)通信管线布置图。

(7)港口导航系统与导航台工艺布置图。

(8)输送工艺系统图。

(9)程控器——计算机系统配置图。

(10)中央控制工艺布置图。

(11)电缆表。

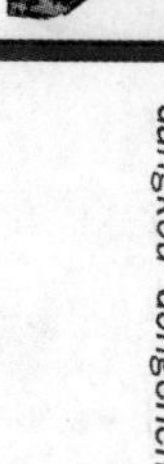

2. 电话站

(1)平面图:

①标明主要轴线号、本专业的各技术用房的名称,绘出有关工艺设备的位置等;

②绘出各设备的平面布置,并应标出有关尺寸,标明设备、管线编号、型号规格,说明安装方式等;

③绘出地沟、支架、电缆廊道布置,并标出尺寸;

④平面图上需标注预留管线、孔洞的平面位置及标高。

(2)各级、机架间电缆连接图:

绘制电缆计划表,标注电缆敷设地段、长度、编号等。

(3)中继方式图(若为小容量电话站时可不必绘制)。

(4)各机架端子板焊接平面图(亦可选用重复利用图纸)。

(5)安装大样图(容量较小的可不出图)。

(6)总配线架,横、纵端子板排列图(表示出主干配线电缆编号、名称及容量等关系)。

(7)交、直流供电系统图及负荷分配图。

(8)其他大样图。

3. 电话音频线路网设计

(1)弱电设备总平面布置图。

(2)电缆系统图,包括主干电缆和配线电缆,图中应注明电缆编号、电缆线序,以及分线盒(箱)编号等。

(3)音频线路网管道布置图。

(4)架空线路杆面程式图(包括强、弱电合杆)。

(5)各建筑物内用户路线系统图和弱电设备平面布置图。

4. 设计应向监理人提供的资料

大体与“供电照明”相当。

5. 审查内容

1)是否有图纸目录，目录是否齐全，有无选用标准图或重复利用的图。

2)设计说明的主要内容为：

施工时的注意事项、施工要求、平面图例、设备安装高度等(亦可写在图纸上)。

3)电话站设计(1000门以下电话站)。

4)广播、电视、火警、信号、电钟等设计图：

(1)各站站内平面布置图。

(2)各站弱电设备系统图及设备间线路连接图。

(3)各设备出线端子外部接线图。

(4)大型广播、扩声、电视转播等设备系统图。

(5)广播、扩声、译音系统的输出控制台(盘)电气原理图、控制方式图、安装大样图(如是非标设备，则在电气原理图上标出各点电平值)。

(6)扩声、译音等系统输出线路系统图。

(7)各建筑物内弱电设备安装大样图、设备平面布置图、布线图等(包括屋面天线安装大样)。

(8)各种电气设备交、直流供电系统图。

(9)工作接地、防雷、保护接地平面图和安装大样图等。

(10)其他非标设备电气原理图、控制方式图、安装大样图。

5)设备、材料表：

按整个项目汇总列出设备、材料表。

▶ 四、采暖与通风

1. 设计应绘制的图纸

(1)采暖、通风、除尘与空调平面布置图。

(2)冷冰机房、空调机房平面图。

(3)通风、除尘和空调剖面图。

(4)空调机房、冷冻机房剖面图。

(5)采暖、通风、空调、除尘和冷热管道系统图。

(6)空调系统控制原理与制作图。

2. 设计应向监理人提供的设计资料

(1)设计说明;

(2)施工图设计图纸;

(3)计算书及参数。

3. 审查内容

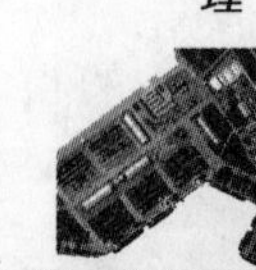

监理工程师的工作重点是审查设计图纸,本专业的施工图设计应有以下内容:

1)图纸目录中是否齐全,有无选用标准图和重复利用的图纸。

2)设计成果的首页应有设计说明,其内容有:采暖总耗量及空调冷热负荷、耗热、耗电、耗水等指标,热媒参数(温度、压力)及系统总阻力,散热器型号;空调室内外参数、精度、制冷设计参数(蒸发压力、蒸发温度、冷凝温度、供冷温度);空气洁净室的净化级别,隔热、防腐、材料选择等。说明图例,列出设备汇总表。

3)总平面图审查:

(1)平面图应绘出建筑轮廓、主要轴线号及轴线尺寸、与本专业有关的房间名称、有关的工艺设备位置及编号(简单项目、采暖、通风可分绘在一张平面图上)。

(2)采暖平面图:

①绘出采暖管道、支立管、散热器和其他采暖设备、采暖部件(如阀门、减压器、疏水器、分汽缸、集气器、伸缩器、除污器、固定支架等),标注每组散热器数量、干管管径、设备型号规格;

②二层及二层以上的多层建筑,采暖平面图应有立管编号。对于垂直的单双管系统,第二层至顶层可以合用一张图纸,仅散热器分层标注。

(3)通风、除尘平面图:

以双线绘出管道、导径管、弯头、检查口、测定孔、调节阀门、防火阀、送排风口位置。标注出风管及风口尺寸(圆管标注管径、矩形管标注宽×高)、各种设备的定位尺寸、空气处理小室的轮廓尺寸、设备基础主要尺寸、系统编号、气流方向及弯头的曲率半径 R 值,标注设备部件的名称规格、型号,及标准图、通用图索引或列表表示。

(4)空调平面图:

除包括通风、除尘平面图的内容外,尚需增加标注各房间基准温度和精度要求、精调电加热器的位置及型号、消音器的位置尺寸、引用的各种设备的标准图索引号,或列表表示。

(5)冷冰机房平面图:

①绘出制冷设备(如压缩机、油分离器、冷凝器、蒸发器、贮液器、盐水蒸发水箱、水泵等)的位置及基础尺寸,绘出(用单线)冷媒循环管道与冷却水的走向及排水沟的位置,管道的各种阀门等;

②标注设备中心距墙边或轴线尺寸、管径大小;

③列出设备及主要部件表。

(6)空调机房平面图:

①按标准图或产品样本要求绘制所采用的空调器组合段代号、左右式、喷雾级数和排数、喷嘴孔径、加热器、表面冷却器的类别、型号及台数等;

②绘出一、二次回风管道、新风管道、给排水及冷热媒管道、各种阀门、柔性短管及消音器等的位置;

③标注各部分管径、断面尺寸、管道及各种设备的定位尺寸,绘制设备及主要部件表;

④当采用中小型空调机组时,空调机房可与冷冻机房合并绘制。

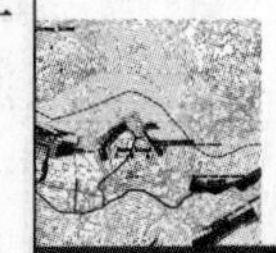

4)剖面图

(1)通风、除尘和空调剖面图

①用双线绘出对应于平面图的管道、设备、零部件(编号应与平面图一致)的位置和有关工艺设备的位置;

②注明管径或截面尺寸、标高(圆管标注中心,矩形管标注底边)、进排风口形式、尺寸及标高、空气流向、设备中心标高、风管出屋面的高度、风帽标高、拉索固定等。

(2)空调机房、冷冻机房剖面图

①绘出对应于平面图的通风机、电动机、地滤器、加热器、表面冷却器、消音室、隔震器、百叶窗、回风口及各种阀门部件的竖向位置及尺寸;

②绘出制冷设备(如压缩机、油分离器、冷凝器、蒸发器、贮液器、盐水蒸发水箱、水泵等)的竖向位置尺寸;

③标注设备中心、基础表面、水池、水面线、溢水口及管道标高;

④注明汽水管的坡度、坡向。

5)系统图

(1)采暖管道系统图

①用单线按 45°轴测投影图绘制。各立管进行编号,注明管径、坡度、坡向、管道及散热器标高、散热器数量;

②用图例示出阀门减压器、疏水器、伸缩器、固定支架及干管变径位置;

③表示不清楚的部分应另绘节点大样图。

(2)通风空调和除尘管道系统图

①当平面图无法表示清楚时绘此图，一般按45°轴测投影图绘制。标注出风口、调节阀、检查口、测量孔、风帽以及各种导形部件的位置；

②标注风管管径（或截面尺寸）、标高、坡度、坡向，每个送排风口的风量、风帽的型号及标高。除尘系统的零件列表编号，注明规格尺寸。

(3)空调冷热管道系统图

用单线按45°轴测投影图绘制，用图例表示阀门等部件，注明管径、管道坡度、坡向及有关标高。

用细线绘出加热器、冷却器等有关设备的轮廓，表明设备与管道的联系。

6)空调系统控制原理图

(1)给出整个空调系统控制点与测点的联系，表明控制方案及控制点参数；

(2)绘出空调和控制系统的所有设备轮廓，表示出气处理过程的走向；

(3)用图例示出仪表及控制元件型号。

7)计算书

计算内容包括采暖耗热量、热水采暖管道压力平衡、散热器；除尘和复杂通风管道压力平衡；空调设计应在温湿图上分别绘出夏、冬及过渡季的空气处理过程，确定送风量、新风量、回风量及换气次数，计算冷热负荷及用水量；精度较高的空调和净化工程的气流组织计算并作风量校核、控制正压的计算，消音及隔振的计算；采暖、通风、除尘、空调、制冷和净化等各种设备的选择计算等。

第十章　施工图设计阶段的监理(三)

港口工程的建筑与市政工程建筑相比,一般规模较小,楼房的层数较少。但是就其设计内容、结构型式和工程范围来说,与市政工程大同小异。所以,港口工程中,虽然房屋建筑与结构设计是配套工程,但其设计难度与审查深度,并不亚于市政工程,设计监理工程师应认真对待。

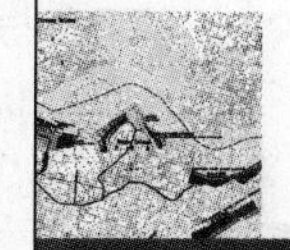

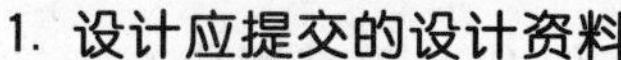

▶ 一、建筑

1. 设计应提交的设计资料

(1)图纸目录。

(2)设计说明:内容至少包括设计依据、本分项工程的设计规模和建筑面积、设计标高(相对标高与总图绝对标高的关系)。

(3)设计图纸。

(4)计算书。

2. 关于总平面图

在港口工程中,房屋建筑属配套工程,其平面图一般包含在港区总平面图中,不单独绘制建筑总平面图。但是,对于大型港区,房屋建筑规模较大,可单成体系时,也可绘制房屋建筑总平面图,其内容如下:

(1)设计说明

一般工程分别写在有关的图纸上。如重复利用某工程的施工图图纸及其说明时,应详细注明其编制单位、工程名称、设计编号和编制日期;列出主要技术经济指标表。

(2)总平面图

①保留的地形和地物;

②测量坐标网、坐标值;

③场地四界的测量坐标(或定位尺寸),道路红线和建筑红线或用地界线的位置;

④场地四邻原有及规划道路的位置(主要坐标值或定位尺寸),以及主要建筑物和构筑物的位置、名称、层数;

⑤建筑物、构筑物(人防工程、地下车库、油库、贮池等隐蔽工程以虚线表示)的名称或编号、层数、定位(坐标或相互关系尺寸);

⑥广场、停车场、运动场地、道路、无障碍设施、排水沟、挡土墙、护坡的定位(坐标或相互关系)尺寸;

⑦指北针或风玫瑰图;

⑧建筑物、构筑物使用编号时,应列出“建筑物和构筑物名称编号表”;

⑨注明施工图设计的依据、尺寸单位、比例、坐标及高程系统(如为场地建筑坐标网时,应注明与测量坐标网的相互关系)、补充图例等。

(3)竖向布置图

①场地测量坐标图、坐标值;

②场地四邻的道路、水面、地面的关键性标高。

③建筑物、构筑物名称或编号、室内外地面设计标高;

④广场、停车场、运动场地的设计标高;

⑤道路、排水沟的起点、变坡点、转折点和终点的设计标高(路面中心和排水沟顶及沟底)、纵坡度、纵坡距、关键性坐标,道路要标明双面坡或单面坡,必要时标明道路平曲线及竖曲线要素;

⑥挡土墙、护坡或土坎顶部和底部的主要设计标高及护坡坡度;

⑦用坡向箭头标明地面坡向,当对场地平整要求严格或地形起伏较大时,可用设计等高线表示;

⑧指北针或风玫瑰图;

⑨注明尺寸单位、比例、补充图例等。

(4)土方图

①场地四界的施工坐标;

②设计的建筑物、构筑物位置(用细虚线表示);

③20m×20m 或 40m×40m 方格网及其定位,各方格点的原地面标高、设计标高、填挖高度、填区和挖区的分界线,各方格土方量、总土方量。

土方工程平衡表见表 10-1。

(5)管道综合图

①总平面布置;

②场地四界的施工坐标(或注尺寸)、道路红线及建筑红线或用地界线的位置;

表 10-1

序号	项　　目	土方量(m^3)		说　　明
		填方	挖方	
1	场地平整			
2	室内地坪填土和地下建筑物、构筑物挖土、房屋及构筑物基础			
3	道路、管线地沟、排水沟			包括路堤填土、路堑和路槽挖土
4	土方损益			指土壤经过挖填后的损益数
5	合计			

注:表列项目随工程内容增减。

③各管线的平面布置,注明各管线与建筑物、构筑物的距离和管线间距;

④场外管线接入点的位置;

⑤管线密集的地段宜适当增加断面图,表明管线与建筑物、构筑物、绿化之间及管线之间的距离,并注明主要交叉点上下管线的标高或间距;

⑥指北针。

(6)绿化及建筑小区布置图

①绘出总平面布置;

②绿地(含水面)、人行步道及硬质铺地的定位;

③建筑小区的位置(坐标或定位尺寸)、设计标高、详图索引;

④指北针;

⑤注明尺寸单位、比例、图例、施工要求等。

(7)详图

道路横断面、路面结构、挡土墙、护坡、排水沟、池壁、广场、运动场地、活动场地、停车场地面等详图。

(8)设计图纸的增减

①当工程设计内容简单时,竖向布置图可与总平面图合并。

②当路网复杂时,可增绘道路平面图。

③土方图和管线综合图可根据设计需要确定是否出图。

④当绿化或景观环境另行委托设计时,可根据需要绘制绿化及建筑小区的示意性和控制性布置图。

(9)计算书(供内部使用)

设计依据、简图、计算公式、计算过程及成果资料均作为技术文件归档。

3. 建筑设计

(1)在施工设计阶段,建筑专业设计文件应包括图纸目录、施工图设计说

明、设计图纸、计算书。

(2)图纸目录:先列新绘制图纸,后列选用的标准图或重复利用图。

(3)施工图设计说明:

①本子项工程施工图设计的依据性文件、批文和相关规范。

②项目概况:

内容一般应包括建筑名称、建设地点、建筑面积、建筑基底面积、建筑工程等级、设计使用年限、建筑层数和建筑高度、防火设计建筑分类和耐火等级、人防工程防护等级、屋面防水等级、地下室防水等级、抗震设防烈度等,以及能反映建筑规模的主要技术经济指标,如住宅的套型和套数(包括每套的建筑面积、使用面积、阳台建筑面积。房间的使用面积可在平面图中标注)、旅馆的客房间数和床位数、医院的门诊人次和住院部的床位数、车库的停车泊位数等。

③设计标高:

本子项的相对标高与总图绝对标高的关系。

④用料说明和室内外装修:

a)墙体、墙身防潮层、地下室防水、屋面、外墙面、勒脚、散水、台阶、坡道、油漆、涂料等的材料和做法,可用文字说明,部分直接在图上引注或加注索引号;

b)室内装修部分除用文字说明以外亦可用表格形式表达(表10-2),在表上填写相应的做法或代号;较复杂或较高级的民用建筑应另行委托室内装修设计;凡属二次装修的部分,可不列装修做法表和进行室内施工图设计,但对原建筑设计、结构和设备设计有较大改动时,应征得原设计单位和设计人员的同意。

室内装修做法表 表10-2

部位 名称	楼、地面	踢脚板	墙裙	内墙面	顶棚	备注
门厅						
走廊						

注:表列项目可增减。

⑤对采用新技术、新材料的做法说明及对特殊建筑造型和必要的建筑构造的说明。

⑥门窗表(表10-3)及门窗性能(防火、隔音、防护、抗风压、保温、空气渗透、雨水渗透等)、用料、颜色、玻璃、五金件等的设计要求。

⑦幕墙工程(包括玻璃、金属、石材等)及特殊的屋面工程(包括金属、玻璃、膜结构等)的性能及制作要求,平面图、预埋件安装图等以及防火、安全、隔音构造。

⑧电梯(自动扶梯)选择及性能说明(功能、载重量、速度、停站数、提升高度等)。

门 窗 表 表10-3

类别	设计编号	洞口尺寸(mm)		樘数	采用标准图集及编号		备注
		宽	高		图集代号	编号	
门							
窗							

注:采用非标准图集的门窗应绘制门窗立面图及开启方式。

⑨墙体及楼板预留孔洞需封堵时的封堵方式说明。

(4)设计图纸

①平面图

a)承重墙、柱及其定位轴线和轴线编号,内外门窗位置、编号及定位尺寸,门的开启方向,注明房间名称或编号;

b)轴线总尺寸(或外包总尺寸)、轴线间尺寸(柱距、跨度)、门窗洞口尺寸、分段尺寸;

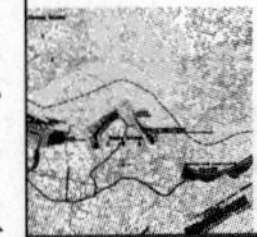

c)墙身厚度(包括承重墙和非承重墙),柱与壁柱宽、深尺寸(必要时),及其与轴线关系尺寸;

d)变形缝位置、尺寸及做法索引;

e)主要建筑设备和固定家具的位置及相关做法索引,如卫生器具、雨水管、水池、台、橱、柜、隔断等;

f)电梯、自动扶梯及步道(注明规格)、楼梯(爬梯)位置和楼梯上下方向示意和编号索引;

g)主要结构和建筑构造部件的位置、尺寸和做法索引,如中庭、天窗、地沟、地坑、重要设备或设备机座的位置尺寸、各种平台、夹层、人孔、阳台、雨篷、台阶、坡道、散水、明沟等;

h)楼地面预留孔洞和通气管道、管线竖井、烟囱、垃圾道等位置、尺寸和做法索引,以及墙体(主要为填充墙,承重砌体墙)预留洞的位置、尺寸与标高或高度等;

i)车库的停车位和通行路线;

j)特殊工艺要求的土建配合尺寸;

k)室外地面标高、底层地面标高、各楼层标高、地下室各层标高;

l)剖切线位置及编号(一般只注在底层平面或需要剖切的平面位置);

m)有关平面节点详图或详图索引号;

n)指北针(画在底层平面);

o)每层建筑平面中防火分区面积和防火分区分隔位置示意(宜单独成图,

如为一个防火分区，可不注防火分区面积）；

p)屋面平面应有女儿墙、檐口、天沟、坡度、坡向、雨水口、屋脊(分水线)、变形缝、楼梯间、水箱间、电梯间、天窗及挡风板、屋面上人孔、检修梯、室外消防楼梯及其他构筑物，必要的详图索引号、标高等；表述内容单一的屋面可缩小比例绘制；

q)根据工程性质及复杂程度，必要时可选择绘制局部放大平面图；

r)可自由分隔的大开间建筑平面宜绘制平面分隔示例系列，其分隔方案应符合有关标准及规定(分隔示例平面可缩小比例绘制)；

s)建筑平面较长较大时，可分区绘制，但须在各分区平面图适当位置上绘出分区组合示意图，并明显表示本分区部位编号；

t)图纸名称、比例；

u)图纸的省略：如系对称平面，对称部分的内部尺寸可省略，对称轴部位用对称符号表示，但轴线号不得省略；楼层平面除轴线间等主要尺寸及轴线编号外，与底层相同的尺寸可省略；楼层标准层可共用同一平面，但需注明层次范围及各层的标高。

②立面图

a)两端轴线编号，立面转折较复杂时可用展开立面表示，但应准确注明转角处的轴线编号；

b)立面外轮廓及主要结构和建筑构造部件的位置，如女儿墙顶、檐口、柱、变形缝、室外楼梯和垂直爬梯、室外空调机搁板、阳台、栏杆、台阶、坡道、花台、雨篷、烟囱、勒脚、门窗、幕墙、洞口、门头、雨水管，以及其他装饰构件、线脚和粉刷分格线等，以及关键控制标高的标注，如屋面或女儿墙标高等；外墙的留洞应注尺寸与标高或高度尺寸(宽×高×深及定位关系尺寸)；

c)平、剖面未能表示出来的屋顶、檐口、女儿墙、窗台以及其他装饰构件、线脚等的标高或高度；

d)在平面图上表达不清的窗编号；

e)各部分装饰用料名称或代号，构造节点详图索引；

f)图纸名称、比例；

g)各个方向的立面应绘齐全，但差异小、左右对称的立面或部分不难推定的立面可简略；内部院落或看不到的局部立面，可在相关剖面图上表示；若剖面图未能表示完全，则需单独绘出。

③剖面图

a)剖视位置应选在层高不同、层数不同、内外部空间比较复杂，具有代表性的部位；建筑空间局部不同处以及平面、立面均表达不清的部位，可绘制局部剖面。

b)墙、柱、轴线和轴线编号；

c)剖切到或可见的主要结构和建筑构造部件，如室外地面、底层地(楼)面、地坑、地沟、各层楼板、夹层、平台、吊顶、屋架、屋顶、出屋顶烟囱、天窗、挡风板、檐口、女儿墙、爬梯、门、窗、楼梯、台阶、坡道、散水、平台、阳台、雨篷、洞口及其他装修等可见的内容；

d)高度尺寸：

外部尺寸：门、窗、洞口高度、层间高度、室内外高差、女儿墙高度、总高度；

内部尺寸：地坑(沟)深度、隔断、内窗、洞口、平台、吊顶等；

e)标高：

主要结构和建筑构造部件的标高，如地面、楼面(含地下室)、平台、吊顶、屋面板、屋面檐口、女儿墙顶、高出屋面的建筑物、构筑物及其他屋面特殊构件等的标高，室外地面标高；

f)节点构造详图索引号；

g)图纸名称、比例。

④详图

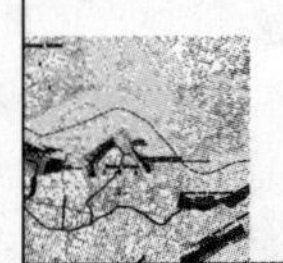

a)内外墙节点、楼梯、电梯、厨房、卫生间等局部平面放大和构造详图；

b)室内外装饰方面的构造、线脚、图案等；

c)特殊的或非标准门、窗、幕墙等应有构造详图。如属另行委托设计加工者，要绘制立面分格图，对开启面积大小和开启方式，与主体结构的连接方式、预埋件、用料材质、颜色等作出规定；

d)其他凡在平、立、剖面或文字说明中无法交代或交代不清的建筑配件和建筑构造。

⑤对紧邻的原有建筑，应绘出其局部的平、立、剖面，并索引新建筑与原有建筑结合处的详图号。

(5)计算书(供内部使用)

根据工程性质特点进行热工、视线、防护、防火、安全疏散等方面的计算。计算书作为技术文件归档。

二、结构

1. 设计应提交的设计资料

(1)计算书

结构计算书应完整、清楚、计算步骤要有条理，引用数字要有依据，采用计算图表及不常用的计算公式应注明其来源或出处，要绘出计算简图。构件编号、计算结果(确定的截面、配筋等)应与图纸相一致,以便核对。

当采用电子计算机计算时,计算书中应注明所采用的计算程序名称。荷载简图、原始数据和电算结果应整理成册,与其他计算书一起归档。

(2)标准图

采用标准图时,应根据图集的说明,进行必要的选用计算,作为结构计算书的内容之一。采用重复选用图时,应进行必要的核算和因地制宜的修改,以切合工程实际。

(3)图纸目录

先列新绘制的图纸,后列选用的标准图或重复利用图。

2. 关于总平面图

(1)结构设计总说明

每一单项工程应编写一份结构设计总说明,对多子项工程宜编写统一的结构施工图设计总说明。如为简单的小型单项工程,则设计总说明中的内容可分别写在基础平面图和各层结构平面图上。

结构设计总说明应包括以下内容:

①本工程结构设计的主要依据;

②设计 0.000 标高所对应的绝对标高值;

③图纸中标高、尺寸的单位;

④建筑结构的安全等级和设计使用年限,混凝土结构的耐久性要求和砌体结构施工质量控制等级;

⑤建筑场地类别、地基的液化等级、建筑抗震设防类别、抗震设防烈度(设计基本地震加速度及设计地震分组)和钢筋混凝土结构的抗震等级;

⑥人防工程的抗力等级;

⑦扼要说明有关地基概况,对不良地基的处理措施及技术要求、抗液化措施及要求、地基土的冰冻深度,地基基础的设计等级;

⑧采用的设计荷载,包含风荷载、雪荷载、楼屋面允许使用荷载、特殊部位的最大使用荷载标准值;

⑨所选用结构材料的品种、规格、性能及相应的产品标准,当为钢筋混凝土结构时,应说明受力钢筋的保护层厚度、锚固长度、搭接长度、接长方法,预应力构件的锚具种类、预留孔道做法、施工要求及锚具防腐措施等,并对某些构件或部位的材料提出特殊要求;

⑩对水池、地下室等有抗渗要求的建(构)筑物的混凝土,说明抗渗等级,需作试漏的提出具体要求,在施工期间有上浮可能时,应提出抗浮措施;

⑪所采用的通用做法和标准构件图集;如有特殊构件需作结构性能检验

时，应指出检验的方法与要求；

⑫施工中应遵循的施工规范和注意事项。

(2)基础平面图

①绘出定位轴线、基础构件(包括承台、基础梁等)的位置、尺寸、底标高、构件编号，基础底标高不同时，应绘出放坡示意。

②标明结构承重墙与墙垛、柱的位置与尺寸、编号，当为混凝土结构时，此项可另绘平面图，并注明断面变化关系尺寸。

③标明地沟、地坑和已定设备基础的平面位置、尺寸、标高，无地下室时±0.000标高以下的预留孔与埋件的位置、尺寸、标高。

④提出沉降观测要求及测点布置(宜附测点构造详图)。

⑤说明中应包括基础持力层及基础进入持力层的深度，地基的承载能力特征值，基底及基槽回填土的处理措施与要求，以及对施工的有关要求等。

⑥桩基应绘出桩位平面位置及定位尺寸，说明桩的类型和桩顶高程、入土深度、桩端持力层及进入持力层的深度、成桩的施工要求、试桩要求和桩基的检测要求(若先做试桩时，应单独先绘制试桩定位平面图)，注明单桩的允许极限承载力值。

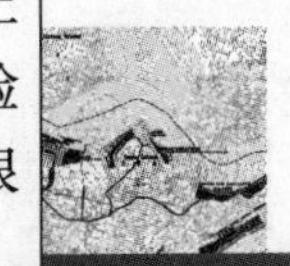

⑦当采用人工复合地基时，应绘出复合地基的处理范围和深度，置换桩的平面布置及其材料和性能要求、构造祥图；注明复合地基的承载能力特征值及压缩模量等有关参数和检测要求。

当复合地基另由有设计资质的单位设计时，主体设计方应明确提出对地基承载力特征值和变形值的控制要求。

(3)基础详图

①无筋扩展基础应绘出剖面、基础圈梁、防潮层位置，并标注总尺寸、分尺寸、高程及定位尺寸。

②扩展基础应绘出平、剖面及配筋、基础垫层，标注总尺寸、分尺寸、高程及定位尺寸等。

③桩基应绘出承台梁剖面或承台板平面、剖面、垫层、配筋，标注总尺寸、分尺寸、高程及定位尺寸，桩构造详图(可另图绘制)及桩与承台的连接构造详图。

④筏基、箱基可参照现浇楼面梁、板详图的方法表示，但应绘出承重墙、柱的位置。当要求设后浇带时应表示其平面位置并绘制构造详图。对箱基和地下室基础，应绘出钢筋混凝土墙的平面、剖面及其配筋，当预留孔洞、预埋件较多或复杂时，可另绘墙的模板图。

⑤基础梁可参照现浇楼面梁详图方法表示。

⑥附加说明基础材料的品种、规格、性能、抗渗等级、垫层材料、杯口填充材料、钢筋保护层厚度及其他对施工的要求。

注：对形状简单、规则的无筋扩展基础、扩展基础、基础梁和承台板，也可用列表方法表示。

(4)结构平面图

①一般建筑的结构平面图，均应有各层结构平面图及屋面结构平面图。具体内容为：

a)绘出定位轴线及梁、柱、承重墙、抗震构造柱等定位尺寸，并注明其编号和楼层高程；

b)注明预制板的跨度方向、板号、数量及板底高程，标出预留洞大小及位置；预制梁、洞口过梁的位置和型号、梁底高程；

c)现浇板应注明板厚、板面高程、配筋（亦可另绘放大比例的配筋图，必要时应将现浇楼面模板图和配筋图分别绘制），高程或板厚变化处绘局部剖面，有预留孔、埋件、已定设备基础时应示出规格与位置，洞边加强措施，当预留孔、埋件、设备基础复杂时亦可放大另绘；

d)有圈梁时应注明位置、编号、高程，可用小比例绘制单线平面示意图。

e)楼梯间可绘斜线注明编号与所在详图号；

f)电梯间应绘制机房结构平面布置（楼面与顶面）图，注明梁板编号、板的厚度与配筋、预留洞大小与位置、板面标高及吊钩平面位置与详图；

g)屋面结构平面布置图内容与楼层平面类同，当结构找坡时应标注屋面板的坡度、坡向、坡向起终点处的板面标高，当屋面上有留洞或其他设施时应绘出其位置、尺寸与详图，女儿墙或女儿墙构造柱的位置、编号及详图；

h)当选用标准图中节点或另绘节点构造详图时，应在平面图中注明详图索引号。

②单层空旷房屋应绘制构件布置图及屋面结构布置图，应有以下内容：

a)构件布置应表示定位轴线，墙、柱、天桥、过梁、门樘、雨篷、柱间支撑、连系梁等的布置、编号、构件标高及详图索引号，并加注有关说明等；

b)屋面结构布置图应表示定位轴线（可不绘墙、柱）、屋面结构构件的位置及编号、支撑系统布置及编号、预留孔洞的位置、尺寸、节点详图索引号，有关的说明等。

(5)钢筋混凝土构件详图

①现浇构件（现浇梁、板、柱及墙等详图）应绘出：

a)纵剖面、长度、定位尺寸、标高及配筋，梁和板的支座；现浇的预应力混凝土构件尚应绘出预应力筋定位图并提出锚固要求；

b)横剖面、定位尺寸、断面尺寸、配筋；

c)需要时可增绘墙体立面；

d)若钢筋较复杂不易表示清楚时，宜将钢筋分离绘出；

e)对构件受力有影响的预留洞、预埋件，应注明其位置、尺寸、标高、洞边配

筋及预埋件编号等；

f)曲梁或平面折线梁宜增绘平面图，必要时可绘展开详图；

g)一般的现浇结构的梁、柱、墙可采用“平面整体表示法”绘制，标注文字较密时，纵、横向梁宜分二幅平面绘制；

h)除总说明已叙述外需特别说明的附加内容。

②预制构件应绘出：

a)构件模板图，应表示模板尺寸、轴线关系、预留洞及预埋件位置、尺寸，预埋件编号、必要的标高等；后张预应力构件尚需表示预留孔道的定位尺寸、张拉端、锚固端等；

b)构件配筋图：纵剖面表示钢筋形式、箍筋直径与间距，配筋复杂时宜将非预应力筋分离绘出；横剖面注明断面尺寸、钢筋规格、位置、数量等；

c)需作补充说明的内容。

注：对形状简单、规则的现浇或预制构件，在满足上述规定前提下，可用列表法绘制。

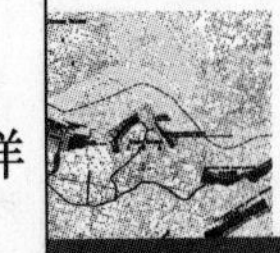

(6)节点构造详图

①对于现浇钢筋混凝土结构应绘制节点构造详图(可采用标准设计通用详图集)。

②预制装配式结构的节点，梁、柱与墙体锚位等详图应绘出平、剖面，注明相互定位关系，构件代号、连接材料、附加钢筋(或埋件)的规格、型号、性能、数量，并注明连接方法以及对施工安装、后浇混凝土的有关要求等。

③需作补充说明的内容。

(7)其他图纸

①楼梯图：应绘出每层楼梯结构平面布置及剖面图，注明尺寸、构件代号、标高；梯梁、梯板详图(可用列表法绘制)。

②预埋件：应绘出其平面、侧面，注明尺寸、钢材和锚筋的规格、型号、性能、焊接要求。

③特种结构和构筑物：如水池、水箱、烟囱、烟道、管架、地沟、挡土墙、筒仓、大型或特殊要求的设备基础、工作平台等，均宜单独绘图；应绘出平面、特征部位剖面及配筋，注明定位关系、尺寸、高程、材料品种和规格、型号、性能。

3. 结构设计

(1)建筑幕墙的结构设计文件

①按有关规范规定，幕墙构件在竖向、水平荷载作用下的设计计算书。

②施工图纸，包括：

a)封面、目录(单另成册时)；

b)幕墙构件立面布置图，图中标注墙面材料、竖向和水平龙骨(或钢索)材料的品种、规格、型号、性能；

c)墙材与龙骨、各向龙骨间的连接、安装详图；

d)主龙骨与主体结构连接的构造详图及连接件的品种、规格、型号、性能。

注：当建筑幕墙的结构设计由有设计资质的幕墙公司按建筑设计要求承担设计时，主体结构设计人员应审查幕墙与相连的主体结构的安全性。

(2)钢结构

①钢结构设计制图分为钢结构设计图和钢结构施工详图两阶段。

②钢结构设计图应由具有设计资质的设计单位完成，设计图的内容和深度应满足编制钢结构施工详图的要求；钢结构施工详图(即加工制作图)一般应由具有钢结构专项设计资质的加工制作单位完成，也可由具有该项资质的其他单位完成。

注：若设计合同未指明要求设计钢结构施工详图，则钢结构设计内容仅为钢结构设计图。

③钢结构设计图

a)设计说明：设计依据、荷载资料、项目类别、工程概况、所用钢材牌号和质量等级(必要时提出物理、力学性能和化学成分要求)及连接件的型号、规格、焊缝质量等级、防腐及防火措施；

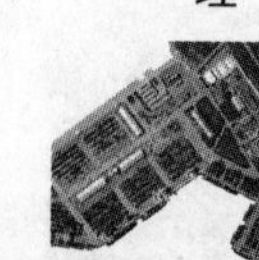

d)基础平面及详图应表达钢柱与下部混凝土构件的联结构造详图；

c)结构平面(包括各层楼面、屋面)布置图应注明定位关系、高程、构件(可用单线绘制)的位置及编号、节点详图索引号等；必要时应绘制擦条、墙梁布置图和关键剖面图；空间网架应绘制上、下弦杆和关键剖面图；

d)构件与节点详图

简单的钢梁、柱可用统一详图和列表法表示，注明构件钢材牌号、尺寸、规格、加劲肋做法，连接节点详图，施工、安装要求；

格构式梁、柱、支撑应绘出平、剖面(必要时加立面)、定位尺寸、总尺寸、分尺寸、注明单构件型号、规格，组装节点和其他构件连接详图。

④钢结构施工详图

根据钢结构设计图编制组成结构构件的每个零件的放大图，标准细部尺寸、材质要求、加工精度、工艺流程要求、焊缝质量等级等，宜对零件进行编号；并考虑运输和安装能力确定构件的分段和拼装节点。

(3)结构计算书(内部归档)

①采用手算的结构计算书，应给出构件平面布置简图和计算简图；结构计算书内容宜完整、清楚，计算步骤要条理分明，引用数据有可靠依据，采用计算图表及不常用的计算公式，应注明其来源出处，构件编号、计算结果应与图纸一致。

②当采用计算机程序计算时，应在计算书中注明所采用的计算程序名称、代号、版本及编制单位，计算程序必须经过有效审定(或鉴定)，电算结果应经分析认可；总体输入信息、计算模型、几何简图、荷载简图和结果输出应整理成册。

③采用结构标准图或重复利用图时，宜根据图集的说明，结合工程进行必要的核算工作，且应作为结构计算书的内容。

④所有计算书应校审，并由设计、校对、审核人在计算书封面上签字，作为技术文件归档。

▶ 三、动力

1. 设计应绘制的图纸和审查内容

(1)锅炉房

①图纸目录

先列新绘制的图纸，后列选用的标准图或重复利用图。

②首页(即设计说明)

主要内容为：锅炉房设计容量、建设期限、运行介质参数(压力、温度等)；系统运行的特殊要求及维修管理中的特别注意事项；材料及附件选用，管道安装坡度要求；设备和管道防腐、保温及涂色要求；设备与管道和土建配合要求；对施工安装质量及安全规程标准与设备及管道系统试压要求；安装与土建施工的配合及设备基础与到货设备尺寸的核对要求；设计所采用的图例符号说明等。

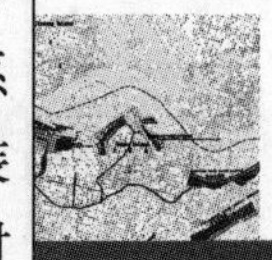

列出整个工程(或全厂)、子项工程(或车间)的热负荷统计表，设备、材料(设备、主要材料、附件及就地全装仪表等)。

③锅炉房区域总平面图

绘出锅炉房及其附属设施，如运煤、除灰、煤场、灰场等的总体布置。

④系统图

a)绘出设备的关系、各种管道工艺流程及附件的设置；

b)绘出就地测量仪表设置的位置；

c)按本专业制图暂行规定注明规定符号、管径及介质流向，并应注明设备名称或设备编号。

⑤设备管道平、剖面布置图

a)绘出建筑物的门、窗、楼梯、平台、地坑等位置，注明房间名称、建筑轴线、尺寸及标高；

b)绘出设备安装位置及编号；

c)表示汽、水、风、烟等管道系统平、剖面安装位置尺寸；

d)注明各种管道管径尺寸、坡度、坡向及安装标高；

e)表示管道阀门、附件、补偿器、管道固定支架及弹簧支吊架安装位置及就地一次测量仪表的位置。

⑥其他图纸，如机械化运输平、剖面布置图，设备安装大样图、非标设备制作图等，根据工程情况需要进行绘制。

(2)压缩空气站

①图纸目录

先列新绘制的图纸，后列选用的标准图或重复利用图；

②首页(即设计说明)

内容参阅锅炉房施工图设计说明，并列出整个工程(或全厂)和子项工程(或车间)的压缩空气消耗量统计表；

③系统图

表示设备间的关系，各种管道工艺流程及附件的设置。列出设备材料表；

④压缩空气站设备及管道平、剖面布置图

按比例绘出设备外形轮廓位置、设备编号及建筑结构的主要尺寸、高程、轴线柱距尺寸、门窗位置以及管道走向、坡度、管径、管道标高等。

⑤局部放大详图

按比例绘制吸气口、滤清器、消声器等安装图。

(3)室外动力管道

①图纸目录

先列新绘制的图纸，后列选用的标准图或重复利用图；

②首页(即设计说明)

参照炉房施工图设计的设计说明，另外列表说明各管段补偿器型号及安装预拉长度，各建筑物入口的调压阀(或孔板)的规格等；

③管道平面布置图

工程较复杂时，可分别绘制管沟、管架平面布置和管道平面布置图，图中示出管道支架、补偿器、检查井等并分别编号；

④管道纵断面图(比例:纵向为1∶50～1∶100，横向为1∶100)

管道纵断面展开图(主要适于地形较复杂的地区)应标注出管段编号、设计地面标高、地沟底标高、沟底深度管顶标高、管段平面长度及坡向坡度，地沟断面尺寸。简单项目及地势较平坦处，可在平面图主要控制点直接注明或列表说明:设计地面标高、管道敷设高度(或深度)、管径、坡向坡度、地沟断面尺寸等；

⑤节点大样图

管道节点大样宜采用双线绘制进口装置及典型支管节点图；

⑥安装详图

安装详图采用双线绘制；

⑦其他图纸如动力附属间图，应绘出工艺系统、设备及管道平、剖面布置图及主要材料表和有关施工说明。

2. 动力设计计算书

施工图阶段的计算书，系根据初步设计审批意见进行调整计算，计算书应经校审签字后作为正式设计资料。需要进行计算的主要内容为：

(1)对于锅炉房和压缩空气站

各系统主要工艺设备的调整计算与选择；管道的水力计算；管道特殊支架或固定支架的推力计算；非标受压容器的尺寸及强度计算；汽、水、电、燃料等材料消耗及贮存场地的调整计算。

(2)对于室外动力管道

计算草图及管道水力计算(热水管管网应绘制水压图)；调压阀(孔板)的计算；架空敷设管道支架及地沟敷设时不平衡支架的受力计算；管道热膨胀及补偿器的选择；管道支架(固定、弹簧)的计算选择；动力附属间工艺设备的调整计算与选择。

(3)对于室内动力管道

计算草图及管道水力计算(系统简单的可在计算草图上注明数值，不另作计算书)；管道系统附件及设备的计算选择；动力附属间工艺设备的调整计算与选择。

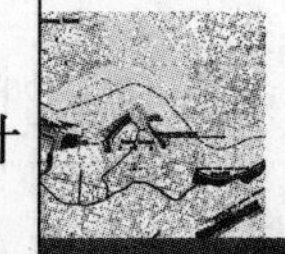

▶ 四、预算

1)施工图设计阶段应编制施工图预算，并与已批准的初步设计概算进行核对，保证施工图预算控制在经批准的初步设计概算之内。当某些单位工程施工图预算超过初步设计概算时，应当分析原因。如果是设计造成的，应向设计负责人提出修改施工图设计，直至与批准的初步设计概算平衡为止。

2)施工图预算审定后，这个预算是确定工程造价、签订建筑安装工程合同、实行业主和承包人投资包干和办理工程结算的依据。实行招标的工程，预算亦可作为编制标底的依据。

3)编制依据

(1)各专业设计施工图和文字说明、工程地质资料。

(2)现行的预算定额(综合预算定额)。

(3)地区材料、构配件预算价格，各项费用标准和地区单位估价表。

(4)现行的设备原价及运杂费率。

(5)现行的有关其他工程费用定额或指标。

(6)工程所在地的自然条件和施工条件等可能影响造价的因素。

预算文件应包括预算编制的说明、总预算书、单项工程综合预算书、单位工程预算书、主要材料表、补充单位估价表。

第十一章　设计监理报告的编制

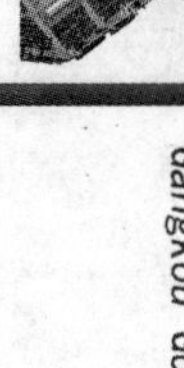

一、设计监理报告的目的

在一般情况下,委托人(业主)在委托监理合同中,对监理成果一定有明确的要求。在设计监理工作完成后,监理单位应向业主提交一份监理报告,表示监理工作已经结束。这个"监理报告"可以说是监理单位向委托方的综合性工作汇报,也是监理总结。其目的向委托人表示,监理单位根据双方签订的委托监理合同,进行了哪些工作,监理工作是如何进行的,最后取得了哪些成果。

二、设计监理报告的依据

(1)委托与被委托双方签署的委托监理合同。
(2)设计单位最终提交的设计文件。
(3)委托方的有关函件。
(4)国家与行业的技术标准与规范。

三、设计监理工作

这部分内容主要是向业主进行一次全面的、概括性的监理工作总结汇报,除对设计监理过程作一个简单的回顾,使业主了解监理人员做了哪些工作以外,重点要说明设计监理对该项工程设计起了什么作用,也就是说设计监理取得了什么成果。

1. 监理目标

对于所有工程的设计监理目标都是全过程监督设计完成一项技术先进、经济合理、安全稳定、经久耐用、美观好用的优秀设计。有些工程,业主还有较特殊的要求，例如液化天然气码头就将安全与耐久放在首位。这些特殊性的内容也要写入监理目标中去。

2. 监理计划

这部分内容主要是整个设计监理活动全过程是怎样安排的，分几个阶段，各阶段的具体工作内容是什么，整个计划是否按监理合同中规定的期限完成任务。

3. 监理内容

所谓监理内容是指监理委托人(业主)在设计监理合同中对被委托人提出哪几项要求。例如：是否对勘察设计进行管理，是否对工程地质资料进行审查，是否对设计外的基础资料或专题报告进行审查等等。

4. 监理范围

监理范围是指该项工程的设计项目，最好按单位工程(有的可细分到分部工程)的名称一一列出。例如：

(1)主体码头(泊位数或长度，吨位)；

(2)工作船码头(吨级)；

(3)进出港航道(设计水深与长度)；

(4)防波堤(自然水深，长度)；

(5)栈桥(宽度，长度)；

(6)装饰工艺(货种、货量)；

(7)道路堆场(面积)；

(8)水电设施。

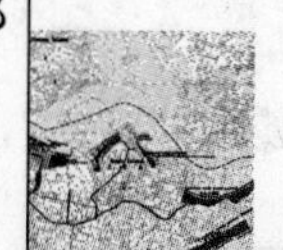

5. 监理程序

由于在监理规划和监理细则中，监理程序已经介绍得比较详细了，故在监理总结中可以简单叙述。

6. 监理方法

这一部分内容在监理细则中已经作了详细介绍，但是在实际工作中，这些方法是否可行，是否有效，监理工程师应当加以总结。哪些是成功和有效的，哪些是不成功或不太成功的，监理工程师应当有个明确的态度。

四、设计监理成果

在设计监理过程中，监理单位或其监理部一般会定期向委托单位进行书面汇报，很自然会将每阶段所取得的监理情况和监理成果作为汇报主要内容。最后提交的监理报告，是系统地将监理成果加以总结，使委托人对监理成果有全面、系统的了解，以便对监理工作作出客观的评价。

在编写设计监理报告时，要掌握 3 个要素，即全面、系统、精练。

设计监理成果主要有以下内容：

(1)符合性：即施工图设计成果，是否符合被批准的初步设计要求，有无超范围、超规模的工程，工程费用有无增减。

委托人委托监理的目的之一就是监理施工图设计能否按被批准的初步设计的范围、规模、方案进行，设计单位和设计成果有无超规模的现象，工程投资(主要因素是理论工程量)是否控制在初步设计概算范围内。

(2)完整性：即设计图纸、施工技术要求和工程数量是否齐全，特别是设计图纸是否完整，有无漏项。如果有一项短缺，将给施工带来麻烦。

(3)便利性：即设计图纸是否便于施工，施工技术要求是否合理，施工难点有无明确叙述等。

(4)优化设计：委托监理的目的就是希望通过设计监理对初步设计进行优化，发挥设计单位和监理工程师的双重积极性。完成一项既节省投资且方便施工，又美观适用的优秀工程。

范例一　深水码头初步设计监理规划

▶ 一、监理依据

我所(后称“监理方”)受业主的委托,对由某设计院(后称“设计方”)负责设计的两个泊位工程的初步设计进行设计监理。

本次设计监理工作的依据是:

(1)委托人关于委托设计监理的函;

(2)委托人与监理人签订的监理合同;

(3)上级主管部门关于本工程可行性研究报告的批复;

(4)上阶段的设计文件;

(5)有关设计基础资料。

▶ 二、监理机构

为作好本工程的设计监理工作,我所抽调了本所的精兵强将,组成设计监理部,名单如下:(略)

▶ 三、监理目标

监理方将派出经验丰富、资深阅广、责任心强的设计咨询专家和精力旺盛、业务能力强的监理工程师,以热情认真的态度为业主、为设计方提供技术服务。用踏勘、查阅、计算、交流和论证等方法和手段,对计算成果和设计成果进行监理,与设计院的同志一道为业主提供一项符合法规规定、技术先进、经济合理、最大限度满足业主的使用和发展要求的优质设计。

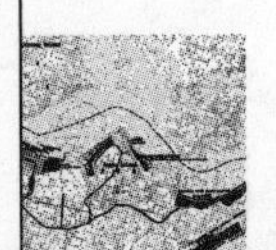

四、监理范围

1. 5万吨级通用泊位

码头结构按10万吨级设计，设计年通过能力90万吨，配套建设两个驳船泊位，设计年通过能力20万吨，并考虑预留散货作业的工艺布置及荷载。

2. 3.5万吨级集装箱泊位

码头结构按5万吨级，设计年通过能力12万TEU，并留有扩大能力的可能。

3. 具体项目

(1)装卸工艺方案与设备选型

(2)总平面布置与本河段河势研究

(3)水工结构选型与设计

(4)道路堆场、陆域形成与软基处理

(5)自动控制与电气工程

(6)给水、排水、污水处理及环保工程

(7)土建工程

(8)工程概算编制与经济评价

前5项工作是本次监理的工作重点，因为：

①装卸工艺与设备选型，不但决定了拟建工程将来是否好用，是否经济合理，还关系到工艺与设备能否适应货种的变化和港口今后的发展；

②总平面布置与河势变化有很大关系，一定要在详细研究长江的水文泥沙演变的基础上，根据运输的需要来决定总平面布置；

③工程区的地质情况较复杂。设计提供了多种码头结构设计方案，如何选取最优方案，使其施工速度快、耐久性好、经济合理，是水工结构的重要课题；

④陆域形成与软基处理是港区道路堆场的主要课题。由于地质条件较差，软土地基较深，如何选取最佳软基处理方案是路场专业的主要任务；

⑤自动化控制与自动化管理是现代化交通运输的标志。随着我国加入WTO和与世界交往的日益频繁，自动化控制与自动化管理更显现其重要性，所以应当为业主提供一项标准高、技术先进、具有国际先进水平的自动化设计项目。

▶ 五、监理内容

委托人(业主)在委托函中,对监理内容和设计监理提出了如下要求:

1. 监理内容

对勘察设计进度、质量、投资进行监督管理:

(1)协助业主签订工程勘察设计合同书

(2)监督管理勘察设计合同的实施

(3)核查工程设计文件、工程概算,审核施工图和施工图预算

2. 监理要求

(1)严格遵守国家、交通部及当地建设主管部门颁发的工程建设项目管理的有关规定,严格执行各有关设计、施工规范和标准。对本工程设计文件中有关执行国家法律、法规、政策和强制性技术标准等问题进行评价并提出建议。

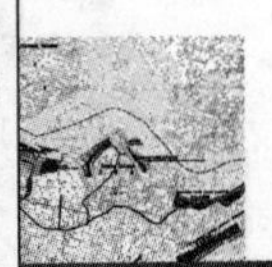

(2)对本工程设计文件中所采用的设计基础资料进行复核。

(3)对设计方案提出优化建议。

(4)与设计单位及其相关部门积极配合,及时互通信息。对设计合同实行全过程、全方位的监督管理,努力优化设计方案,提高设计质量,节约工程投资。

(5)及时向业主通报监理工程中出现的各种情况,并提出解决各相关问题的详细方案供业主决策。

3. 监理期限

监理合同规定,设计监理期限从某年某月某日开始,至初步设计被批准时为止。初步设计的监理工作总结,在设计单位提交设计文件后的7~10天内完成,并提交给设计监理委托人。

▶ 六、监理程序

本工程的“初步设计”阶段的监理工作按以下程序进行:

1. 提交和审查基本资料

设计方向监理方提交:

(1)基础资料:工程地质、工程测量、气象、水文、泥沙;

(2)研究报告:工程可行性研究报告、水文泥沙专题报告等;

(3)设计大纲:工程概况、设计范围、质量体系、设计进度、人员安排、技术要求;

(4)设计提纲:分专业按 ISO 9001 的设计管理程序编写设计提纲。包括设计原则、拟用规范、计算方法、计算公式、设计荷载、设计参数和各专业的设计方案设想等。

监理方接到上述资料经核查无误后向设计方提出监理意见。

2. 计算与设计

设计方将各专业的计算资料(荷载条件、计算公式、参数选取、计算结果)和设计草图提交给监理方。这些资料应当是按 ISO 9001 的程序经过计算、设计、校对、审核各个步骤并签字后再提交给监理方。

监理方在接到上述资料后,通过审查、计算或校核,由专业监理工程师在监理联系单上签字后由总监签发反馈给设计方。

3. 提交设计成果

选取方案与计算结果无误后,设计方绘制正式的初步设计图,计算工程量,选取合理的施工方案,进行概算编制和工程经济评价,最后完成初步设计报告。

在完成图纸的设计、校对、审核并分别签字后,向监理方提交初步设计图纸、工程概算和初步设计报告文稿。

监理方在接到这些资料后,将以认真、细致、负责的态度,通过必要的计算和论证,最后在业主规定的日期内向业主和设计方提交"初步设计监理报告"。

设计监理进度计划见表 F1-1。

初步设计监理程序如下:

J—监理工程师;S—设计院(被监理单位);Y—业主

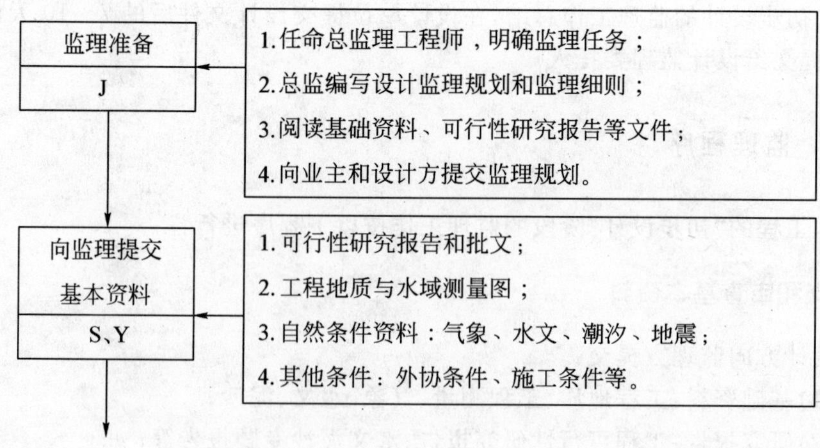

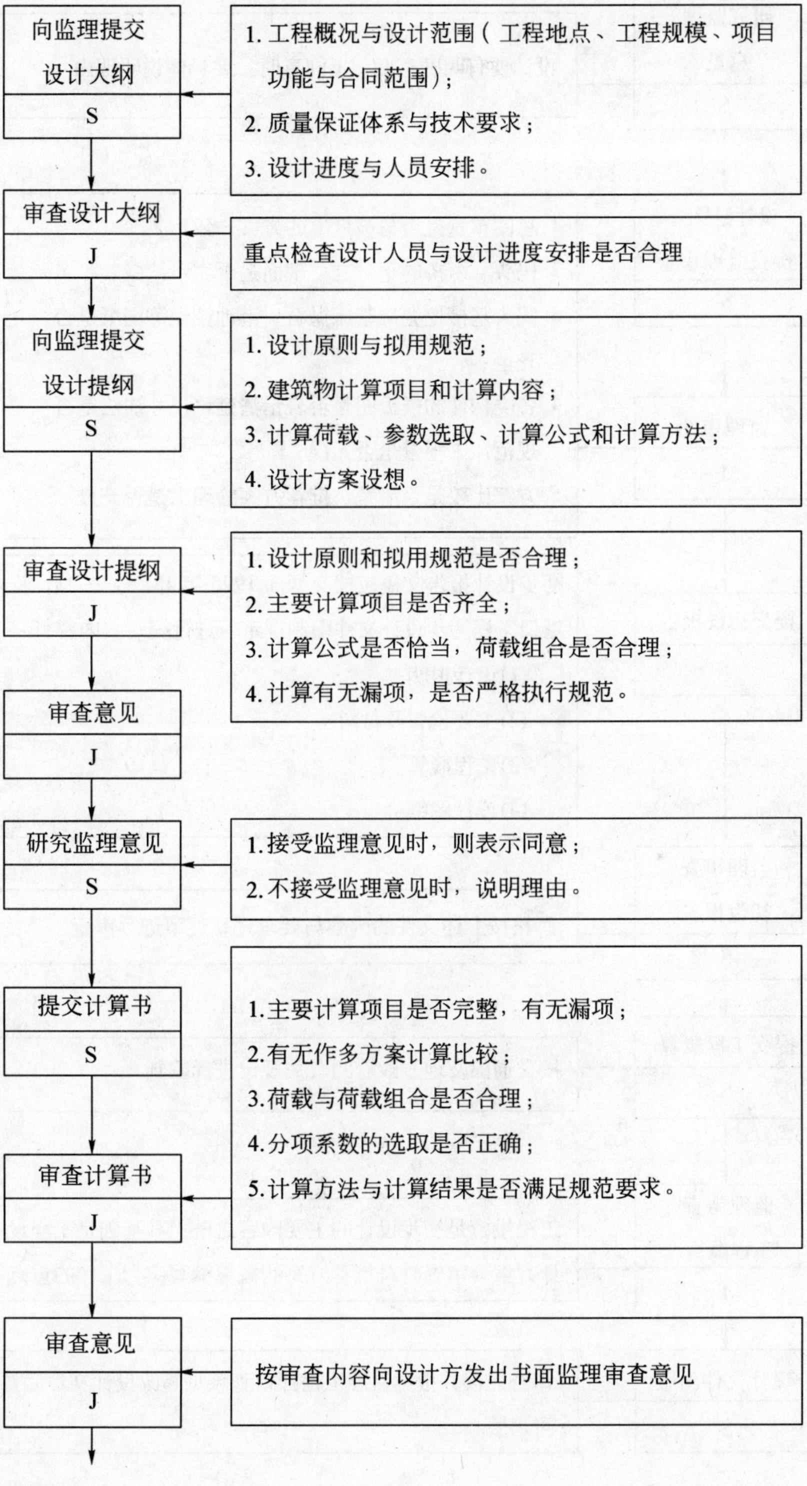

向监理提交设计大纲 S	1. 工程概况与设计范围（工程地点、工程规模、项目功能与合同范围）； 2. 质量保证体系与技术要求； 3. 设计进度与人员安排。
↓ 审查设计大纲 J	重点检查设计人员与设计进度安排是否合理
↓ 向监理提交设计提纲 S	1. 设计原则与拟用规范； 2. 建筑物计算项目和计算内容； 3. 计算荷载、参数选取、计算公式和计算方法； 4. 设计方案设想。
↓ 审查设计提纲 J	1. 设计原则和拟用规范是否合理； 2. 主要计算项目是否齐全； 3. 计算公式是否恰当，荷载组合是否合理； 4. 计算有无漏项，是否严格执行规范。
↓ 审查意见 J	
↓ 研究监理意见 S	1. 接受监理意见时，则表示同意； 2. 不接受监理意见时，说明理由。
↓ 提交计算书 S	
↓ 审查计算书 J	1. 主要计算项目是否完整，有无漏项； 2. 有无作多方案计算比较； 3. 荷载与荷载组合是否合理； 4. 分项系数的选取是否正确； 5. 计算方法与计算结果是否满足规范要求。
↓ 审查意见 J ↓	按审查内容向设计方发出书面监理审查意见

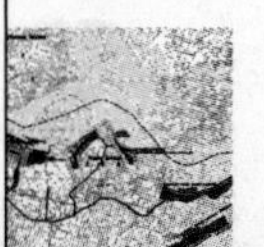

研究监理意见 (S)	设计要有明确态度，不同意时，要具体说明理由
设计绘图，提交监理审查 (S)	1. 总图布置是否与被批准的方案一致； 2. 码头、引桥的平、立、剖面是否表示清楚； 3. 码头基槽挖泥、基床抛石、港池挖泥等图纸是否齐全； 4. 各类构件的模板图是否表示清楚，尺寸注法是否规范，工程量是否无误； 5. 方案比较是否清楚，推荐方案的理由是否充分。
监理审图 (J)	（同上）
提交初设报告 (S)	初步设计报告文稿应按交通部1995年483号文“沿海港口工程初步设计文件编制规定”进行编写。内容有： (1)设计说明书； (2)主要设备及材料； (3)工程概算； (4)设计图纸。
监理审查初设报告 (S)	严格按上述文件的内容与要求逐章逐节进行审查
提交工程概算 (S)	按交通部及地方政府的有关规定进行编制
监理审查工程概算 (J)	工程投资是初步设计的主要内容之一，其基础是工程设计方案。审查时对推荐方案的概算编写应为工作的重点
设计文件出版 (S)	审查无误并根据监理工程师审查意见修改设计文件后方可出版

设计监理进度计划

表 F1-1

工 作 阶 段	第一年周数																														第二年周数														
	1	2	3	4	5	6	7	8	9	10	11	12	13	14	15	16	17	18	19	20	21	22	23	24	25	26	27	28	29	30	1	2	3	4	5	6	7	8	9	10	11	12	13	14	15
一、基本资料																																													
1. 设计方提交基本资料																																													
2. 监理方反馈监理意见																																													
二、计算与设计																																													
1. 设计方设计并提交计算成果																																													
2. 监理方审查并反馈监理意见																																													
三、设计成果																																													
1. 设计方绘图、写报告并提交成果																																													
2. 监理方审查并反馈监理意见																																													
四、监理方编写初设监理报告																																													

注：以上进度若因设计方推迟提交设计资料，监理方也将相应推迟。

▶ 七、监理方法

(1)本“监理规划”是在业主对监理规划草案基本认可，并征得设计方意见的基础上，修改编制而成的。随后监理方将编制“设计监理细则”，将各阶段的具体工作、各专业的具体任务、工作程序、工作方法等加以具体化和表格化，以便设计与监理双方的工作有章可循。

(2)监理方将严格按照交通部港口工程设计规范的规定、上级指示和业主要求，对设计方每个阶段提交的设计资料和设计成果进行监理，以主动、热情、认真、积极的态度一丝不苟地做好各项工作，为业主当好参谋，也为设计方提供必要的技术服务。

(3)由于本次的设计周期较短，工程规模较大，研究的问题较多，若按常规先提交后核查的办法，将难以按期完成设计任务。所以监理与设计双方的沟通和交流就非常重要，所以我们打算在每个阶段，提前与设计方各专业人员进行面对面的交流，对设计方案进行充分研究，争取将问题解决在交流过程中，这样就会缩短双方的时间，使设计进度加快。

(4)设计阶段虽有划分，但设计方的设计工作在阶段之间不要停顿，也就是说，设计方在没有接到监理意见以前，下阶段的工作应抓紧进行。

(5)除本“监理规划”和“初步设计监理报告”是以监理单位的名义向业主和设计院发出外，其他文件和来往信函均由设计监理部与设计方联系，我方的资料与函件由设计总监签发。希望设计方在此问题上，也能予以明确。

(6)通过双方的交流，对设计成果和技术问题，希望取得一致意见。对较大的技术问题，经充分讨论仍不能取得一致意见时，则可提请双方的最高领导协商解决或者提请业主或上级单位审查决定。

▶ 八、监理对设计方的要求

(1)为加快设计进度和提高工作效率，监理方将根据需要派员前往设计现场，与设计人员交流，探讨有关问题，望设计方在人员生活安排、办公场所、计算工具的使用等方面能提供方便。我们也欢迎设计方派员来我所与我们共同工作。

(2)设计应按本规划的时间要求，按时、按质、按量向监理方提供设计资料。

范例二　液化天然气码头施工图设计监理规划

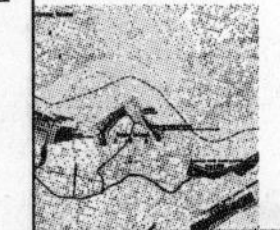

一、监理工作依据

我所受业主的委托，对由某设计院（后称“设计方”）负责设计的某港口工程施工图设计进行设计监理。

本次设计监理工作的依据是：

(1)业主与我所签署的监理服务合同书；

(2)本工程初步设计文件及专家会审意见；

(3)业主的监理招标书；

(4)有关本工程的基础资料。

二、监理机构

为作好本工程的设计监理工作，我所特抽调以下人员组成设计监理部：（名单略）

三、工作目标

我所将派出经验丰富、资深阅广、责任心强的设计咨询专家和精力旺盛、业务能力强的监理工程师，以热情认真的态度为业主、为设计方提供技术服务。用踏勘、查阅、计算、交流和论证等方法和手段，对计算成果和设计成果进行监理，与设计院的同志一道为业主提供符合规范规定、技术先进、经济合理、确保初步设计标准、最大限度满足业主要求并方便施工的优质施工图设计。

四、工程简况

1. 工程名称（略）

2. 工程地点(略)

3. 工程规模

建设内容主要包括新建1个390m长，$8\times10^4\sim16.5\times10^4m^3$ 的LNG泊位及接岸栈桥，火炬塔架及火炬栈桥；1座105m长工作船码头及接岸栈桥；约 $20\times10^4m^3$ 的港池疏浚，345.5m的接岸栈桥、海水取排水口、港作车船、给排水、供电照明、通信、导助航、辅助靠泊环境监测、消防、建筑等设施。

(1)本工程建筑物结构安全等级：

LNG码头：一级

火炬塔架基础及火炬栈桥：一级

取水口工程：一级

工作船码头：二级

(2)设计水位(当地理论最低潮面)

设计高水位： 7.35m

设计低水位： 0.78m

极端高水位： 8.61m(重现期为50年的年极值高水位)

8.72m(重现期为100年的年极值高水位)

极端低水位： −0.06m(重现期为50年的年极值高水位)

−0.10m(重现期为100年的年极值高水位)

(3)建筑物高程

①LNG船舶码头

工作平台面高程： 11.5m

靠船墩面高程： 9.0m

系缆墩面高程： 9.0m

人行桥面高程： 11.5m

港池底高程： −13.60m

栈桥面高程： 11.50 m

②工作船码头

码头面高程： 8.6m

港池底高程： −4.1m

栈桥面高程： 8.6 m

③火炬塔架基础

火炬塔架基础面及火炬栈桥面高程：13.50m

④取水口

取水口顶高程： 12.2m

取水口底高程： −4.59m

4.建设单位(略)

5.设计单位(略)

6.建设工期(略)

▶五、监理范围

根据业主的要求,本次监理范围是某港口LNG(液化天然气)码头及其配套工程的施工图设计,具体内容是:

1. LNG(液化天然气)主码头

泊位长390m,沉箱重力墩结构,包括:

(1)50×25m工作平台一座;

(2)3个重力式靠船墩,直径12.5m的圆沉箱;

(3)6个重力式系缆墩,直径12.5m的圆沉箱;

(4)靠船墩与系缆墩之间的钢结构人行桥;

(5)接岸栈桥长345.5m,宽12.5m,桩基结构;

(6)导助航、辅助靠泊系统。

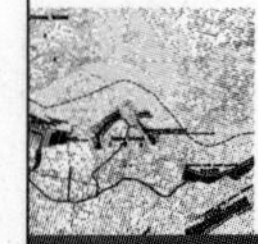

2. 工作船码头

长105m,宽7.5m,另有30m的栈桥与岸相联。

3. 火炬塔架基础

塔架基础为高桩墩台结构,墩台平面尺度为19.5m×19.5m。墩台通过栈桥与护岸相联。

4. 取水口

箱涵结构,预制箱重约2000t。

▶六、监理内容

1. 监理内容

对勘察设计进度、质量、投资进行监督管理。

LNG码头建设在我国刚刚起步,由于在运输、装卸和储存中有一定的危险性,故对码头结构要求较高,交通部“液化天然气码头设计规程”规定,“液化天然气码头主体水工建筑物的结构安全等级应采用一级”(高于其他码头)。所以监理工程师应将码头结构安全的监理放在最重要的位置。内容有:

(1)协助业主签订工程勘察设计合同书;

(2)监督管理勘察设计合同的实施;

(3)审查施工图设计文件。

2. 监理的要求

(1)严格遵守国家、交通部及当地建设主管部门颁发的工程建设项目管理的有关规定,严格执行设计、施工规范和标准。对本工程设计文件中有关执行国家法律、法规、政策和强制性技术标准等问题进行评价并提出建议。

(2)对施工图设计文件中所采用的设计基础资料进行抽查。

(3)审查施工图设计是否符合被批准的初步设计的要求。

(4)监理与设计方积极配合,及时互通信息,对设计实行全过程、全方位的监督,努力优化设计方案,提高设计质量,节约工程投资。

(5)定期向业主通报监理工程中出现的各种情况,并提出解决问题的办法供业主决策。

(6)评估工程建设规模、设计工程量、结构型式是否与被批准的初步设计或专家会审意见相吻合。

3. 监理时间

设计监理时间从某年某月开始,至施工图设计完成后结束。

七、监理程序

本工程的设计监理工作按以下程序进行。

1. 业主和设计方向监理方提交基本资料

(1)基础资料:地质、测量、气象、水文、风浪、泥沙。

(2)初步设计文件,专家会审意见等。

(3)设计大纲:工程概况、设计范围、设计进度、人员安排、质量体系和技术要求。

(4)设计提纲:分专业按 ISO 9001 的设计管理程序编写的设计提纲。包括设计原则、拟用规范、计算方法、计算公式、设计参数选取和各专业的设计方案设想等。

2. 计算与设计

设计方将各专业的计算资料(荷载条件、计算公式、参数选取、计算结果)和设计草图提交给监理方。这些资料应当是按 ISO 9001 的程序经过计算、设计、校对、审核各个步骤并签字后再提交给监理方。

监理方在接到上述资料后,通过审查、计算或校核,由专业监理工程师在监理发文单上签字后由总监签发反馈给设计方。

3. 监理程序

(1)设计方案与初步设计基本吻合后,设计人员应进行稳定与结构计算,随后完成设计图纸与设计说明。

(2)在完成图纸的设计、校对、审核并分别签字后,向监理方提交设计图纸和施工要求文稿。

(3)监理方在接到这些资料后,将以认真、细致、负责的态度,通过必要的计算和论证后,向设计方反馈监理意见,以便设计最后出图。

设计监理进度见表 F2-1。

施工图设计监理程序如下:

J—监理工程师;S—被监理单位(设计院);Y—业主

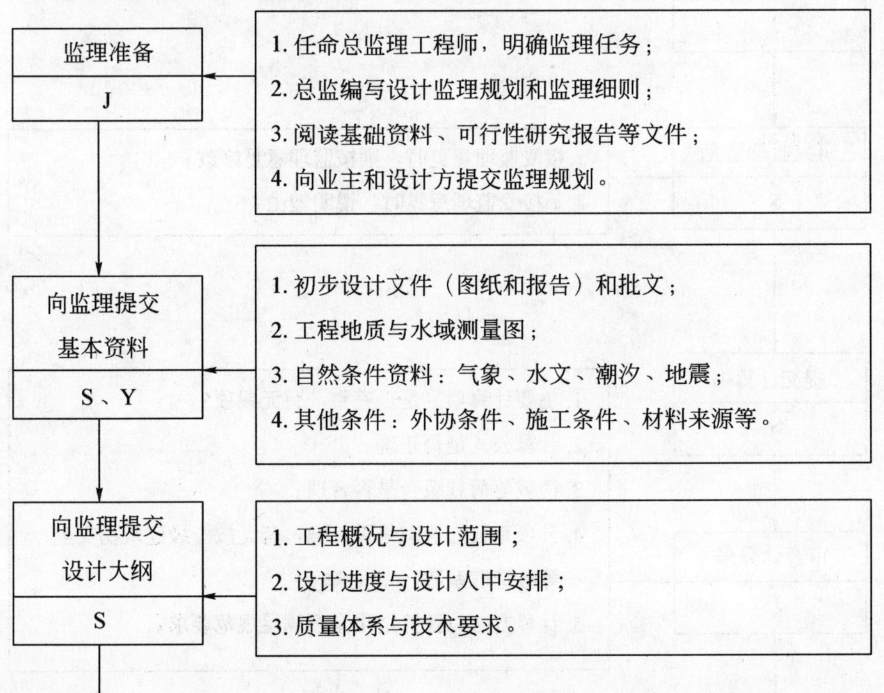

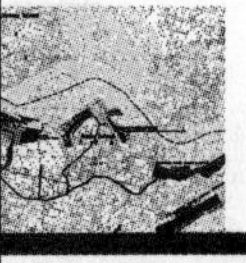

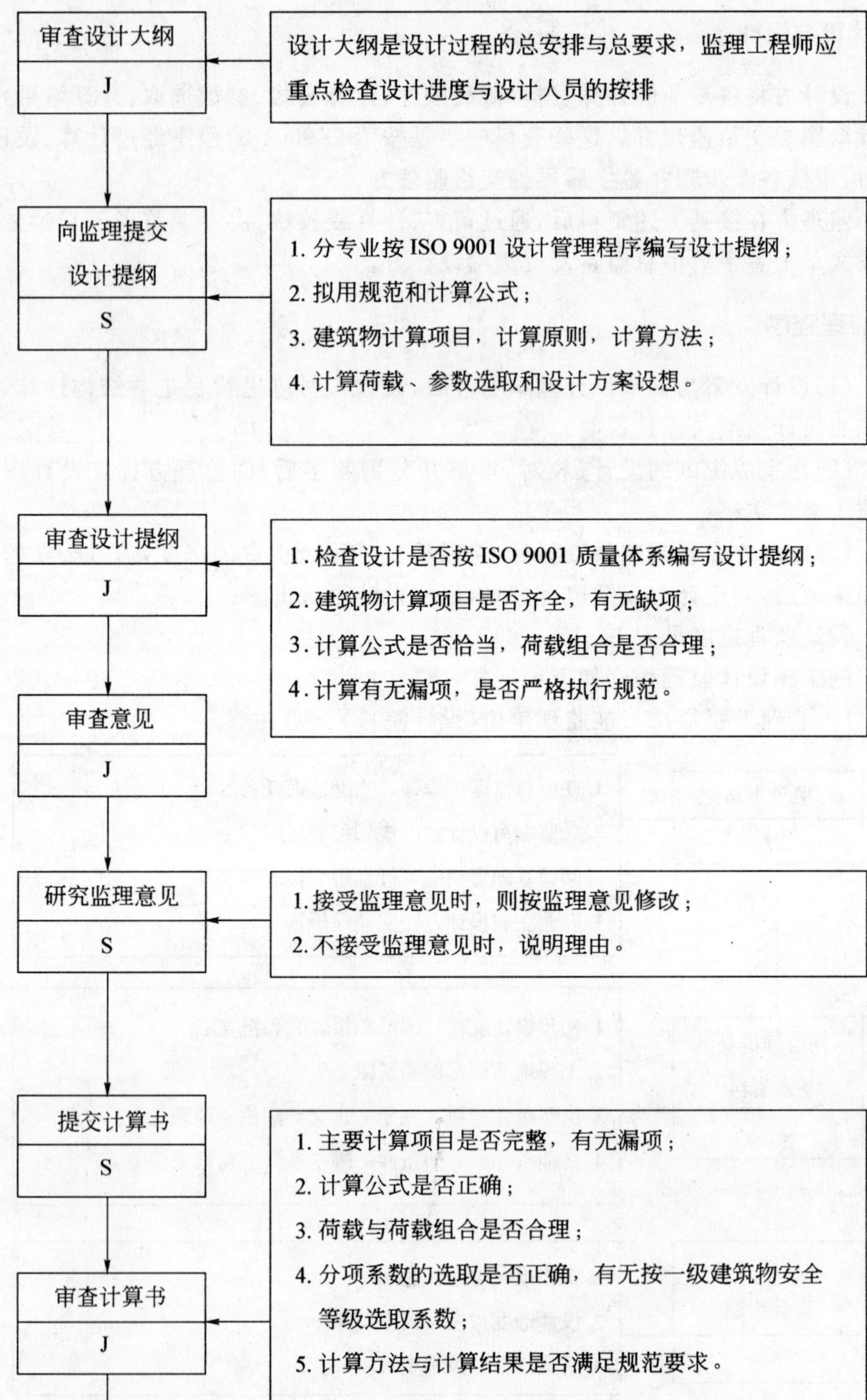
审查设计大纲
J
设计大纲是设计过程的总安排与总要求，监理工程师应重点检查设计进度与设计人员的按排
向监理提交设计提纲
S
1. 分专业按 ISO 9001 设计管理程序编写设计提纲；
2. 拟用规范和计算公式；
3. 建筑物计算项目，计算原则，计算方法；
4. 计算荷载、参数选取和设计方案设想。
审查设计提纲
J
1. 检查设计是否按 ISO 9001 质量体系编写设计提纲；
2. 建筑物计算项目是否齐全，有无缺项；
3. 计算公式是否恰当，荷载组合是否合理；
4. 计算有无漏项，是否严格执行规范。
审查意见
J
研究监理意见
S
1. 接受监理意见时，则按监理意见修改；
2. 不接受监理意见时，说明理由。
提交计算书
S
审查计算书
J
1. 主要计算项目是否完整，有无漏项；
2. 计算公式是否正确；
3. 荷载与荷载组合是否合理；
4. 分项系数的选取是否正确，有无按一级建筑物安全等级选取系数；
5. 计算方法与计算结果是否满足规范要求。

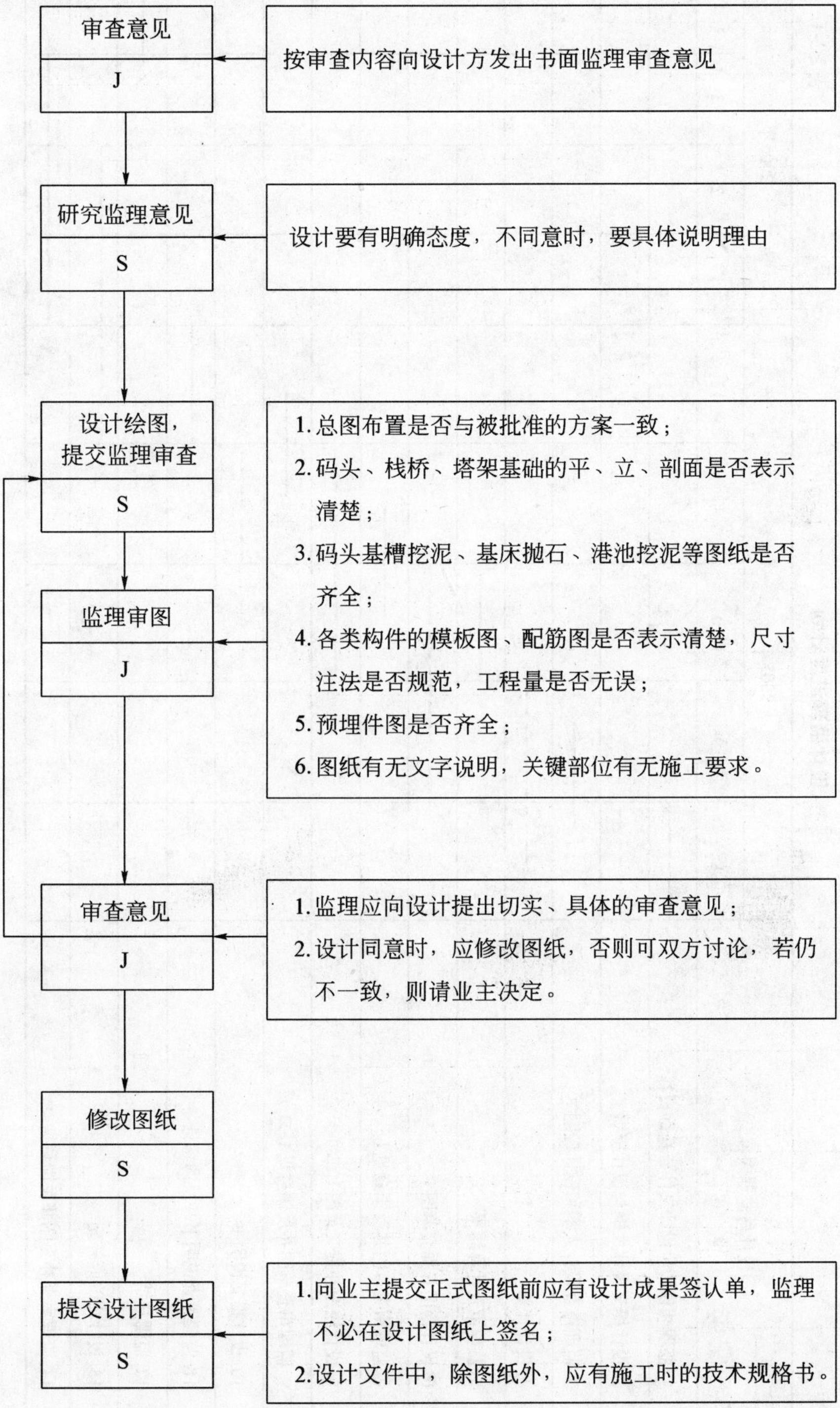

审查意见 J	按审查内容向设计方发出书面监理审查意见
研究监理意见 S	设计要有明确态度，不同意时，要具体说明理由
设计绘图，提交监理审查 S	
监理审图 J	1. 总图布置是否与被批准的方案一致； 2. 码头、栈桥、塔架基础的平、立、剖面是否表示清楚； 3. 码头基槽挖泥、基床抛石、港池挖泥等图纸是否齐全； 4. 各类构件的模板图、配筋图是否表示清楚，尺寸注法是否规范，工程量是否无误； 5. 预埋件图是否齐全； 6. 图纸有无文字说明，关键部位有无施工要求。
审查意见 J	1. 监理应向设计提出切实、具体的审查意见； 2. 设计同意时，应修改图纸，否则可双方讨论，若仍不一致，则请业主决定。
修改图纸 S	
提交设计图纸 S	1. 向业主提交正式图纸前应有设计成果签认单，监理不必在设计图纸上签名； 2. 设计文件中，除图纸外，应有施工时的技术规格书。

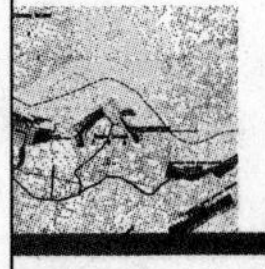

设计监理进度计划

表 F2-1

设计与监理内容	2005年					2006年			
	8	9	10	11	12	1	2	3	4
1. 监理阅读初步设计文件与基础资料									
2. 设计提交设计大纲与设计提纲									
3. 监理审查设计大纲和设计提纲									
4. 设计计算									
5. 监理审查计算结果									
6. 设计绘图并提交草图（一）									
7. 监理审查草图并反馈意见（一）									
8. 设计绘图并提交草图（二）									
9. 监理审查草图并反馈意见（二）									
10. 设计提交说明书									
11. 监理审查说明书并反馈意见									
12. 监理总结									
13. 设计修改或补充									
14. 监理审查补充图并反馈意见									

▶ 八、监理方法

(1)本“监理规划”是在业主对监理提出基本要求，并征得设计方意见的基础上，修改编制而成的。随后监理方将编制“设计监理细则”，将各阶段的具体工作、各专业的具体任务、工作程序、工作方法等加以具体化，以便设计与监理双方的工作有章可循。

(2)监理将严格按照交通部港口工程设计规范的规定、上级指示和业主要求，对设计提交的设计资料和设计成果进行监理，以主动、热情、认真、积极的态度一丝不苟地做好每项工作，为业主当好参谋，也为设计提供必要的技术服务。

(3)由于本次的设计周期较短，工程规模较大，研究的问题较多，若按常规先提交后核查的办法，将难以按期完成设计任务。所以监理与设计的沟通和交流就非常重要，所以我们打算在每个阶段，提前与设计各专业人员进行面对面的交流，对设计方案进行充分研究，争取将问题解决在交流过程中，这样就会缩短双方的时间，使设计进度加快。

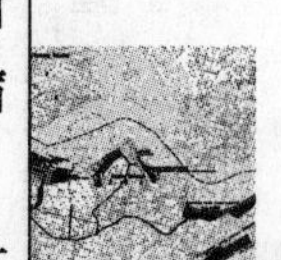

(4)设计步骤虽有划分，但设计工作在阶段之间不要停顿，也就是说，设计在没有接到监理意见以前，下阶段的工作应抓紧进行。

(5)除本“监理规划”和“设计监理报告”是以监理所的名义向业主和设计院发出外，其他文件和来往信函均由设计监理部与设计联系，监理资料与函件由设计总监或总监代表签发。

(6)通过双方的交流，对设计成果和主要技术问题，希望能取得统一意见。对较大的技术问题，经充分讨论仍不能取得一致意见时，则可提请监理与设计双方的领导协商解决或者提请业主或上级单位审查决定。

范例三　液化天然气码头施工图设计监理细则

受业主委托由我所对某港液化天然气码头 LNG 工程施工图设计进行监理。按业主要求，我所已向业主与本工程的设计单位的设计项目部提交了本工程的设计监理规划，对设计监理中的监理依据、监理机构、监理目标、监理范围、监理内容、监理要求、监理程序、监理方法和监理对设计方的要求等问题作了概括性的叙述。为了使监理工程师能明确、具体地做好设计监理工作，解决操作性问题，故在设计监理规划的基础上，编写了本设计监理细则。

一、监理依据、范围和目标

1. 监理依据

(1)业主与监理所签订的监理服务合同书；
(2)业主的上级主管部门关于初步设计的批复文件；
(3)本工程的初步设计审查会议纪要与专家评审意见；
(4)有关本工程的基础资料；
(5)本工程的设计监理规划。

2. 工程简况

(1)工程名称(略)
(2)工程地点(略)
(3)工程规模
①新建 1 座 390m 长的码头及 345.5m 的接岸栈桥。
②新建 1 座 105m 长工作船码头及接岸栈桥；
③新建给排水、供电照明等配套设施；
④新设导助航、辅助靠泊等设施。
(4)设计水位(当地理论最低潮面)

设计高水位：7.35m

设计低水位：0.78m

极端高水位：8.61m(重现期为50年的年极值高水位)

8.72m(重现期为100年的年极值高水位)

极端低水位：—0.06m(重现期为50年的年极值高水位)

—0.10m(重现期为100年的年极值高水位)

(5)建筑物高程(当地理论最低潮面)

①主体码头

工作平台面高程：11.5m

靠船墩面高程：9.0m

系缆墩面高程：9.0m

人行桥面高程：11.5m

港池底高程：—13.60m

栈桥面高程：11.50 m

②工作船码头

码头面高程：8.6m

港池底高程：—4.1m

栈桥面高程：8.6 m

(6)业主(略)

(7)设计单位(略)

(8)施工期(略)

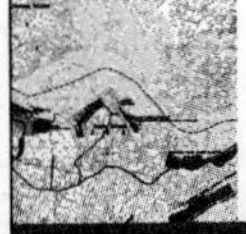

3. 建筑物安全等级

按业主要求和交通部"液化天然气码头设计规程(试行)"(JTJ 304—2003)的规定,液化天然气码头主体水工建筑场的结构安全等级应采用一级。本工程水工建筑场结构安全等级采用：

LNG码头及栈桥：一级

工作船码头：二级

4. 设计监理范围

本工程的设计监理范围与设计范围相同,根据设计监理合同与设计大纲所述内容,范围如下：

(1)对初步设计进行优化；

(2)LNG码头：工作平台,靠船墩,系缆墩,人行桥；

(3)LNG码头的接岸栈桥；

(4)工作船码头。

5. 监理目标

我们将用现场踏勘、查阅、计算、交流和论证等方法，对施工图设计计算成果与设计成果进行监理，与设计人员一起为业主提供一项符合规范规定、满足业主要求、技术先进、经济合理、结构安全稳定、确保初步设计标准并方便施工的优质施工图设计。

(1)确保初步设计标准：施工图设计应在初步设计的平面布置、主体结构方案的基础上进行，严格按被上级或业主书面批准的初步设计方案进行施工图设计，确保码头与栈桥结构安全、稳定、耐久，并控制工程造价。也就是说，施工图设计是初步设计的延续、深化和细化。不改变被业主批准或书面确认的设计方案与设计范围，对初步设计进行优化，而不是改变方案，具体要求是：

①工程的平面与结构方案严格按被书面批准的初步设计进行；

②工程量不得超过初步设计的控制投资；

③码头稳定与主要结构应详细计算，切实确保码头安全、稳定；

④严格审图：施工图设计按“港口工程制图标准”(JTJ 206—96)绘图，图纸要求完整、整洁、明确，便于施工，采用1号和2号两种图纸，图纸的布图率控制在70%～80%，不能满布，也不能空布。

⑤对码头稳定与结构设计均应计算并应向监理提交计算书，监理除审查全部计算书外，对主要计算成果也应进行复核计算。

(2)优化设计：因工程变化，初步设计可能有不完备的地方，施工图设计阶段应进行优化。

▶ 二、监理所需要的基本资料

为了做好设计监理工作，设计方或业主应向监理部提供以下资料：

(1)初步设计文件(图纸与初设报告)；

(2)初步设计批准文件或业主来文和业主确认的专家评审意见；

(3)工程地质资料与水域测量图；

(4)自然条件：水文、气象、潮汐、波浪、地震等；

(5)其他条件：外协条件、施工条件与材料来源等。

▶ 三、监理程序

监理程序如下：

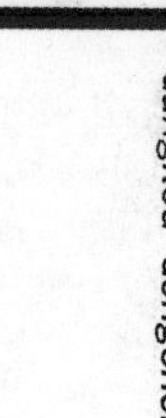

J—监理工程师；S—被监理单位（设计院）；Y—业主

监理准备 J	1. 任命总监理工程师，明确监理任务； 2. 总监编写设计监理规划和监理细则； 3. 阅读基础资料、初步设计等文件； 4. 向业主和设计方提交监理规划。
↓ 向监理提交基本资料 S、Y	1. 初步设计文件（图纸和报告）和批文； 2. 工程地质与水域测量图； 3. 自然条件资料：气象、水文、潮汐、地震； 4. 其他条件：外协条件、施工条件、材料来源等。
↓ 向监理提交设计大纲 S	1. 工程概况与设计范围； 2. 质量保证体系与技术要求； 3. 设计进度与人员安排。
↓ 审查设计大纲 J	1. 施工图设计阶段的关键问题是“符合性”与设计质量； 2. 液体天然气码头的结构安全特别重要。
↓ 向监理提交设计提纲 S	1. 设计原则与拟用规范； 2. 建筑物计算项目和计算内容； 3. 计算荷载、参数选取、计算公式和计算方法。

↓

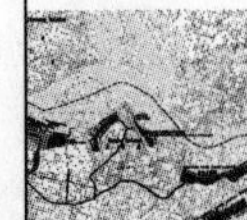

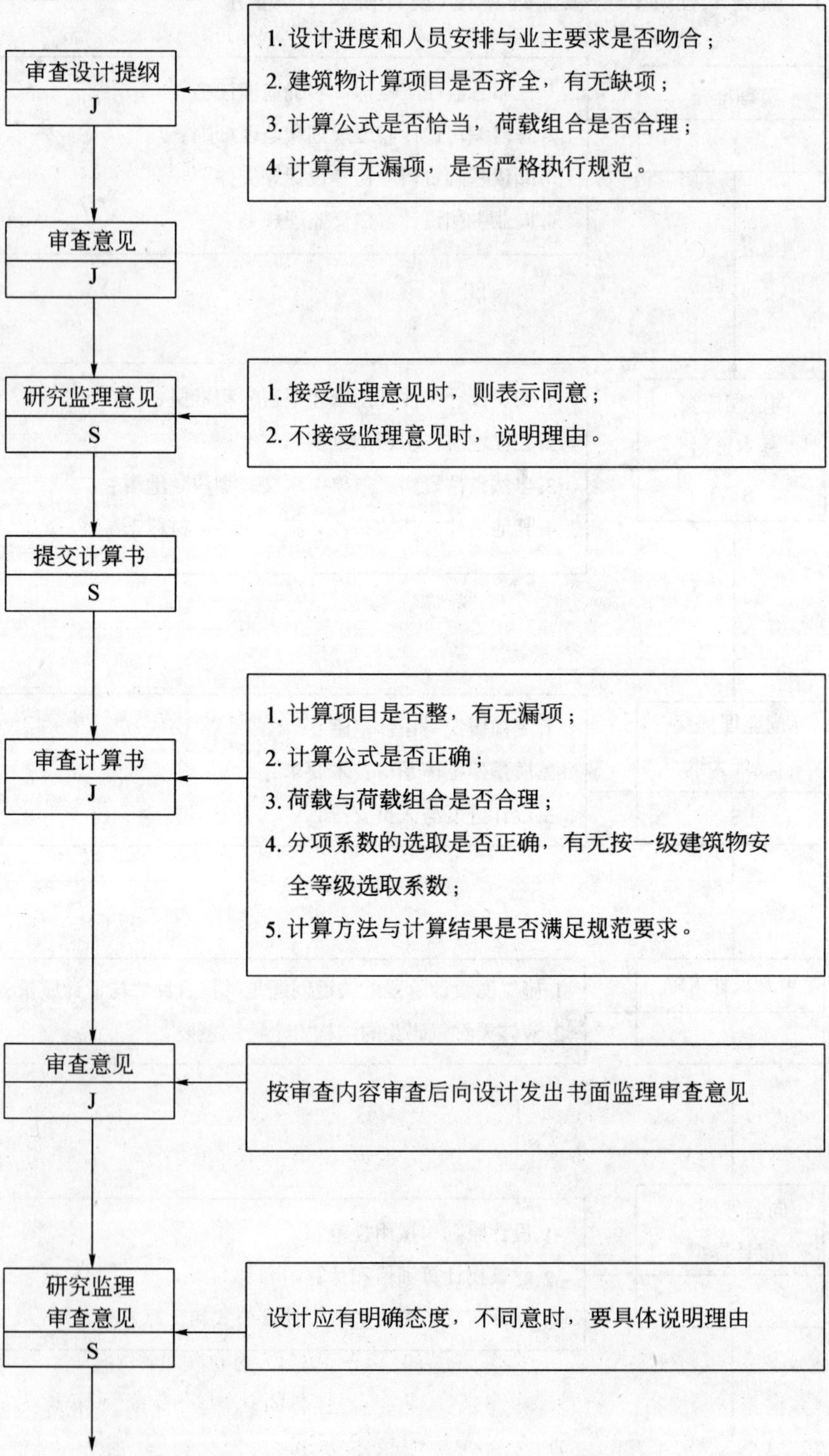

审查设计提纲
J

1. 设计进度和人员安排与业主要求是否吻合；
2. 建筑物计算项目是否齐全，有无缺项；
3. 计算公式是否恰当，荷载组合是否合理；
4. 计算有无漏项，是否严格执行规范。

审查意见
J

研究监理意见
S

1. 接受监理意见时，则表示同意；
2. 不接受监理意见时，说明理由。

提交计算书
S

审查计算书
J

1. 计算项目是否整，有无漏项；
2. 计算公式是否正确；
3. 荷载与荷载组合是否合理；
4. 分项系数的选取是否正确，有无按一级建筑物安全等级选取系数；
5. 计算方法与计算结果是否满足规范要求。

审查意见
J

按审查内容审查后向设计发出书面监理审查意见

研究监理审查意见
S

设计应有明确态度，不同意时，要具体说明理由

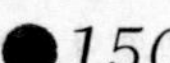

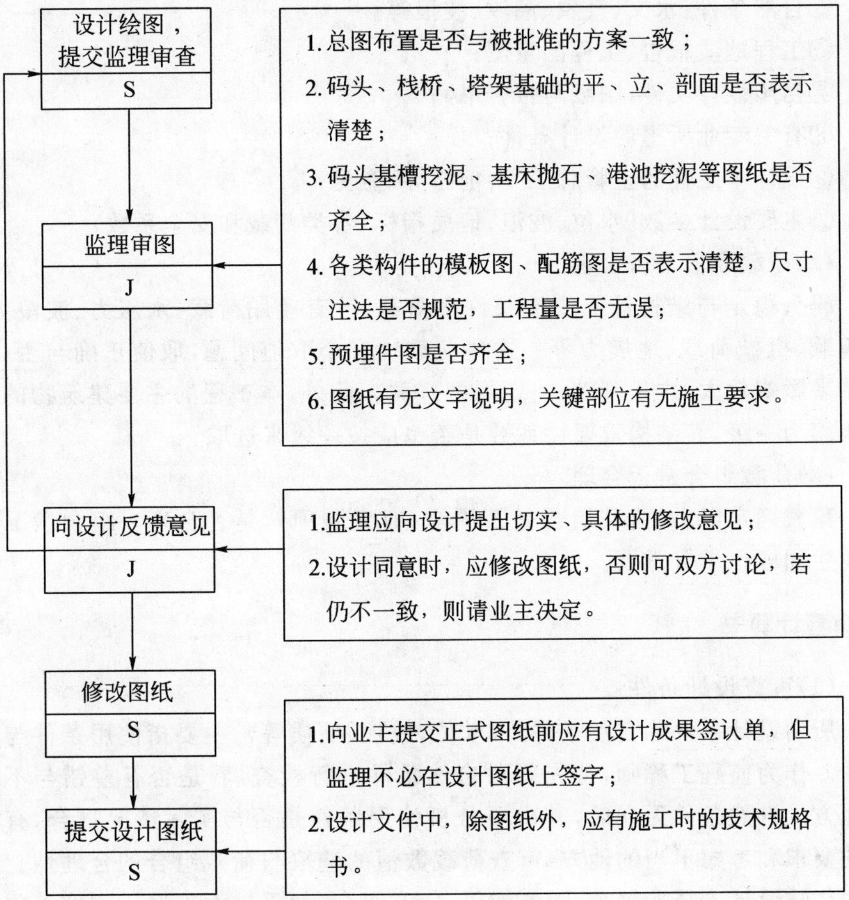

设计绘图，提交监理审查 S

1. 总图布置是否与被批准的方案一致；
2. 码头、栈桥、塔架基础的平、立、剖面是否表示清楚；
3. 码头基槽挖泥、基床抛石、港池挖泥等图纸是否齐全；
4. 各类构件的模板图、配筋图是否表示清楚，尺寸注法是否规范，工程量是否无误；
5. 预埋件图是否齐全；
6. 图纸有无文字说明，关键部位有无施工要求。

监理审图 J

向设计反馈意见 J

1. 监理应向设计提出切实、具体的修改意见；
2. 设计同意时，应修改图纸，否则可双方讨论，若仍不一致，则请业主决定。

修改图纸 S

提交设计图纸 S

1. 向业主提交正式图纸前应有设计成果签认单，但监理不必在设计图纸上签字；
2. 设计文件中，除图纸外，应有施工时的技术规格书。

▶ 四、水工结构设计质量监控

1. 审查设计提纲

设计提纲是整个设计具体工作指导性文件，十分重要。许多具体数据和设计方案均应在设计提纲中反映。监理工程师在审查设计提纲时，应注意以下重点：

(1)设计依据是否齐全

施工图设计阶段的设计依据主要有：

①业主的委托书和设计合同；

②业主的上级主管单位对本工程初步设计的审批意见；

③业主关于本工程初步设计来文或经业主书面认可的专家评审意见；

④与本工程有关的行业规范和其他技术标准；

⑤自然条件：水文、气象、潮汐、波浪等；

⑥工程地质报告、工程测量图；

⑦初步设计文件(图纸与报告书)；

⑧有关专业所提的设计条件；

⑨设计本工程的主管总工"事前指导"意见；

⑩主要设计参数(水位、波浪、地质指标、各类荷载和安全系数)。

(2)荷载取值是否合理

码头稳定与结构计算中涉及许多荷载，计有船舶荷载、水压力、波浪力、堆货荷载、机械荷载、地震力等。这些荷载均有个取值问题，取值正确与否，对计算结果影响较大，这是基础，一定要把好关。此外，本工程的主要建筑物的安全等级均为一级，其结构重要性系数是否也应按一级来选取。

(3)荷载组合是否合理

荷载确定以后，荷载组合是否周全(有无漏项)，是否合理。组合情况是否会发生同样也十分重要。

2. 审查计算书

(1)审查设计条件

所谓设计条件除自然条件外(水位、波浪、地质等)，主要指使用条件与荷载条件。作为监理工程师，首先要对自然条件进行检查，看是否有差错与不合理的地方。自然条件无误后，其次要分析使用条件是否与实际情况吻合，有无过高的要求和考虑不当的地方，审查荷载数值的选取与荷载组合的合理性。这一点往往被设计人员所轻视，随便加码，任意组合，似乎越大越好。监理工程应当认真而又慎重地审查设计条件，这是计算的基础，设计条件不合理，计算再准确也没有意义。

(2)审查码头与塔架基础的稳定与沉降计算

码头的稳定与沉降计算是重力式码头中最重要的计算内容，码头的成败主要取决于稳定与沉降计算的准确性。塔架基础也是一个重力式承重结构物，也应予以重视。

本工程区的地层承载力较好，沉降量不会太大，但是其地层分布较复杂，软硬不均更容易发生不均匀沉降，设计监理时尤为注意。

(3)审查码头、栈桥、塔架基础等建筑物的重要部位的结构计算

这些部位是指沉箱的壁厚、工作平台、栈桥的梁板、塔架基桩等。

(4)复核计算

除审查设计提交的全部计算成果以外，监理工程师还应对重要部位进行复核计算，例如靠船墩的稳定、栈桥梁板结构、塔架基础桩基等。

3. **审查设计图纸**

对设计图纸的审查是施工图设计监理的主要工作，图纸多，工作量大，监理工程师务必认真工作，一丝不苟地对图纸进行审查。

(1)审图一般要求

水工建筑物的施工图设计图纸是工程施工和设备采购的依据，并以此进行施工招标、现场施工、工程计算和设备采购。所以，水工施工图应符合"四性"要求，即符合性(符合初步设计批复精神)，稳定性(结构自身安全、稳定)，适应性(结构和构件强度满足规范要求)，便利性(便于施工)。

在审查过程中，应注意两个具体问题：

一是工程规模、工程范围与初步设计相比有无变化，有无初设批复文件，工程规模、工程范围与初步设计批复内容是否一致；

二是工程量有无变化，施工预算是否在批准概算±10%的范围内(以设计工程量进行对比)。

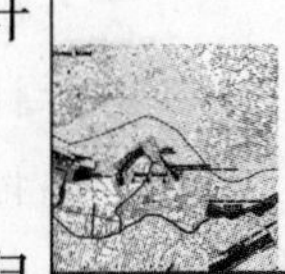

(2)重力式码头施工图设计深度

①施工图设计文件应包括图纸目录、设计说明、设计图纸和计算书(内部归档)。

②水工结构设计总说明，内容至少包括：

a)水工结构设计的主要依据；

工程地质条件；

地震基本烈度；

设计水位；

设计荷载(包括波浪)；

批准的设计方案；

业主的特殊要求。

b)建筑物各部位的标高、尺寸及单位。

c)建筑物的安全等级及使用年限。

d)建筑物地基类别、地基液化等级、抗震设防类别、抗震设防烈度。

e)简要说明地基情况，对不良地基的处理措施。

f)选用结构材料的品种、规格、性能和对重要材料(或设备)的特殊要求。

h)施工中应遵循的施工规范和技术要求。

③设计图纸：重力式码头(包括墩式)的施工图设计图纸，除平、立面图外，可按码头分部工程来检查图纸是否齐全。

a)码头平、立面图：应绘出码头前沿线位置及坐标、分段长度、护舷位置及间距、码头顶标高、码头前沿水域底标高、作业水域宽度、基床顶与底标高、码头宽度、起重机轨道长度与位置、平台尺度与位置、人行桥位置与尺度、系缆墩位置等。

b)码头基础:基槽开挖,基底换填,基床抛石,基床夯实,基床整平;

• 基槽和基床平面图:平面位置(坐标、码头前沿线)、原地形水深等深线、基槽底与基床顶标高。

• 基槽和基床断面图:断面尺度、基床标高与厚度(不同宽度或厚度的基床要分别绘图并编号)、垫层顶底标高与厚度。

c)码头墙身:包括墙身结构(预制沉箱,沉箱安放,接缝倒滤层);上部结构(胸墙、管沟、预制构件的预制与安装,伸缩缝与沉降缝);码头面层(面层混凝土,工作平台,护轮坎,系船柱,护舷,栏杆,系网环,扶梯);配筋图、预埋件和大样图(对上述各个部位的配筋图、预埋件图和必要的大样图)。

④设计应提交的资料:水工建筑物的施工图设计是在被批准的初步设计基础上进行的,其前提是:码头结构整体是稳定的,主要部件的结构强度应满足设计要求。因此,施工图阶段仅对结构物整体稳定进行校核。但是如果初步设计计算不完备,或结构物有变化,则应对整体稳定进行计算。由于结构强度计算是施工图阶段的主要任务,所以结构强度校核便成为设计监理的主要任务之一。被监理人应提供以下资料:

a)计算书(包括各类设计参数);

b)施工图设计图纸;

c)工程数量总表和分表;

d)施工要求等说明(最好图纸中有简要说明)。

(3)图纸审查内容

图纸审查内容应包括:简要自然条件,工程地质简况,设计标准,计算结果,主要分项工程的施工要求,关键技术部位和主要基础工程的施工方法等。具体内容如下:

①水工建筑物的整体稳定是否符合港口工程设计规范的规定(如果初步设计计算较完备且经过监理审核,施工图阶段可从简);

②构件强度(所有部位)计算时的荷载组合是否合理,计算结果是否满足要求;

③构件模板图尺寸是否准确,各部位配筋是否满足要求,是否符合规范规定;

④靠船墩基槽开挖,基床抛石、基床整平、墙身构件安装等是否符合规范规定;

⑤码头上部结构、管沟、护轮坎、盖板、护舷、系船柱和爬梯等设计是否合理;

⑥对施工的要求是否合理，有无过宽或过严的不合理要求。

(4)审图时应注意的问题

①主体结构与被批准的初步计中的方案是否一致。若不一致，理由是什么，有无论证，是否被业主或上级批准；若一致，有无优化；

②构件尺寸与初步设计相比，有无变化，是大了还是小了，为什么？

③主要部件的理论工程量与初步设计相比有无变化，为什么？

④图纸是否清晰，布图是否合理，布图率是大还是小(70%～80%为最佳)；

⑤所标建筑物或构件尺度有无差错，图中是否附有工程数量和必要的文字说明，用语是否规范；

⑥图纸是否按“港口工程制图标准”(JTJ 206—96)绘制(监理工程师亦要掌握该标准)。

(5)桩基结构施工图设计深度

栈桥与人行桥是桩基结构，其设计深度应参照桩基码头施工图设计。

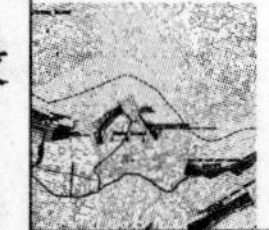

①施工图设计文件，虽不单独装订成册，但其内容与重力式码头相近，其设计依据与重力式码头相同。

②设计图纸：

a)栈桥和人行桥平面、立面和剖面图；

b)基桩模板图和配筋图(采用标准图时可省略)；

c)桩位图；

d)梁板安装图；

e)梁板现浇部位配筋图；

f)预埋件与大样图。

③图纸审查内容

桩基工程图纸的审查与重力式码头一样，要首先审查自然条件、工程地质条件(特别是桩的持力层)、设计标准、计算结果、施工要求等，特别是沉桩要求。具体内容如下：

a)栈桥的整体稳定是否符合港口设计规范要求，桩尖的下沉标高是否合理，是摩擦桩还是支承桩，还是两者兼顾，持力层选取是否合理；

b)纵横梁模板图尺寸是否与计算结果相符，配筋图是否符合规范规定；

c)有无沉桩要求，是否合理，有无过宽或过严的要求。

④审图时应注意的问题

a)栈桥的基桩方案与被批准的初步设计方案是否一致，若不一致，理由是什么，有无论证；若一致，有无优化；

b)栈桥的梁板尺寸与初步设计相比有无变化，理由是什么；

c)栈桥的桩、纵梁、横梁、面板的理论工程量与初步设计相比，有无变化，什么原因；

d)图纸是否清晰，是否符合制图标准的要求，布图是否合理，布图率以70％～80％为好；

e)所标栈桥的尺度有无差错，整体尺度与梁板构件尺度是否吻合。

4. 核查工程量

所谓投资监控最终归结到工程量，因为工程投资是否超过初步设计阶段的工程概算，投资是否超初步设计，其衡量标准都是设计工程量。对施工图设计来说，若工程量未超，则基本可以说投资得到控制。所以，监理工程师要监控好工程投资，就是监控工程量，认真审查、复核工程量的准确性。

5. 审查设计说明

施工图设计说明应反映两方面的问题，一是对图纸表达不十分清楚或者结构的关键部位需要用文字加以说明，以便阅图者看得更清楚。二是设计对施工有什么要求，即施工招标文件中的"技术规格书"。监理工程师在审查文字说明时，至少掌握 3 点：

(1)文字表达是否清楚，有没有尚未说清楚的地方；

(2)施工要求(技术规格书)是否恰当，有无过严或过宽的地方；

(3)文字尽量简单通顺、不重复，施工规范中有的，可以从略或从简。

▶ 五、其他专业设计质量监控

1. 专业工作量

本工程除码头和栈桥的水工结构以外，尚有总图、给排水和供电照明三个专业。具体设计项目如下：

(1)总图：

①整个工程区的总平面布置，由初步设计已确定总图方案，码头与栈桥上的管线不是本专业的设计范围，故总平面布置的主要工作有：各控制点坐标与标高、栈桥与码头的整体尺度、港池水域尺度等。

②港池挖泥平面图与断面图。

(2)给排水：主要是 LNG 码头和工作船码头的地面排水。

(3)供电照明：主要是 LNG 码头、栈桥和工作船码头上的照明设计。

2. 审查设计提纲

由于初步设计审查后，施工图设计的总平面方案已定，没有总图方案比较，

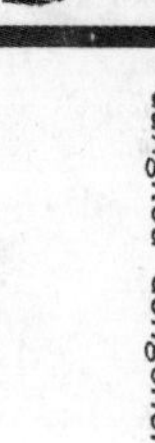

设计工作较为简单。此外，给排水和供电照明均为配套工程，栈桥与码头无需计算降雨量。排水专业和供电专业的设计提纲均很简单，故设计监理中，给予一定的注意即可。

3. 审查设计条件

如前所述，三个专业的设计工作量较少，条件单一，在设计监理时，监理工程师应注意对水工专业所提条件的审查。

4. 审查设计图纸

这三个专业的设计图纸虽较少，但图纸的绘制要求不能放松，审查标准和宽严程度应当与水工专业一致，故请监理工程师参阅水工结构的图纸审查。

▶ 六、设计进度监控

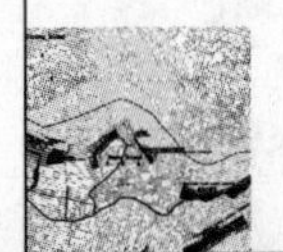

1. 监理与设计密切配合

设计人员在一座办公大楼办公，比较集中，管理机制比较健全，所以设计进度的监控比施工进度控制矛盾较少，相对比较容易。影响设计进度的主要因素是设计条件的变化(业主原因较多)和设计环节配合较差。所以监理工程师应侧重在这两方面与设计密切配合，主动解决问题，力求按计划进度进行。

2. 满足业主的合理要求

本施工图设计开始时，业主尚有许多条件未明确，设计方只好按设想的方案进行，今后变动的可能性较大，所以监理工程师也应理解这种情况，配合设计，在满足业主合理要求的情况下，尽量追赶进度。

▶ 七、工程投资监控

设计投资监控与质量监控是一致的，监理工程师只要监督设计工程量不超过初步设计的总数量，使基本达到施工图设计阶段投资控制的要求，若能进一步优化，就是高标准了。

▶ 八、监理报告

按照业主的要求，设计与监理每周都要向其提交一份报告(简单的可填表），监理工程师应与设计配合，按时向业主提交报告：

（1）无论是审查基础资料还是审查设计文件（图纸与文字），首先要将审查意见记录下来，然后与设计交谈或通过总监向设计发文，无论结果如何（设计接受或不接受），都应将结果记录在案。为使情况真实，建议每位监理工程师备一个本子，以便随时记录。

（2）监理工作告一段落或监理工作结束后，监理部要写“阶段报告”或“总结报告”提交业主。

范例四　液化天然气码头施工图设计监理报告

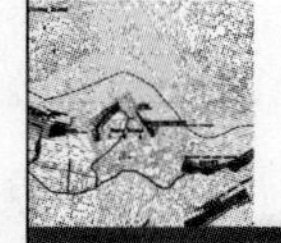

一、工程简况

1.工程名称

某地 LNG 站线项目港口工程。

2.工程地点(略)

3.工程规模

(1)液化天然气(LNG)码头一座(8×10^4～$16.5\times10^4m^3$),泊位长 390m,设计水深 14.38m;

(2)LNG 码头连接栈桥,长 345.5m;

(3)工作船码头一座,长 105m;

(4)火炬栈桥及塔架基础;

(5)排水口及海水取水口各一个;

(6)港池挖泥;

(7)快速解缆与靠泊系统;

(8)码头配套设施。

4.业主(略)

5.设计单位(略)

6.建设工期(略)

二、监理计划

本次设计监理是对液化天然气(LNG)码头以水工工程为主的施工图设计进行监理,根据设计进度的安排,监理工作分为两个阶段进行:

第一阶段:××年×月至××年×月。

主要是对 LNG 码头、栈桥、工作船码头和助航设施的施工图(总图、水工、供电、给排水和助航与辅助靠泊系统)进行监理。

第二阶段:××年×月至××年×月。

主要是对火炬栈桥、塔架基础、排水口和海水取水口的施工图设计进行监理。

▶ 三、监理工作依据

我所受业主的委托,对由设计院设计的“某地 LNG 站线项目港口工程”施工图设计进行设计监理。

本次设计监理的依据是:

(1)业主与监理所签署的监理服务合同书;

(2)本工程的初步设计文件;

(3)业主的监理招标书;

(4)有关本工程的基础资料;

(5)业主发出的关于初步设计会审的会议纪要。

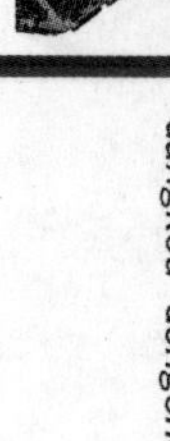

▶ 四、监理范围

根据业主的要求,本次监理范围是 LNG 码头及其配套工程的施工图设计,具体内容是:

1. LNG 码头

泊位长 390m,沉箱重力墩结构,包括:

(1)50m×27m 的工作平台一座;

(2)重力式靠船墩,直径 12.5m 的圆沉箱;

(3)重力式系缆墩,直径为 12.5m 的圆沉箱;

(4)船墩与系缆墩之间的钢结构人行桥;

(5)岸栈桥长 345.5m,宽 12.5m,桩基结构;

(6)助航、辅助靠泊系统。

2. 工作船码头

长 105m,宽 7.5m,另有 30m 的接岸栈桥。

3. 火炬塔架基础

塔架基础为高桩墩台结构,墩台平面尺度为 19.5m×19.5m。墩台通过栈桥与护岸相连。

4. 海水取水口

箱涵结构，预制箱重约 2000t。

5. 排水口

▶ 五、监理目标

通过现场踏勘、查阅、计算、交流和论证等方法，对施工图计算成果与设计成果进行监理，与设计项目组的同志一起为业主提供符合规范规定、满足业主要求、技术先进、经济合理、确保初步设计标准并方便施工的优质施工图设计。具体目标是：

1. 确保初步设计标准

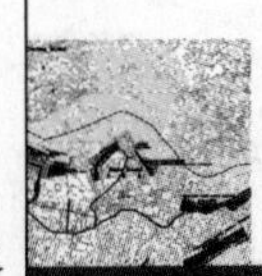

施工图设计应在初步设计的平面布置、主体结构方案的基础上进行，严格按被批准的初步设计进行施工图设计并控制工程造价。也就是说，施工图设计是初步设计的延续、深化和细化。不改变被业主批准或确认的设计方案与设计范围，对初步设计进行优化，而不是改变方案。具体要求是：

(1)工程的平面与结构方案严格按被批准的初步设计进行；

(2)工程量不得超过初步设计的控制范围；

(3)码头稳定与主要结构应详细计算；

(4)严格审图：施工图设计图纸要求完整、整洁、明确，便于施工，采用 1# 和 2# 两种图纸，图纸的布图率控制在 70%～80%，不能满布，也不能太空；

(5)审查码头稳定与结构计算：除审查全部计算书外对主要计算成果应进行复核计算。

2. 设计等级标准

由于液化天然气要求较高，按交通部《液化天然气码头设计规程》(试行)(JTJ 304—2003)的规定，其建筑物设计安全等级较其他货运码头设计安全等级要求提高一级，即：

LNG 码头(包括栈桥)：一级

火炬塔架基础(包括火炬栈桥)：一级

海水取水口：一级

工作船码头：二级

监理工作完成后，我们对设计成果作了逐项检查，结果表明监理目标基本达到。

▶ 六、监理内容

1. 监理内容

对勘察设计进度、质量、费用进行监督管理，具体有：

(1)协助业主签订工程勘察设计合同书；

(2)监督管理勘察设计合同的实施；

(3)审查施工图设计文件。

2. 业主对监理的要求

(1)严格遵守国家、交通部及当地建设主管部门颁发的工程建设项目管理规定，严格执行设计、施工规范和标准。对本工程设计文件中有关必须执行国家法律、法规、政策和强制性技术标准等问题进行评价并提出建议。

(2)对施工图设计文件中所采用的设计基础资料进行抽查。

(3)审查施工图设计是否符合被批准的初步设计的要求，评估工程建设规模、设计工程量、结构型式等是否与被批准的初步设计或专家会审意见相吻合。

(4)监理应与设计方积极配合，及时互通信息，对设计实行全过程、全方位的监督，协助优化设计方案，提高设计质量，节约工程投资。

(5)定期向业主通报监理工作情况，并提出解决问题的办法供业主决策时参考。

3. 监理时间

设计监理时间从××年×月开始，至施工图设计完成后结束。

4. 监理过程

(1)业主和设计方向监理提交以下基本资料：

①基础资料：地质、测量、气象、水文、风浪、泥沙；

②初步设计文件、批文、专家评审意见等；

(2)设计提交设计大纲：总设计进度、人员安排、拟用规范；

(3)设计提交设计提纲：分专业按 ISO 9001 的设计管理程序编写的设计提纲。包括设计原则、计算方法、计算公式与设计参数选取等；

(4)设计工作阶段：设计将各专业的计算资料(荷载条件、计算公式、计算结

果等)和设计草图提交给监理。这些资料应当是按 ISO 9001 的程序经过计算、设计、校对、审核等步骤并签字后才提交给监理的。

监理在接到上述资料后，通过审查、计算或校核，并由专业监理工程师在监理发文单上签字后由总监签发反馈给设计组；

(5)审查设计文件：

①设计方案与初步设计基本吻合后，设计方计算工程量，提出施工要求，最后完成设计图纸与设计说明；

②在完成图纸的设计、校对、审核并分别签字后，向监理提交一份设计图纸和施工要求文稿；

③监理在接到这些资料后，以认真、细致、负责的态度，通过必要的计算和论证，向设计反馈监理意见，以便设计最后出图。

▶ 七、监理方法

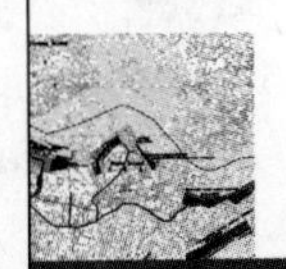

1. 水工结构设计质量监控

1)审查设计提纲

设计提纲是整个设计工作指导性文件，十分重要。许多具体数据和设计方案均应在设计提纲中反映。监理工程师在审查设计提纲时，注意掌握了以下重点：

(1)设计依据是否齐全

施工图设计阶段的设计依据主要有：

①业主的委托书或设计合同；

②业主的上级主管单位对本工程初步设计的审批意见；

③业主关于本工程初步设计来文或经业主书面认可的专家评审意见；

④与本工程有关的行业规范和其他技术标准；

⑤自然条件：水文、气象、潮汐、波浪等；

⑥工程地质报告、工程测量图；

⑦初步设计文件(图纸与报告书)；

⑧有关专业所提出的设计条件；

⑨设计院本工程主管总工“事前指导”意见；

⑩主要设计参数(水位、波浪、地质指标、各类荷载和安全系数)。

(2)荷载取值是否合理

码头稳定与结构计算中涉及许多荷载，有船舶荷载、水压力、波浪力、设备荷载、机械荷载、地震力等。这些荷载均有个取值问题，取值正确与否，对计算结果影响较大，这是基础，一定要把好关。此外，本工程的主要建筑物的结构安全等级均为一级，其结构重要性系数是否也应按一级来选取。

(3)荷载效应组合是否合理，分项系数的选择是否正确

荷载确定以后，荷载作用效应组合是否合理，分项系数选用的准确性是关键。

设计提纲中，还应包括设计进度安排和设计的其他要求。监理工程师同样要监督和督促设计组按期完成设计任务。

2)审查计算书

(1)审查设计条件

所谓设计条件除自然条件外（水位、波浪、地质等），主要是指使用条件与荷载条件。作为监理工程师，首先是对自然条件进行检查，看是否有差错与不合理的地方。自然条件无误后，其次要分析使用条件是否与实际情况吻合，有无过高的要求和考虑不当的地方，审查荷载数值的选取与荷载组合的合理性。这一点往往被设计人员所轻视，随便加码，任意组合，似乎越大越好。为防止此现象发生，我们认真而又慎重地审查设计条件，这是计算的基础，设计不合理，计算再准确也没有意义。

(2)审查码头与塔架基础的稳定与沉降计算

码头的稳定与沉降计算是重力式码头中最重要的计算内容，码头的成败主要取决于稳定与沉降计算的准确性。塔架基础也是一个重力式承重结构物，也应予以重视。

本工程区的地层承载力较好，沉降量不会太大，但是其地层分布较复杂，软硬不均更容易发生不均匀沉降，设计监理时我们特别注意了这种情况。

(3)审查码头、栈桥、塔架基础等建筑物的重要部位的结构计算

这些部位是指沉箱的壁厚、工作平台、栈桥的梁板、塔架基桩等。

(4)复核计算

除审查设计提交的全部计算成果以外，监理工程师还应对重要部位，例如靠船墩（稳定）、栈桥梁板结构、塔架基础桩基等进行复核计算。

3)审查设计图纸

对设计图纸的审查是施工图设计监理的主要工作，图纸多（200 多张），工作量大，监理工程师们很认真地工作，一丝不苟地对图纸进行审查。

(1)审图一般要求

水工建筑物的施工图设计图纸是工程施工和设备采购的依据，并以此进行施工招标、现场施工、工程量计算和设备采购。所以，水工施工图应符合“四性”要求，符合性（符合初步设计批复精神），稳定性（结构自身安全、稳定），适应性（结构和构件强度满足规范要求），便利性（便于施工）。

在审查过程中，注意两个具体问题：

一是工程规模、工程范围与初步设计相比有无变化，有无初设批复文件，工程规模、工程范围与初步设计批复内容是否一致；

二是工程量有无变化，施工预算是否在批准概算±10%的范围内。

(2)重力式码头施工图设计深度

①施工图设计文件

应包括图纸目录、设计说明、设计图纸和计算书(内部归档)。

②水工结构设计总说明

内容至少包括：

a)水工结构设计的主要依据：

工程地质报告；

地震基本烈度；

设计水位；

设计荷载(包括波浪)；

批准的设计方案；

业主的特殊要求；

b)建筑物各部位的高程、尺寸及单位；

c)建筑物的结构安全等级及使用年限；

d)建筑物地基类别、地基液化等级、抗震设防类别、抗震设防烈度；

e)简要说明地基情况，对不良地基的处理措施；

f)选用结构材料的品种、规格、性能和对重要材料(或设备)的特殊要求；

g)施工流程、主要施工方法、施工规范和技术要求；

h)工程数量表。

③设计图纸

重力式码头(包括墩式)的施工图设计图纸，除平、立面图外，可按码头分部工程来检查图纸是否齐全。

a)码头平立面图

应绘出码头前沿线位置及坐标、分段长度、护舷位置及间距、码头顶标高、码头前沿水域底高程、作业水域宽度、基床顶与底高程、码头宽度，起重机轨道长度与位置、平台尺度与位置、人行桥位置与尺度、系缆墩位置等。

b)码头基础：基槽开挖，基底换填，基床抛石，基床夯实，基床整平。

• 基槽和基床平面图：平面位置(坐标、码头前沿线)、原地形水深等深线、基槽底与基床顶高程；

• 基槽和基床断面图：断面尺度、基床高程与厚度(不同宽度或厚度的基床要分别绘图并编号)、垫层顶底高程与厚度，炸礁与挖泥应分开绘制；

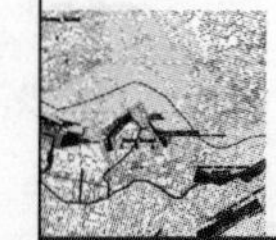

c)码头墙身:包括墙身结构(预制沉箱,沉箱安放,接缝倒滤层);上部结构(胸墙、管沟、预制构件的预制与安装,伸缩缝与沉降缝等);码头面层(面层混凝土,工作平台,护轮坎,护舷,系船柱,栏杆,系网环,扶梯等);配筋图、预埋件和大样图(对上述各个部位的配筋图、预埋件图和必要的大样图)。

④设计应提交的资料

水工建筑物的施工图设计是在被批准的初步设计基础上进行的,其前提是:码头结构整体是稳定的,主要部件的结构强度应满足使用要求。因此,施工图阶段仅对结构物整体稳定进行校核。但是,本工程的初步设计阶段,计算不够全面,码头长度又有变化,所以,我们对码头的整体稳定进行了复核。由于结构强度计算是施工图阶段的主要任务,所以结构强度校核便成为设计监理的主要任务之一。为此,我们要求设计提供以下资料:

a)计算书(包括设计条件和设计参数);

b)施工图设计图纸;

c)工程数量总表和分表;

d)施工要求等说明(最好图纸中有简要说明)。

(3)重力式码头图纸审查内容

图纸审查内容应包括:简要自然条件,工程地质简况,设计标准,计算结果,主要分项工程的施工要求,关键的技术部位和主要基础工程的施工方法等。具体内容如下:

①水工建筑物的整体稳定是否符合港口工程设计规范的规定(如果初步设计计算较完备且经过监理审核,施工图阶段可以从简);

②构件强度(所有部位)计算时的荷载组合是否合理,计算结果是否满足要求;

③构件模板图尺寸是否准确,各部位配筋是否满足要求,是否符合规范规定;

④靠船墩基槽开挖,基床抛石、基床整平、墙身构件安装等是否符合规范规定;

⑤码头上部结构、管沟、护轮坎、盖板、护舷、系船柱和爬梯等设计是否合理;

⑥对施工的要求是否合理,有无过宽或过严的不合理要求。

(4) 审图时监理工程师应特别注意以下问题:

①主体结构与被批准的初步计中的方案是否一致,若不一致,理由是什么,有无论证,是否被业主或上级批准;若一致,有无优化;

②构件尺寸与初步设计相比,有无变化,是大了还是小了,为什么?

③主要部件的理论工程量与初步设计相比有无变化,为什么?

④图纸是否清晰，布图是否合理，布图率是大还是小（70％～80％为最佳）；

⑤所标建筑物或构件尺度有无差错，图中是否附有工程数量和必要的文字说明，用语是否规范；

⑥图纸是否按“港口工程制图标准”（JTJ 206—96）绘制（监理工程师亦要掌握该标准）。

（5）桩基结构施工图设计深度

栈桥与人行桥是桩基结构，其设计深度应参照桩基码头施工图设计。

①施工图设计文件不单独装订成册，其内容与重力式码头相近。另外，其设计依据与重力式码头相同。

②设计图纸：

a）栈桥和人行桥平面、立面和剖面图；

b）基桩模板图和配筋图（采用标准图时可省略）；

c）桩位图；

d）梁板安装图；

e）预埋件与大样图。

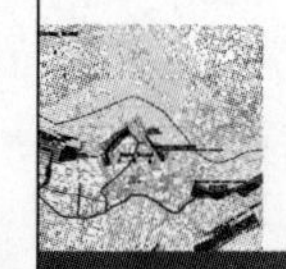

③桩基结构图纸审查内容

桩基工程图纸的审查与重力式码头一样，我们首先审查自然条件、工程地质条件（特别是桩的持力层）、设计标准、计算结果、施工要求等，特别是沉桩要求。具体内容如下：

a）栈桥的整体稳定是否符合港口设计规范要求，是摩擦桩、支承桩，还是混合桩，持力层选取是否合理，桩尖是否进入同一持力层；

b）纵横梁模板图尺寸是否与计算结果相符，配筋图是否符合规范规定；

c）有无沉桩要求，是否合理，有无过宽或过严的沉桩要求。

④审图时我们特别注意了以下问题：

a）栈桥的基桩方案与初步设计被批准的方案是否一致，若不一致，理由是什么，有无论证；若一致，有无优化；

b）栈桥的梁板尺寸与初步设计相比有无变化，理由是什么；

c）栈桥的桩、纵梁、横梁、面板的理论工程量与初步设计相比，有无变化，什么原因；

d）图纸是否清晰，是否符合制图标准的要求，布图是否合理（布图率以70％～80％为好）；

e）栈桥尺度有无差错，整体尺度与梁板构件尺度是否吻合。

4）核查工程量

所谓投资监控最终归结到工程量，因为工程投资是否超过初步设计阶段的工程概算，投资是否超过初步设计，其衡量标准是设计工程量。对施工图设计来说，若工程量未超，则基本可以说投资得到控制。监理工程师要监控好工程投资，就是监控工程量，所以，认真地审查、复核了工程量的准确性。

5)审查设计说明

施工图设计说明应反映两方面的问题，一是对图纸表达不十分清楚或者结构的关键部位需要用文字加以说明，以便使阅图者看得更清楚。二是设计对施工有什么要求，即施工招标文件中的“技术规格书”。监理工程师在审查文字说明时，侧重检查：

(1)文字表达是否清楚，有没有尚未说清楚的地方；

(2)施工要求(技术规格书)是否恰当，有无过严或过宽的地方；

(3)文字尽量简单通顺、不重复，施工规范中有的，可以从略或从简。

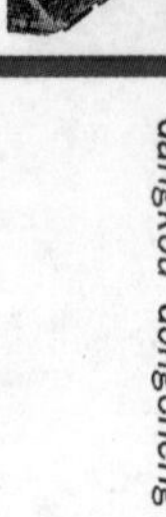

2. 其他专业设计质量监控

1)本工程除码头和栈桥的水工结构以外，尚有总图、给水和供电照明三个专业。

(1)总图：

①工程区的总平面布置，由初步设计已确定总图方案，码头与栈桥上的管线不是本专业的设计范围，故总平面布置的主要工作有：各控制点坐标与高程、栈桥与码头的整体尺度、港池水域尺度等；

②港池挖泥平面图与断面图。

(2)给水：主要是 LNG 码头和工作船码头的供水。

(3)供电照明：主要是 LNG 码头和工作船码头上的照明设计。

2)审查设计提纲：由于初步设计审查批准后，施工图设计的总平面方案已定，没有总图方案比较，设计工作较为简单。此外，给水和供电照明均为配套工程，栈桥式码头上无需计算降雨量。给水专业和供电专业的设计提纲均很简单，故设计监理中，给予一定的注意即可。

3)审查设计条件：三个专业的设计内容较少，条件单一。设计监理时，监理工程师注意三个专业对水工专业所提条件的审查。

4)审查设计图纸：这三个专业的设计图纸虽然不多，但图纸的绘制要求我们没有放松，审查标准和宽严程度与水工专业一致。

3. 设计投资监控

设计投资监控与质量监控是一致的，我们重点是要监督设计工程量有无超过初步设计的总数量，使基本达到施工图设计阶段投资控制的要求。

4. 设计进度监控

(1)监理与设计密切配合

设计人员比较集中，管理机制比较健全，所以设计进度的监控比施工进度控制矛盾较少，相对比较容易。影响设计进度的主要因素是设计条件的变化（业主原因较多）和设计环节配合问题。所以，我们的监理工程师侧重在这两方面与设计密切配合，主动解决问题。

(2)定期的月报和周报制度

根据业主的要求，自设计开始每周由设计方向业主提交一份周报，每月提交一份月报，监理审核并签署意见后送交业主。周报与月报的内容主要是设计进度控制情况和设计质量监理情况。

(3)联席会议

由于业主派出代表常住设计院，南华监理所与设计项目组相距较近，为及时了解设计情况和解决设计中的问题，我们多次召开三方联席会议，由总监理工程师主持，业主代表和设计项目组的负责人参加，每次会议均能有效地解决设计中存在的问题。

(4)及时交流及时反馈意见

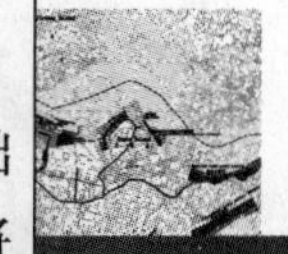

在监理过程中，设计组是分批、分项向监理提交设计大纲、设计提纲、基础资料、计算书、设计图纸、工程量表和设计说明的。在第一阶段中我们分4次将监理意见书面提交给设计，目的是听取他们的反馈意见。这次向业主提交的"监理意见"部分，就是在听取了设计方对"监理意见"的反馈意见后，系统整理后而编成的。

▶ 八、监理意见

1. 审阅的设计资料

自××年×月至××年×月，我部先后收到设计项目部提交的设计资料有：

(1)港口工程施工图设计工作大纲；

(2)港口工程施工图设计输入条件；

(3)港口初步设计设计审查会议纪要；

(4)总图与水工专业设计大纲；

(5)总图专业设计提纲；

(6)水工专业设计提纲；

(7)总图专业作业指导书；

(8)水工专业作业指导书；

(9)LNG 码头计算书 3 份(码头、栈桥、人行桥)；

(10)工作船码头计算书1份；

(11)工作船码头设计图纸41张(其中水工37张，给水1张，供电照片4张)；

(12)总图设计图3张；

(13)助航标志设计图3张；

(14)LNG码头(码头、栈桥、人行桥)145张；

(15)设计说明书2份；

(16)工程量清单2份(LNG码头，工作船码头)。

2. LNG主体码头及栈桥施工图设计监理意见

(1)水工专业计算书

①"LNG码头稳定计算"，是有波浪作用时的验算结果，该部分已验算的结果及内容说明详尽，已按初步设计审查意见修改了港池水深(由初步设计的13.60m加深到13.80m)、沉箱壁厚增加是因外壁钢筋保护层厚度所需，由初步设计时的400mm加厚至420mm。提供的验算结果符合规范要求，从中可知，该项工程起控制作用的情况是基床应力。

设计原提供的计算书有表达不够清楚的地方，某些文字叙述尚不规范，经监理书面询问后，作了补充与修改，达到了准确、安全的要求。

②沉箱内谷仓压力计算书，取箱顶压力为零，但是，在施工过程中，箱顶为现浇混凝土，上有压板，仍有施工荷载，故取箱顶压力为零是不太严格的，至少在施工期不会是零，设计上应充分考虑沉箱在施工和使用两种情况下来计算谷仓压力。

(2)码头总图图纸

①评价：图幅布置较好，表达比较清楚，内容较齐全，符合施工图设计深度。

②初步设计会审后的变化：初步设计会审纪要中对码头及栈桥有两个要求，一是码头规模由16万立方米液化气船增大至21.5万立方米。二是栈桥顶高程适当抬高。在总图中，对这两项变化应有所交代。比如泊位长度如保持初步设计方案不变，也应在图加以说明。

③图中的一些问题，例如图纸编号、统一的图纸名称、中英文对照、项目名称、水域高程、厂区坐标、灯塔位置和某些规范用词等，监理在审图过程中已书面向设计提出过，设计人员对我们提出的问题，大多数已经改进，并反映在图纸中，故此不重复。

(3)码头水工结构设计图纸

①评价

图面布置合理、绘制清晰、基本符合制图标准要求，阅图一目了然，设计内容与初步设计的推荐方案和初步设计会审纪要中的要求相符。设计深度能满足施工要求，是较好的设计图纸。

②符合性问题

经与初步设计对比，施工图设计的符合性如下：

工作平台中的平台高程、平台长度、沉箱外径、沉箱底厚、沉箱下部厚度、沉箱前趾和沉箱个数均与初步设计相同。

平台宽度由25m加大至27m，沉箱上部壁厚增加2cm，沉箱重量由1613t核减至1578t。

靠船墩尺寸和数量基本未变，只是沉箱单重由1375t增加至1525t。

系缆墩的个数、尺度基本未变，因沉箱下部壁厚增加了2cm，单重则由1375t增至1500t。

③图纸中的问题

挖泥与炸礁应分开、图纸中的错漏、说明中文字表达的规范性、图幅大小与图形比例、文字说明的位置、预埋件位置等问题均向设计提出了书面审查意见，设计作了改进并对有关问题作了说明，故此处从略。

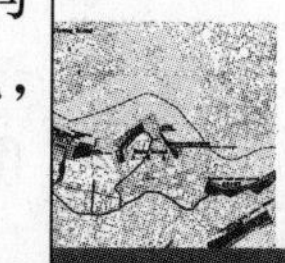

3. 人行桥与助航标志施工图监理意见

(1)人行桥计算书

①评价：人行桥共有6种跨度(20.8m，25.6m，29.6m，33.6m，38.6m和70m)设计只计算了GQ2(33.6m)。而GQ4(20.8m)和GQ5(25.6m)小于GQ2，但荷载与截面等条件相同，验算是偏于安全的，因而是可行的。GQ3(70m)和GQ6(38.6m)分别利用了已建工程的设计成果，实践证明结构是安全的。

②计算书过于简单，无计算简图与荷载简图。地震加速度表述不统一，套用已建成果图是允许的，但是，两者的地震力不一致，设计应仔细考虑。

(2)人行桥图纸

①评价：钢结构人行桥图纸绘制比较规范，多为定型图，有利于施工，且能满足施工要求。

②图纸中的错漏、规范过时、英汉对照和图幅过大等问题，监理已向设计书面提出，图纸作了修改，此不重复。

(3)助航标志设计图

①评价：该专业共出了三张A1图，表示码头上的各种靠泊设施、两座灯桩和一个浮标。其特点是：

a)主次不分，设计标志不明显，阅图时像是在一个大森林里找一棵小树，十分费力。许多与本专业无关的东西大量挤入；

b)篇幅过大，对于这些设计内容来说，用一张A1图表示就足够了。图纸多了，还表示不清，应当整改。

②设计图纸中的错漏、灯塔设计不规范、图名不一致等问题均已向设计指出。

(4)栈桥水工结构图纸

①符合性：

a)初设推荐方案栈桥长为345.5m，宽12.5m，施工图设计改为长343.3m，总宽仍为12.5m，但明确了车道宽4.75m，管架宽7.75m；

b)栈桥纵向排架间距仍以30m为主，但增加了28.5m和22.4m两个型号。

c)桩基仍采用ϕ1000mm的钢管桩和ϕ1500mm的灌注桩，与初步设计相符；

d)栈桥顶高程按初步设计会审纪要的要求，由11.5m改为12.0m。

②评价：图纸绘制清晰，表达较完整，多数图纸布图较好，但是少量图纸布图不规范，图幅太大，说明与表述不够统一，文字表述欠规范。经监理提出后已作了改进。

4. 工作船码头施工图监理意见

(1)码头水工计算书

①设计最初提供的计算书尚未达到验算说明书的要求，例如码头稳定验算未提供全部结果；码头稳定与承载能力验算表示不够清楚；码头稳定验算的结果以极端高水位(8.61m)波峰作用控制不明确等问题，监理已向设计书面提出，设计已作了补充。

②码头预制件垫板和沉箱只有内力计算结果及配筋，垫板、沉箱抗裂验算及裂缝宽度验算应有明确的交代。

③栈桥箱梁结构计算说明过于简单，没提供设计计算图式及必要的计算条件，应按预应力结构计算。

(2)码头水工设计图

①施工图设计的符合性

工作船码头施工图设计是在初步设计推荐方案的基础上并吸收初步设计会审时专家所提的意见进行的。权衡全部设计，基本符合这一前提。码头方案、码头主尺度、构件尺寸等基本能按初步设计推荐的方案进行施工图设计。例如，码头总长105m，宽7.5m，栈桥宽5m，沉箱平面尺寸8m×6.95m，胸墙为现浇C45混凝土，橡胶护舷为D300等均与初步设计推荐方案相符。但是，基床厚度由初设时的3.5m增至3.7m，系船柱由150KM改为250KM。设计图中未说明改变的理由。

综合全部设计，我们认为符合性较好，图纸表达比较清楚，设计深度基本满足施工要求，但施工的便利性和可操作性尚需改进。

②图纸中的错漏问题

图纸中出现不少错漏，例如：缺图、缺断面、接岸未处理、无坐标、基槽挖泥与炸礁未分开、尺寸错漏、说明文字不规范且位置不妥、图号不一等问题。监理已向设计提出了意见，在以后的出图中，大部分作了改正，故此处不再复述。

③最好能改进的问题

a)布图问题：大部分图纸布图欠合理，主要是比例选用欠妥，图表与“说明”反差较大(图表字体大，“说明”字体小)，布图率未达到80%。

b)文字表达问题：图中的文字说明，图示的补充，是十分重要的。按惯例并考虑阅图方便，文字说明放置在标题栏的左侧或紧贴标题栏的上方。但是，在本工程大部分图中，文字说明的位置多数放在图纸的右上角，且字体偏小，阅图很不方便。

c)图幅问题：图幅尺寸虽然与制图质量无直接关系，但交通部颁布的制图标准中对图幅有统一规定，设计院应严格执行这一规定。但本工程的图幅与部颁“标准”有不少差异。如部颁制图标准中，A1图各边边长如下(括号内为本工程图幅数字)：

长边 L841mm(830mm)，短边 B594mm(589mm)；

装订边 A25mm(22mm)，另三边 C10mm(14mm)。

图框粗线条在内，细线条在外(粗线条在外，细线条在内)。

d)中文使用问题：设计图纸中的说明应遵守中文书写的规定。如在本工程设计说明中，几乎都以“mm”和“m”来替代“毫米”和“米”。用英文来替代中文，不够规范，也是违反中文书写规定的。

e)吊孔问题：图号115至119预制板吊孔设计中，采用了吊盒方案，这不便于施工，可否改为吊环或注明由施工单位自行设置，这样可简化施工。

f)在图号100中，基槽底高程－8.0m一段仅14m，它与邻段高差只有20cm，为便于施工，可将此段的底高程改为－8.2m(与临段齐平)。

g)图120中，⑤⑥⑦⑧设有必要采用箍筋，因为钢筋太长不便施工。

(3)给水

①图纸表达较清楚，设计深度基本能满足施工要求；

②图幅、说明、文字表达等存在的问题与“水工专业”基本相同，能否改进；

③说明中所述的标准图，应具体列出其标准图号；

④栈桥上的给水管与陆地的接管点无坐标，应补上；

⑤无专门的消防图纸，若与给水合并，图中应当说明。

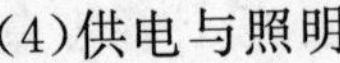

(4)供电与照明

①图 002：

a)电缆穿管敷设，转角处要有过渡箱，图上未考虑；

b)ADX3 电缆应在栈桥直线端就要转弯，否则转到西边再折回来弯曲半径不够，因此在栈桥窄段处就要预埋钢管。

c)LD4 基础要预留 3 根管，一进两出；

d)是否可考虑电缆采用桥架带封盖敷设而不用穿管，简单很多；

e)岸电箱电管预埋深度要交代；

f)路灯电缆 $4mm^2$ 偏小，实际使用最低 $6mm^2$。

②图 003：

a)说明中“电缆金属外皮做接地线”这句话有违规范，应改为“电缆金属外皮须接地”；

b)A-A 示意图中地线不能用实线表示，应用地线符号点画斜线表示。

③图 004：

a)岸电箱布置图 63A 插座多数用于电焊机等较大设备，实际现场常用的还有电动工具，故应考虑配置 15A 单相和三相插座；

b)该图指示灯是合闸前电源指示灯，一盏即可。若设 4 盏，如果有一盏烧坏，会使人认为相应开关电源无电，容易放松警惕，造成带电接线；

c)箱的电缆进出线孔怎样考虑，一般应在底板预留孔。应注意的是在没有船接岸电时，孔洞应用拉板封住，以防鼠蛇钻入；

d)$35mm^2$ 电缆芯线插入 100A 开关的孔内后加上两两之间的跨接线怎样插入，是否做子母排，必须与厂家商定，不然会给施工带来困难；

e)三相铜接线柱应从左到右按 A、B、C 相序排列，并应有标志。

④图 005：

a)栈桥与平台接口处要埋管，不能敷桥架以免遭人车碾压。而且 RH1-RH5 方向的桥架转角太多，应考虑走平台埋管或架空直线通过；

b)应注明线槽全线要保证良好的电气连接并做好与接地极的连接。

5. 工程量监理意见

(1)主码头工程量复核

①10～100kg 抛石基床(含夯实、整平)$145668m^3$，该工程量包含了抛石基床和回填块石，应分开计算。

②工作平台现浇层(C45 高性能混凝土序号 1.27)设计计算为 $414.5m^3$，复核量为 $476m^3$。

③工作平台预应力箱梁(1.29 项)设计为 $412m^3$，复核量为 $496m^3$。

④栈桥钢管桩购置(2.1项)设计为606.14t,复核量为615.35t。

(2)工作船码头工程量

①码头现浇胸墙混凝土设计为3083.82m^3,复核量为2187m^3。

②另外,挖泥、抛石等工程也有一些小的差别,详见工程量复核表,设计应作进一步核实。

(3)工程量清单中未包括主码头人行钢桥工程量,应补充列入。

(4)应补充列入主码头泊位、港池挖泥工程量。

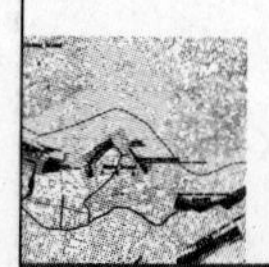

范例五　卸煤码头及航道工程初步设计监理报告

一、监理过程

(1)按照某设计研究院(以下简称“设计院”)工作计划安排，我所设计监理部总监及水工专业负责人在参加×月×日电厂工程筹建部召开的码头施工图预审会议后，计划前往设计院研讨卸煤码头主要专业的设计方案。因条件尚未成熟，此举未成行，改为以通电话方式，对设计方案进行讨论。

(2)为完善卸煤工艺方案，××年×月×日设计院与业主代表带来卸煤码头工程初步设计文件。我们立即投入了卸煤码头的设计审查工作。

(3)×月×日，我所总监和其他4位主要专业负责人，前往设计院就卸煤码头初步设计文件初稿进行了商讨。设计院总工等多人参加了讨论会。

会议讨论内容包括：总图、工艺、水工、航道、消防、环保等专业的有关问题，尤其是对总图、工艺方面的问题进行更深入的探讨。

这次会议使设计及监理双方对初设方案达到了加强沟通、统一认识、解决问题的目的，为×月×日的初步设计审查准备了条件。

二、监理意见

从×月×日起，我们先后收到设计院提交的本工程初步设计的设计文件，经过详细审查，现将审查意简述如下：

1. 综合评价

卸煤码头初步设计文件的设计深度符合交通部《沿海港口初步设计文件编制规定》和业主对工程的各项要求，主要专业的设计推荐方案适合工程区域的实际情况，满足业主使用条件。其他专业配合主体专业对工程可行性研究作了优化。图纸绘制清晰美观、全面细致，表达方式较好。

不足之处是，有的设计方案论证尚欠充分，使用规范尚欠严格。

2. 总图

(1)码头前沿线位置的确定

设计院提交的初步设计将5万吨码头(发展型)前沿线置于18m(5万吨级设计水深16m)的自然水深中，其目的是减少挖泥量。这是在“工可”研究之后，将码头前沿线退后40m的条件下进行设计的。但我们认为将5万吨级码头前沿线置于18m的自然水中是不合理的。5万吨级码头设计水深16.4m，3.5万吨级码头设计水深14.4m。为此，我们建议将码头前沿线再退后80m，置于14.5m水深处，3.5万吨级码头前沿港池，基本上是自然水深，将来靠5万吨级码头时，再适当挖泥。这一方案的优点是：

①本工程区是一个泥沙回淤很少的港区，深水码头适当挖泥是合理的；

②码头前沿线后退，对周边兄弟港的影响减少，锚地设置也有了余地；

③节省工程投资，我们做了粗略的估算，码头后退80m，主要是栈桥长度缩短，可节省工程造价600万元，其中，引桥265万元，设备150万元，钢结构栈桥81万元，皮带机支架104万元；

④节约营运费用，栈桥皮带机缩短80m，每年可节约营运用电48万千瓦时。

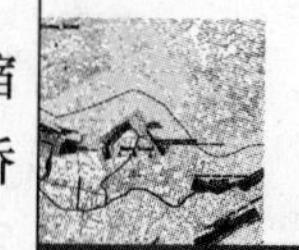

(2)栈桥宽度问题

由于工程将分一、二期建设，设计院提交的栈桥方案，一、二期分开，一期栈桥宽度14.1m，二期工程上马后，另在一旁建设一道新栈桥。我们认为这不大合理。一期栈桥的设置现在就应考虑二期的发展。所以，我们建议将栈桥的宽度适当加宽，预留二期发展的需要。若二期另建新桥，既另增投资，又使码头营运和栈桥施工发生干扰。

3. 水工结构

(1)根据总平面布置，结合工程地质、波浪、潮流等自然条件以及使用特点，卸煤码头采用高桩梁板式结构；栈桥采用大跨度梁板结构是合理的。

(2)码头结构采用ϕ1200mm预应力混凝土大管桩，以卵石为桩端持力层，桩尖进入持力层大于1倍桩径；栈桥基础从码头平台后侧到后方接岸，则根据地质及施工条件的变化，分段采用ϕ1200mm预应力混凝土大管桩、600mm×600mm预制方桩以及ϕ1200mm的钻孔灌注桩，桩端进入相应持力层大于1倍桩径。并通过桩力计算确定桩长，这些考虑都是合理的。

码头上部结构设计：根据总平面布置、装卸工艺、环境保护等情况，同时考虑了纵横梁“等高”连接的梁板式结构和纵横梁“不等高”连接的梁板式结构两种方案，并分别对梁、板、桩等主要构件进行了荷载作用及作用效应组合计算，表明两种结构方案都是可行的。

栈桥上部结构设计同时考虑了20m跨的“空心板”和30m跨的“T形”梁两种结构方案，并对栈桥桩基、桥面板等主要构件进行了荷载作用及作用效应组合计算，表明两种结构方案都是可行的。

审查认为：水工结构部分的上述考虑及计算，总体上符合港口工程有关规范或规程的规定，设计深度满足初步设计的要求。

结构方案比选中，既考虑了总平面及装卸工艺的要求，也考虑了结构布局的合理性以及工程建设的经济性，推荐方案的理由比较充分，所以，总体上，同意设计单位的推荐方案，即码头平台推荐结构方案A，该方案也是与总平面推荐方案一和装卸工艺推荐方案A相配套的，栈桥结构推荐方案A。

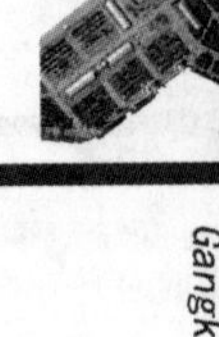

(3)按现行港工规范，本工程水工建筑物宜按二级设计，否则，设计单位应进行论证。

(4)码头设计分段长度规范为60～70m，本工程却采用76.8m，超出规范规定，应作必要的论证。

(5)码头平台方案A的桩基布置，普通纵梁下应按单直桩考虑，根据桩力计算，可通过适当调整斜桩的倾斜度或桩距等来调整桩力分配。

(6)在栈桥方案A中，预应力混凝土“空心板”宽1.0m左右，板厚0.93m，跨长20m，宽长比约为1/20。按现有构造，因“空心板”之间不传递弯矩，传递剪力的能力也比较薄弱，所以，建议在构造设计时按箱形梁简支结构考虑为妥。

(7)护舷设计：按50000吨级船舶考虑，撞击能量368.2kN·m。

TD-A1000H：一鼓，吸能198kN·m，反力440kN，

二鼓，吸能396kN·m，反力880kN；

TD-AA1100H：一鼓一板标准型，吸能498kN·m，反力890kN；

TD-AA1050H：一鼓一板，吸能416kN·m，反力800kN。

所以，采用TD-AA1100H二鼓一板标准型偏大，排架承受的反力则增大。建议取TD-A1000H二鼓一板会相对更为有利。

(8)部分图纸上的错漏

①水工平面图未标坐标；

②图“水工-13，-14”：标注16×20000＝3200000，应为16×20000＝320000；图“水工-15，-16”：标注11×30000＝3200000，应为11×30000＝330000；

③图“水工-17”：输煤栈桥爬坡段只有立面图，结构欠详；

④图“水工-24，-25”：栈桥根部桥面宽度标注1360，应为13600。

4. 装卸工艺

(1)设计中,卸船工艺同时考虑了链斗式卸船机和抓斗式卸船机,并从生产效率、环保、单位能耗、对煤种的适应性、管理及维修、国产化程度以及价格等方面进行了综合比较,推荐采用链斗式卸船机。

我们认为:链斗式卸船机具有效率高、清舱量少、能耗低、污染少等优点,是散货卸船机发展的方向。虽然链斗卸船机也有结构较复杂,对物料特性要求较高,维修经验少等缺陷。经过全面的比较分析,我们仍同意设计推荐的链斗式卸船机方案。

(2)泊位通过能力计算的结果有误。一个泊位方案一:414.3 万吨,方案二:401.5 万吨。两个泊位方案一:828 万吨,方案二:800 万吨。

(3)清舱机的配备按每台卸船机配 2 台偏少,许多港口按船舶的舱数配置,每舱配 2 台;最好第一舱配 2 台,其他每舱配 1 台。

(4)链斗卸船机也配 8 个抓斗,其实可以不配。

(5)主要设备材料数量表:方案一、二相同,可能有误。

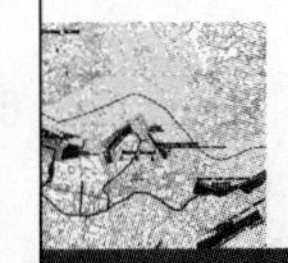

5. 给排水、消防、环保

评价:给排水、消防和环保是配合总图及工艺进行设计的配套工程,这二个工程的初步设计的深度及编写内容总体上符合交通部初步设计文件编制要求,文字较通顺,图纸清晰,平面布置合理,但个别篇章深度不够,编写依据不足,栈桥未考虑防污显然是漏项。

(1)设计说明

①供水压力:消防+生产+环保的供水压力≥0.4MPa。偏小,请按卸煤机上喷头参数核算。

②"水初-01"

a)缺图例;

b)无说明。注"图中尺寸以米计……。"有误,实际上图中尺寸除高程外均以毫米计;

c)"一览表"——名称有误。既然是一览表,但设施又不全;

d)接岸端部标注有误。2 条管均标注为生活用水管,水压均为 0.5MPa。与设计说明不符;

e)"盖板明沟 $b=60$"有误;

f)污水泵房右方,应该没有"煤灰污水管",但图中标注有;

g)排水管应指明排水方向;

h)码头工艺系统应绘工艺流程图。

③“水初-02”

潜污泵扬程 10m，可能偏低，应留有余地。

④“水初-03”

a)煤污水沉淀池标注的尺寸有重叠现象；

b)池底标高与标注的坡度 1%不符。

(2)消防

①说明过程简单，应按交通部初步设计文件编制办法之要求编制；

②“GNJ16-87”应为“建筑设计防火规范”。

(3)环保

①由于本初步设计文件在未有正式环评报告的情况下，按常规情况编写的，所以在本篇章的概述中应加以提及；

②设计采用的环保标准，应按正式环评报告规定选用。本文件选择地表水按“三级标准”偏低。

6. 供电、照明

(1)“电-01”：卸煤码头电气平面布置图

①卸船机的高压电缆 ZR-YJV22－6－3×150 太大，可以适当减小。另外图中标注同一高压线路有的地方是 ZR-YJV22－6－3×150，有的地方是 ZR-YJV22－6－3×120，建议核对统一；

②3m 高照明灯柱钠灯 250W，建议改为 100W 或 150W，灯柱间隔由原来的 20m 改为 15m。

(2)“电-02”：变电所 6kV 系统图

①由于高压系统的出线回路较少，只有 2 回路，母线分段意义不大，建议取消编号 G5(联络)和 G6(隔离)高压关柜，即改为双电源单母线供电方式；

②进线 1 和进线 2 的高压电缆型号 ZR-YJV22-6KV-2(3×300)标注有误，电流互感器的标注有误；

③应注明高压母线的型号规格。

(3)“电-03”：变电所 380V 配电系统图

低压母线的型号规格标注有误。

(4)“电施-04”：变电所平面布置图

图中高压开关的尺寸与变电所 6kV 高压系统图中的尺寸不一致，$D=1595$ 还是 $D=1500$，请校核。

7. 通信、导航

(1)通信

①图“通信-01”

a)本图共有 3 个通信系统：自动电话、调度电话和无线电话。如果根据后方总体安排可以保留，建议以无线通信为主，结合调度通信，不设置自动电话；

b)无线电话应是对讲机，不是如图所示的固定无线电话机；

c)电话电缆芯径 0.7 太大，0.5 已足够；

d)码头上有 2 路电话线路，建议结合；

e)进线电缆平面图与系统图不一致。

②图“通信-02”

a)工业电视平面图应标平面尺寸；

b)应提供摄像机信号传输距离；

c)采用同轴电缆传输是否足够；

d)电缆标注中应标明电缆根数。

③设计说明部分

a)说明书内容过于简单、不够具体；

b)有线通信没有电缆规格；

c)生产调度电话：电缆规格与图纸不相符；

d)无线对讲：没有系统设计、频道配置、设备配置，本航道比较长，应进行船岸无线通信系统计算；

e)靠岸声纳：本工程船舶为 35000DWT 煤船，没有必要设置声纳辅助靠泊，如果要设置，该说明也过于简单；

f)工业电视：没有摄像机基本参数，没有视频、控制信号传输方式设计；

g)有线广播：没有系统配置。

(2)导助航设施

①航标工程应提供下列内容：

a)灯桩的高度，灯桩结构；

b)航标灯射程和设备规格，使用的电源和配置；

c)灯浮标规格、航标灯和电源配置，锚链规格和沉石大小；

②航标图纸

a)在初步设计阶段应单独绘制航标平面布置图；

b)航标符号必须用符合规范，必须标明灯光高度、灯光特性、射程；

c)建议 1 号锚地 D1 点设置浮标；

d)应从不乘潮通航水深地方开始布标；

e)1 号灯浮转弯处只设置 1 座灯浮偏少，建议 1 号灯浮适当外移。

8. 航道

(1)综述

①口门处的候潮锚地宜设置在 Q 点以外的深水区（水深＞11m），因为：

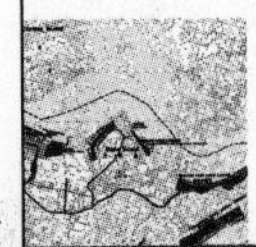

Q点外侧局部区域天然水深小于11m，不满足设计船型的通航水深要求，船舶需要乘潮才能进入候潮锚地，也就是说，船舶需要二次乘潮才能进入本港。

②初设报告中5.1节与5.3节所述的内容有重复，建议将两者合并，清晰阐述航道选线和航道尺度计算过程，列表明确各航段的设计底高程、底宽、边坡，并对转弯段加宽方式作出说明。对富余水深取值需作更详细论证。

③鞋子礁处的炸礁施工：

a)航道设计底高程取－10m还是取－11.0m，初设报告中的前后文、图纸不一致，请予明确；

b)炸礁工程量应包括超挖量：钻孔炸礁超宽1m、超深0.4m；裸露炸礁超宽2m、超深0.5m；

c)初设报告P101，炸礁工程量与前文不一致；炸礁后清渣在何处处理应明确，并说明处理工艺(含运距、吹距)。

④导航：

a)视觉航标的数量不足(间距太大，特别是口门段)，如军方允许，应增加灯浮标数量；

b)航标(灯桩、灯浮)数量前后不一致，请核对(P45下方，P50表5-9)，并明确新建、改建、移动的数量；

c)IP3东侧象山港汽车轮渡航线与本航道几乎垂直交叉，应考虑增设航标，并提出相应的航行安全措施；

d)本工程的航道宽度是按双向航道设计的，无需计算单向航道宽度。

(2)图纸部分

①应补充总平面布置图，将全部折点坐标、航道方位角、转向角、各航段长度、工程量列表表示，并标示码头、锚地、航标位置和弃土处理区位置；

②钻孔位置应标示于航道图上(或单独标出钻孔位置图)，并补充地质剖面图(或柱状图)。

③图“航道-01”：

a)图中应标明航道设计底高程；

b)应说明口门附近油气管线的布设情况及其对航道的影响；

c)应对转变半径R的取值作说明；

d)宁海奉化一号、二号锚地与本港航道有交叉，应有协调措施。

④图“航道-02”，航道设计底标高应改为－11.0m(或－10.0m)，建议补充炸礁量计算图(挖方图)，计算中应考虑超挖量。

⑤图“航道-03”，应增加图例，并准确标示炸礁范围。

9. 概算

(1)概算编制符合交通部颁布的有关规定。

(2)扫海费应列入第二部分其他费用中，而不应列入工程费用中，另请重新核实扫海面积，建议扫海单价按 10～20 万元/km^2 计算。

(3)大管桩单价建议咨询有关管桩厂价格，并与之比较。

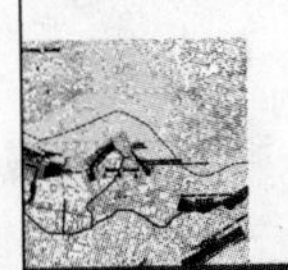

范例六　通用泊位初步设计监理报告

××年×月×日我们收到了设计院寄来的由该院设计的"泊位初步设计"(报告讨论稿)。

××年×月×日又收到设计院寄来的设计图 108 张。

根据这些设计文件,我所"设计监理部"立即开展了工作,监理工程师除认真阅读这份初步设计报告和设计图纸外,各专业分别进行了讨论,形成初步监理意见后,还进行了由总工程师主持、院所两级总工和副总工、院返聘专家以及各专业负责人参加的讨论会,就通用泊位设计中的主要问题进行了讨论,最后形成监理意见。现简述如下:

1. 总体评价

本工程的规模较大,主要工程有:

(1)长江泊位 710,设计水深 16m,两个 10 万吨级泊位,一个 5000 吨级泊位。

(2)港池泊位 286m,3 个 3000 吨级泊位。

(3)港区建设总面积为 24.8 万平方米,其中:

道路面积 1.49 万平方米;

堆场面积 12.58 万平方米;

预留堆场面积 5.11 万平方米;

绿化面积 3.72 万平方米。

(4)港区各类建筑物的建筑面积 1.096 万平方米。

工程总投资 11 亿元,其中近期投资 7 亿元。

通用泊位初步设计报告文本和图纸的设计深度符合交通部"沿海港口工程初步设计文件编制规定"(交基发 1995-483 号文)中的各项规定,基本符合业主的要求。在设计基础资料不全,设计条件较困难的条件下,能完成如此规模巨大的工程设计是很不容易的。设计方案叙述清楚,文字较流畅,设计方案与实际情况较吻合,外部条件较明确,设计计算符合规范规定,图纸绘制清晰完整,表达方式较好,总的来说是较好的初步设计。

但是，本初步设计也有些不足，例如，设计依据不太充分，货运量来源论证不足，施工期安排较紧，有些名词不统一，各章节文字叙述的规范性与一致性尚待进一步改进等等。

2. 设计依据问题

在本港通用泊位初步设计（讨论稿）中（以下简称"初设文稿"），第一章所列的编制依据，没有一份是业主上级主管单位的文件。在前言中，虽然列举某省计委关于项目建议书的批复，设计院又于××年×月编制了该工程的"预可"报告（讨论稿前言中介绍），但不知"工可"报告是否已经被批准，设计院又于××年×月编制了该工程的"工可"报告。接着，在同一月份又编就了本工程的初步设计，这一排列使人觉得对于如此大的工程来说，矛盾太多，难以自圆其说。我们理解业主的意图，但是如何解决这个矛盾，便值得研究了，特别是出现在正规的初步设计报告中，就更应慎重。

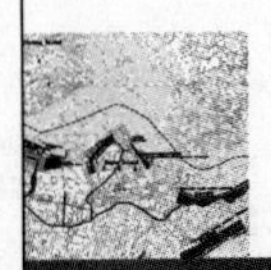

3. 关于基础资料

(1)基面关系

①"初步设计文稿"给出的基面关系中，"当地理论深度基准面"应为"当地理论最低潮面"，应予更正。

②基面关系中，给出了"56 黄海平均海面"与吴淞零点（设计用）的关系，而缺少"当地平面海面"与吴淞零点的关系，应当补上。

(2)工程地质

"初步设计文稿"P28，所列"土的物理力学性质指标汇总表"，对工程区的岩土情况作了宏观的介绍。对于确定码头结构是必要的，但是美中不足的是，土层既无层厚又无标高，使人无法直观判断码头结构的合理性。

(3)泊位定名问题

在"初步设计文稿"P3 和 P4 中，将位于长江岸边的深水码头定名为"长江泊位"，将下游江叉港池中的浅水泊位定名为"港池泊位"，这种定名虽不理想，但实际上是可行的。而在第 7 章"水工建筑物"中（P75～P81）又在"港池泊位"之前加了"长江"两字，变成"长江港池泊位"，在 P26 中又将"港池泊位"称为"江驳泊位"、"散货货驳泊位"和"散货海轮泊位"，将"长江泊位"称为"散货泊位"。几处定名不统一，很容易产生矛盾，望能理顺。

4. 关于货运调查

在第 3 章"货运量及船型"中，叙述了港口经济腹地的经济发展情况和南通港历年货物吞吐量，通过对长江沿岸各钢厂对铁矿石的需求量，从而预测本港

××年进出口铁矿石 600 万吨和铜精矿 50 万吨，××年则分别达到 700 万吨和 50 万吨。也就是说到 2005 年和 2010 年，铁矿石和铜精矿的年吞吐量达将分别达到 1300 万吨和 1500 万吨。这种叙述有两个缺陷：

(1)货运论证不充分：总量虽有，但其来源如何呢，却介绍得比较笼统。货流、货量、货种等均未介绍，使人有一种"货物进港稳定，去向不明"的感觉，从而可能使人发问，货量与货流可靠吗？所以说，货运量论证不充分是本报告一个缺陷。

(2)货物性质不清：例如铁矿石种类、特性，特别是铜精矿的物理特性关系到装卸运输设备的选型。

5. 总平面布置

(1)由于长江泊位的岸线已定，水域布置也就固定了，无需提出方案比较。但是码头陆域是应当进行方案比较的，本初步设计中的总平面布置只有一个方案，不符合部颁初步设计文件编制规定。港池泊位也无方案比选，也是一个缺点。港池泊位与长江泊位间的置空地带，为何不安排一个泊位进行比选呢？

(2)初步设计报告中的几个问题：

①作业标准问题：在"通用泊位"和"集装箱泊位"的初步设计监理意见中，我们曾提出过应增加雨天和雾天的作业标准问题。本初步设计报告中仍无此项标准，应当补上；

②码头设计水深计算中(4.5.1.2 节)，10 万吨级船舶的允许停泊波高 $H_{4\%}$ 不应是 0，可取作业波高。

6. 装卸工艺

装卸机械的费用在工程费用中所占的比重较大，货物的装卸量较大，故货物装卸的工艺流程和设计选型十分重要，经对本工程的装卸工艺审查后，提出如下监理意见：

(1)装卸工艺方案：本设计基本符合交通部颁初设文件编制要求和港口设计规范的规定，报告及图纸内容较齐全，表达较清楚，设计推荐的装卸工艺方案(一)比较合理，监理同意设计的推荐方案；

(2)装卸机型选择：同意设计推荐的桥式卸船机(轨距 26m)和移动式装船机(长江泊位轨距 26m，港池泊位轨距 12m)；

(3)卸船机与卸船系统能力的确定：设计提出的桥式卸船机的额定生产能力为 2100t/h。据市场信息，桥式卸船机的额定生产能力为 2100t/h，其整流机和零部件可享受免关税进口待遇，为了节省投资最好选用额定生产能力在 2200～2300t/h 的桥式抓斗卸船机，两者的市场价格相差不大；

(4)装船机与装船系统能力的确定：设计提出的长江泊位的装船机的额定

能力为4200t/h，建议选用4500t/h的装船机，以便与装卸系统相匹配；

(5)堆场工艺方案：我们同意设计推荐的堆取合一的工艺方案，但从能力匹配的角度考虑，建议斗轮堆取料机的额定堆料能力4200t/h改为4500t/h；

(6)水平运输工艺方案：按港口设计规范规定，带式输送机的输送能力应与装卸系统设备的最大能力相匹配，不宜小于装卸额定能力的1.2倍。设计选用的两台桥式卸船机的额定能力为 $2\times2100=4200$ t/h，长江泊位的装船机为4200t/h，若带式输送机的输送能力选择4200t/h，则不符合这一规定。为此，建议带式输送机的额定生产能力改为5000t/h；

(7)装卸工艺方案比较问题：按照"海港总平面设计规范"的规定，港口装卸工艺设计必须对两个或两个以上的方案进行比较，综合选取经济上合理、技术上先进的方案，从投资、通过能力、单位能耗、人数、劳动生产率和装卸成本等9项指标中进行比选，推荐最优方案。但是，初设报告的叙述却过于简单，设计共提出两个方案，且其不同点仅仅是堆场。这与部颁标准有差距，我们理解，设计周期太短，给设计工作带来一定的困难。但是，简单的方案比较则是最低限度的要求。此外，装卸工艺方案中尚存在以下问题：

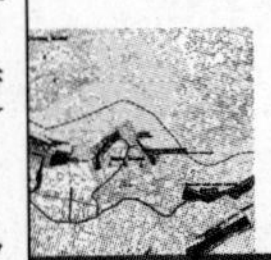

①在泊位通过能力计算中，只给出了计算公式及其含义，对各项系数的取值没有介绍，或介绍过于简单。对装卸船的货量虽然给出了计算结果，但是如何组成，例如直取比例是多少等却没有介绍。这样，我们无法判断装船量与卸船量的准确性与合理性；

②对电磁除铁器设备，设计应当介绍一下其使用目的和操作方式，其使用效果如何也应介绍清楚；

③错漏：

a)表6-3中，斗轮堆取料机的数量应为两台(近、远期各1台)不是4台。R 应为58m，而不是55m；

b)表6-3中，第23项"BZ2C"误为"BC2C"；

c)报告P58第7行，"BZ1A"误为"B21A"，同样"BZ1B"误为"B21B"。

(8)长江泊位位置调整：长江泊位总长710m，设计提出的方案是上游为一个5000吨级装船泊位，下游为两个10万吨级卸船泊位(设计水深相同)，我们提出能否将5000吨级泊位放在下游，10万吨级泊位放在上游。此种调整有以下优点：

①装船泊位集中在港池泊位一边，便于调度管理；

②卸船(料)入堆场时，不经过装船机尾车，避免爬高，可节省能源；

③从堆场取料装5000吨级分节驳时，前沿皮带只有一段有物料，大部分皮带上无物料，既可节省能源，又不影响同时卸船料进堆场。

(9)其他问题：

①在装船工艺中，应补充直取的比例数值；长江海轮5000吨级分节驳与3000吨级分节驳均可考虑直取。但是另一种情况要考虑，即近期前沿上一条皮带时，当长江泊位靠两艘10万吨级船时，其中一艘送5000吨级分节驳直取，另一艘船要送矿石至堆场便不可能。另外，从堆场取料装5000吨级分节驳时，10万吨级船舶卸船不是同一矿种时，也成为不可能。为解决这一问题，建议近期码头前沿设置两条皮带机；

②在多属矿石中，应补充矿石的种类及其物理特性；

③本工程装卸工艺是水进水出，卸船最终达1658.6万吨/年。近期水出配有3个装船泊位，完成1046万吨/年，是可行的，但达到最终运量时，再配一个装船泊位时(待泊泊位)，也只能完成1571.6万吨/年，满足最终运量还差一些，故建议考虑运量时，再配置两个装船泊位，并根据船舶大小进一步核算装船运量；

④预留与港区外堆场及姚港作业区散货码头联系的矿石输送接口是必要的，也是可行的；

⑤装船工艺流程中，对船舶的称谓不统一，例如：有的称"驳船"、"港池驳"，有的称"长江驳"和"分节驳"等等，建议统一称为"5000吨级分节驳"和"3000吨级分节驳"；

⑥装卸机械配置表中，应将设备预留写清楚。

7. 水工建筑物

(1)散货泊位水工结构初步设计吸取了三期通用泊位的初步设计经验，结合散货泊位的特点，基桩布置采用平面排架程序计算，并用空间计算程序校核，设计符合规范规定，设计报告文稿和图纸符合交通部的有关规定和要求，港池装船泊位只设计了有锚钢筋混凝土板桩方案，但未作方案比较，是个缺陷。

(2)同意方案A作为推荐方案(基桩布置详见表F6-1)。

长江泊位码头基桩布置表(方案A)　　表F6-1

分区	分区长度(m)	段长(m)	每排架桩数	基桩布置	基桩型号	桩长(m)	泥面情况
A	258	56m 66m 66m	9	前轨3直 后轨2直 中2×2叉桩4:1	D1000PHC 桩(B型)	47	上游区 泥面2.0～-16m 高于-16.0m 浚深至-16m
B	132	2段 66m,66m	9	同A	D1100钢管桩 δ=18mm(上) δ=16mm(下)	64	深潭较深区 泥面 -16～-38m 低于-22m时 抛填至-22m

续上表

分区	分区长度(m)	段长(m)	每排架桩数	基桩布置	基桩型号	桩长(m)	泥面情况
C	132	同 B	9	同 A	同 B	52	深潭较浅区 −22～−26m
D	188	3 段 56m 66m 66m	9	同 A	D1000PHC 桩(B 型) 泥面低于−16m 处改用 D1100 钢管桩	46	下游水深较浅区 泥面 −10～−19m 泥面高于−16m 时浚深至−16m

注:排架间距均为 10m。

①长江泊位 710m 岸线码头水工结构均按 10 万吨级设计,采用相同排架间距,码头上部梁板规格少,减少了设计工作量,方便施工;

②引桥设计结合三期通用泊位的初步设计成果,选用了其推荐方案,引桥平面布置避开了深槽区,节省工程造价。建议增大引桥跨度,改用 PHC 桩,以减少基桩种类;

③与方案 B 相比,结构简单,上部梁系内力较小,钢材用量省,造价较低。

(3)港池泊位没有方案比较,建议作方案比较。

(4)初步设计报告中的有关问题:

①在设计荷载中,有关机械荷载,如皮带机栈桥、26 轨距的装、卸船机等均未提供荷载图式和数值,无法核查其计算成果;

②主要建筑物结构计算中,内力计算结果表 7-5 和表 7-6 中无方案 A 的 C-C、D-D 断面计算结果和方案 B 的设计结果,所以我们无法判断计算过程的符合性和计算结果的可靠性;

③报告中未反映港池装船泊位的计算成果,如板桩入土深度、最大弯矩、拉杆拉力、锚碇墙的稳定及码头整体稳定等内容;

④表 7-5 中的各断面桩力,仅为设计最大桩力,若再加上基桩的自重,将可能大于表 7-7 的 64m 钢管桩为 B-B 断面的基桩限承载力设计值 Q_d=5500kN。此时,基桩将不能满足承载力的要求;

⑤P88,B 区和 C 区的最大设计桩力 Q=5457kN 应为 5519kN;

⑥港池装船泊位设计中,拉杆间距为 1.5m,而轨道梁的灌注桩间距为 7m,两者不成模数,灌注桩很易碰到拉杆,建议修改;

⑦报告中泊位名称,长江港池泊位与图纸中的港池装船泊位不相符;

⑧报告中的文字与表格编号有误,例如:

P72 第 4 行,“7-”应为“7-8”;

P76 第 11 行,“7-6”应为“7-4”;

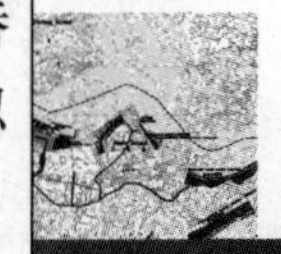

P83 表 7-8 下第 1 行“7-10”应为“7-8”；

P87 倒数第 9 行“7-8”应为“7-6”。

⑨设计流速问题

a)在设计条件所取的流速中(P71)，设计流速(涨潮 1.4m/s，落潮 1.8m/s)比实测值为大(P15)，且涨潮流速小于落潮流速，但实测流速最大值，涨潮 1.49m/s，落潮 0.52m/s，此实测值不但小于设计值，而且涨落潮流速量级相反(涨潮大，落潮小)，是设计取值不准，还是实测值有误，设计取值来自哪里。

b)设计给出的沉桩条件是，水流速度 $V \leqslant 1.4$m/s，波高 $H \leqslant 1.0$m(应说明波高频率)。但从基桩承受抗裂弯矩考虑，水流速度 $V \leqslant 1.35$m/s，两者哪个为准，能否取得一致。

(5)设计图纸：

①9961P-S001 图，码头附属设施一览表中漏第二层系船柱(150kN)16 座。5000 吨级船舶用 150kN 系船柱偏小；

②9961P-S002 图，最下条平面尺寸 302000 应为 304000；

③9961P-S009 图，钢管桩伸入桩帽中长度 850mm 偏小，应不小于 $d=$ 1100mm；

④9961P-S010 图，板桩与锚碇墙之间的距离：南侧驳岸 $L=19500$mm，码头及北侧驳岸 $L=21350$mm，与报告及 9916P-S005 图不符，应为 $L=21500$mm。

(6)工程数量：

①码头(方案一)：

页 号	序 号	分部分项工程名称	单 位	工程数量	
				原	核查后
7	7	现浇桩内混凝土，C30	m^3	1990	300
8	24	安装水平撑，8t/件	件	63	62
8	40	安装系船柱，15t	个	20	16
10	3	铁桩尖制作安装	t	141	707

②码头(方案二)：

页 号	序 号	分部分项工程名称	单 位	工程数量	
				原	核查后
11	9	现浇桩内混凝土，C30	m^3	1990	300
13	45	抛袋装砂垫层	m^3	32000	应少于方案一
13	46	安装系船柱，15t	个	20	16
14	3	铁桩尖制作安装	t	141	707

③转运站(方案一，方案二相同)：

页 号	序 号	分部分项工程名称	单 位	工程数量	
				原	核查后
22	2	铁桩尖制作安装	t	11	30

④长江泊位的系船柱规格，10 个 150t 应为 200t，29 个（方案二为 28 个）100t 应为 150t。

⑤漏项，转运站现浇桩内混凝土(C30)26m³。

8. 陆域形成与地基处理

(1)回填料问题

设计结合锚地疏浚后的细砂作为回填料，建议按规范改写为：要求细砂粒径≥0.075mm 的颗粒超过总质量 85%以上，粘粒含量应小于 5%。

(2)陆域形成方案

同意设计院推荐的陆域形成方案一，即一次形成整个港区陆域的设计施工方案。理由是：

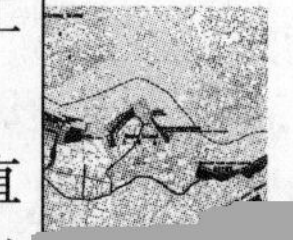

①长江大堤外侧与新驳岸所形成的区域，没有进行插板加固，即不设垂直排水通道，因此堆高并不能起到预压加固的作用，相反会使地基失稳，特别是对驳岸围堤的稳定产生威胁。

②加快了施工速度(先决条件是大堤后方拆迁，清理满足要求)。

③减免了二次搬运砂方，节省投资。

(3)地基加固方案

同意设计院推荐的地基加固方案一，即强夯＋振动碾压。

①内容：

a)大堤前方为预留区，不作地基加固；

b)大堤后方斗轮机轨道基础：强夯＋二层土工格栅；

c)大堤后方堆场及周边道路：强夯＋一层土工格栅；

d)大堤后方其他区域：振动碾压。

②注意如下问题：

a)就堆场而言，散货堆高 15m(主要为矿石，容重为 $\gamma=23kN/m^3$)，使用荷载达 $23\times15=345kN/m^2$。淤泥质粉质粘土层厚度 5～10m，目前地面标高高约＋4.0m，成陆后地面标高＋5.3～5.4m，港区设计高程为＋6.0～6.1m。加固前淤泥质粉质粘土层的地基承载力只有 75kPa。

设计采用强夯加固法，点夯夯能大于 1800kJ，普夯夯能为 1000kJ，点夯间距 5～7m，锤底面积 4～4.5m²，二遍点夯，一遍普夯，最后碾压整流平至标高＋5.5m。

b)要求加固后地基承载力达到 150～180kPa。使用期是大面积堆载，地基应力是矩形分布的，包括回填料在内，淤泥质粉质粘土的地基应力>380kPa，因此加固后远未达设计荷载的要求，所以设计限制使用期第一年只能堆高6m，荷载138kPa，第二年、第三年的堆高就存在一定的风险了，特别是不均匀堆高时。建议加强监测。

c)由于使用荷载很大，设计时不可能按使用期去进行预压加固，而强夯的影响深度一般8m左右，因此使用期的残余沉降将会是比较大的，而不是30cm或50cm的问题，这方面应有充分的认识和思想准备；沉降量大了，对场地的排水设施会有一定的影响。

d)堆场在靠近后方围堤处，在堆高时应适当注意围堤（后方驳岸）的稳定，尽管堆场距围堤有一定的距离，计算时亦会考虑地面的使用荷载作用，但围堤下有一定的距离，计算时亦会考虑地面的使用荷载作用，由于围堤下淤泥质粉质粘土层不设垂直排水通道，计算时是采用固结快剪指标的，使用初期固结度达不到100%，存在一定的不安全性。建议加强监测。

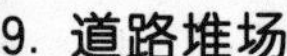

9. 道路堆场

(1)推荐方案

同意设计院提出的“道路堆场方案一”的推荐方案，即采用联锁块铺面结构。

(2)设计荷载

散货泊位的水平运输机具为皮带机，按常规25t轮胎吊应是用于机械设备检修。

①25t轮胎吊一般没有“满载行驶”问题；

②没有提及使用吊重，若按最大起吊25t计。与常规有出入，堆场多使用的是吊机的吊臂，不一定是满载吊重，对此最好明确一下，因为结构层影响较大。

(3)方案设计

①矿石堆场荷载大，预计沉降大，无论何种方案，使用后都会出现“锅底”现象，此处排水是个问题。因堆货维修困难，长期积水对有些矿石恐有影响，应考虑解决。建议地面积水考虑向下排水的方式；

②方案一25t轮胎吊起吊25t打支腿作业，堆场基层厚度可能不足；

③方案二如按满载25t轮胎吊打支腿作业，堆场不太适于采用独立块（预制混凝土块）铺面方案；整平层3cm似小些，宜为5～7cm。

10. 供电照明

(1)评价

供电设计对设计依据、设计范围及设计内容、供电电源及供电方式等交代比较清楚；供电总平面中，前、后方变电所的位置设置合适，照明灯杆配置能满足码头及堆场作业的要求，各回路电缆的走向、敷设方式表达清楚；说明书文字简练；设计图纸内容齐全，图面清晰、布置均匀，符合交通部关于初步设计文件编制的规定和深度要求。

(2)图中的错漏

①前方变电所引出的1L1、1L3电缆规格与总平面电缆敷设表不符；

②前方变电所B柜的进线电缆编号应为1GB2；

③设备材料表中YJV22-1KV－4×185的电缆数量与电缆表不符。电缆表上有YJV22-1KV－4×150电缆，而设备表上无；

(3)建议

①E044及E007中，"工艺布置图"改称"设备布置图"较为恰当；

②建议在施工图阶段，对链式连接的配电回路，如照明、动力箱等，在满足总电压降的情况下，采用级配电缆，即不必整流条回路，均采用同一大的电缆截面。

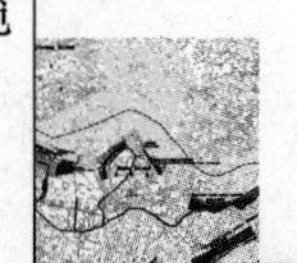

11. 自控

(1)评价

自动控制系统初步设计图纸和文件比较完整，内容和深度达到初步设计要求，设计确定的控制原则正确，控制系统组成和设备配置合理，控制功能完整，信号传输方式和现场布线也是正确合理的，火灾报警系统、闭路电视监控系统的设计完整、正确。配置船舶靠泊系统，是必要的，采用激光测速比采用声纳测速更可靠，快速和准确，是正确的。

(2)应讨论的几个问题

①PLC配置不够详细，应该有PLC、CPU、电源及各种模块的型号规格和数量，以便进行较准确的概算。

②已经配置了2台上位监控电脑，再配置模拟屏就没有必要了。无论是显示的形象性、广泛性、灵活性、可靠性还是方便性，模拟屏均不如电脑显示器，而投资却比电脑显示器大。而且模拟屏需要大量PLC输出模块和现场接线，增加了控制环节和系统复杂性，因此建议取消，并以大屏幕显示器或投影机取代。

③流程控制系统是一个整体，现在采用分布式控制系统，由3台PLC共同完成一个整体系统的控制，技术上虽然可行，但实现起来较困难，控制软件和监控程序会变得很复杂，不便于用户掌握和维护。分布式控制系统通常用于各个部分相对独立，又有一定联系的系统，如流程控制系统与加压泵房控制系统。若用于一个整体性很强的系统是不合适的。建议将分布式控制系统改为分散式控制系统，主控机设在中控室，另外在前方变电所和后方变电所设置远程I/O

站，这样做没有改变现有系统的总体结构，但却便于程序编制、监控、调试和维护。另外，4 台 PLC 环网连接，对控制系统而言，是很不利的。

④本工程 5 台 PLC 通过集线器与 2 台上位监控站通信是可行的，但 5 台 PLC 通过环网接用一条双绞线，这样在同一时刻，只能有 1 台监控电脑与 1 台 PLC 通信，另外 4 台 PLC 和监控电脑只能等待，对系统的实时性有一定影响。

建议选用带以太网接口的 CPU，集线器选用交换机或交换式集线器，4 台 PLC 分别接入交换机，这样可能增加一些成本，但任何时刻可以有几对设备同时进行通信，对提高系统的实时性很有好处。

⑤MCC 柜内自动开关、接触器、热继电器，转换开关的位置状态信号有没有输入到 PLC？如果没有，应将上述信号输入到 PLC，以便于故障检测和联锁保护，给用户今后查找故障带来方便。

⑥煤码头的装卸作业并非像铁厂、化工厂或电厂那样不能停顿，短时停顿对生产并没有影响，也不会发生事故，因此本工程 PLC 主机采用双机热备没有必要，而且增加控制环节和成本。双机热备的程序编制难度较高，真正实现起来较困难，而意义不大，因此建议取消。

⑦建议皮带机采用软起动器，以减少起动冲击电流及突然起动对皮带机系统的冲击，在轻载时减少输出功率，达到节能目的。

12. 给排水、环保、消防

(1)评价

初步设计报告符合交通部初步设计深度及广度的要求；设计说明层次清楚，文字简明流畅，节能篇章详尽、细致。图纸表达清晰、参数齐全。但设计说明部分未见有防止管道冰冻措施；图纸偶有错、漏发生。如：总平面缺生产辅助区的管线布置，生活污水处理流程图说明第 3 条图号有误、防尘水厂流程图进水应为矿污水等。

(2)图纸

①港区给排水平面布置图

a)生产辅助区未布置给排水管线；

b)说明中只提及自来水由某水厂供给，而不是设计说明书上所说的“市政管网及水厂双回路供水”。

②1 号转运站除尘布置图

冬季结冰期如何考虑喷洒除尘系统的运作。

(3)初步设计报告书

①供水水源有 2 路，分别为市政管网及某港水厂。直径均为 DN200；如按流速为 1.5m/s，其供水能力各为 165m^3/h，日供水量各为 3960m^3。港区最高日

用水量为3832m^3，说明一条DN200供水管已足够。即使为确保供水安全度，再接市政用水管道，也无须DN200这么大。况且说明书中提到"市政管网最大时供水能力为98m^3/d"(单位似为笔误)，此时，按DN100已足够。

②环境保护篇章，未见提及本项目的"环评报告"，只是参照原有矿石码头的做法。其进水水质只有一个参数指标：矿石沉渣。但铁矿石雨污水其色度对周围环境也会影响；虽然处理系统是循环用水，但没有超越管线。

其次，选择2台×60m^3/h泥水分离器；其处理量相当于多少年一遇的降雨量？如仍按说明书中重现期取$P=2$年，则超越管线使用率将较为频繁。污水的色度将会影响周边水域。

说明书中未画出超越管线。

③工程地处长江以北，未见说明如何防止管道冻结的措施。

(4)错漏

①生活污水处理工艺及流程图说明第3条，"9961P-W002图"应为"W001图"；

②防尘水厂工艺流程图中，"排水水进水"应为"矿污水"。

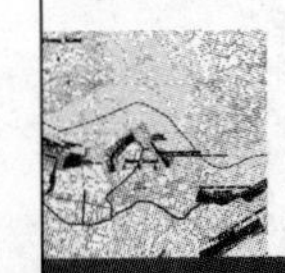

13. 建筑工程

建筑设计基本达到交通部和建设部要求的建筑工程设计文件编制深度的规定。采用的规范和规程准确。

(1)建筑部分

平面功能布置基本满足使用要求，功能合理，综合楼的候工楼部分的楼梯是否能够减少，与办公楼共用一部楼梯，以门分隔，减少交通面积，请设计考虑。综合楼、食堂和浴室的图纸尚有以下问题：

①综合楼

a)门窗未编号，并应有门窗表；

b)应增加《建筑项目主要特征表》；

c)立面装饰材料及颜色应表明；

d)剖面一般应剖到楼梯、电梯，1-1剖面建议于⑨-⑩轴处剖。

②食堂、浴室

a)门窗未编号，应有门窗表；

b)应增加《建筑项目主要特征表》；

c)立面装饰材料及颜色应表明。

(2)结构部分

基本设计资料和数据(地质资料外)选用准确，各类生产、生产辅助建筑物、生活辅助建筑物上部结构合理，但是由于没有地质资料，因此该部分没有达到有关的建筑工程初步设计文件编制深度的规定，并应说明原因。

综合楼、食堂和浴室结构布置基本合理。食堂和浴室的餐厅部分建议采用井字楼盖,以更加美观。

(3)其他

①应明确提出补充勘察的要求;

②应增加主要结构材料的选用;

③柱截面不宜1～8层用同一种截面;

④混凝土等级不宜1～8层用同一种等级。

14. 工程概算

原则同意初步设计概算的编制依据及有关说明,工程概算所采用的水工、安装、建筑、通信等定额符合部颁规定。混凝土预制构件考虑某地预制,并执行该地区材料价格是合理的,各项取费也符合有关规定。其他意见如下:

(1)钢管桩购置费3900元/t是否含桩顶至泥面以下5m范围内的涂层保护,如未含应补列;

(2)外购钢管桩的基价3900元/t应为4700元/t;

(3)港池装船泊位:序号16工作平台为陆地施工,可以取消;

(4)港池装船泊位:序号28挖运土16799m³是否按以挖补填考虑,以减少回填工程量;

(5)港池装船泊位:序号29回填土的运距应注明;

(6)初步设计概算未计列防风锚碇设施费用、大型临时工程工程费、扫海费以及混凝土灌注桩的泥浆处理等费用,如属遗漏应补列;

(7)对定额进行过修编或更换应注明;

(8)水工工量变化见水工专业核查说明;

(9)工艺设备:

序号	项　　目	单位	方案(一)		方案(二)	
			初步设计概算量	监理核查概算量	初步设计概算量	监理核查概算量
1	BZ带式输送机 B=1400mm, V=3.15m/s, Q=3000t/h	m	926.525	1028.051	/	/
2	除铁器 B=1800mm	台	0	1	/	/

15. 经济分析

(1)初步设计阶段,应该附齐所有相关的基本财务报表和主要的辅助报表。建议补充以下财务报表:

①财务现金流量表(资本金);

②资金来源与运用表;

③资产负债表;

④收入及税金估算表(如果能以文字形式说清楚,可以不附)。此报告中的收入是在没有明确货物流量向的基础上测算的,无法验证收入的具体数量;

⑤流动资金估算表。

(2)折旧率与自筹资金

①水工建筑物年折旧率按3.3%考虑,折旧率似乎太高,水工建筑物设计使用年限是30年还是50年,请核实。港务设施取3.3%又低了,如护舷等;

②远期投资中的31936.99万元,全部按自筹资金考虑似乎不太合适。

(3)资金筹措方式

35%自筹,65%贷款是否已经落实,如果已经落实,还款模式是否为按能力还款。

(4)吞吐量预测

应说明预测方法:预测结果中应该分内贸、外贸及货源地。

(5)建议与意见

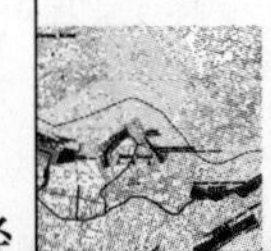

尽管初步设计阶段吞吐量预测、代表船型分析及财务上的可行性分析已经不是重点,但是,这三部分的内容仍不可缺少,可能的话,建议补上。

财务评价方面,由于缺少基本报表、辅助报表及相应的说明文字,无法确定财务上的可行性。

16. 关于设计规范

对于港口工程而言,交通部部颁规范比较齐全,所以在初步设计报告中无需将所用规范作为设计依据列在报告中,只对非交通部颁发规范的专业列出设计规范即可,例如暖通、消防、环保和职业安全卫生等专业。但是,初步设计报告中将设计规范大量列出。例如:

第8章陆域形成和道路堆场中,不但重复地列了设计依据和水文资料,还列了8本交通部颁发的设计规范;

第10章生产、生产辅助、生活辅助建筑物中,不但列出设计依据(其他专业却没有),而且建筑设计列出了8本设计规范和规程,结构设计又重复列出设计依据和9本设计规范和规程。

第11章供电、照明将8本设计规范和标准作为设计依据列在初步设计报告中。

第14章给排水中也列了5本规范作为设计依据。

这些设计规范的罗列虽然不是一种错误,但是,没有必要。不但使初步设计报告的篇幅增加,而且有的章节有,有的章节无,标准不统一,深度不一致,不够规范。

范例七　码头改造工程施工图设计监理报告

一、概述

1. 前言

受业主的委托，由我所对××港一期改造工程施工图设计文件进行设计监理。我们审查了设计图纸和其他资料后，利用我所现行的工程计算软件对码头结构的稳定性和强度进行了核算，对主要分项工程的施工方法进行了审核。

2. 设计监理依据

(1)××港(业主)的设计监理委托书

(2)××市发展计划局关于本工程初步设计的批复

(3)业主与本所签署的设计监理合同

3. 设计监理目标

(1)通过对施工图设计文件的审查，评价其是否符合上级主管部门对工程设计批复的精神，是否满足业主的要求；

(2)审查码头结构的安全性、结构设计的合理性和执行规范的准确性；

(3)审查设计是否达到施工图设计深度，是否便于施工；

(4)审查施工预算编制的规范性，费用取值和工程单价的合理性。

4. 设计监理范围

(1)总平面布置(包括水域)的合理性和完整性；

(2)码头与堤岸的稳定性、结构构件强度的安全性；

(3)陆域形成方案、地基加固方案、道路堆场结构方案的合理性；

(4)供电照明的合理性；

(5)给水、排水与消防的适用性；

(6)施工方案评价；

(7)施工预算的合理性。

5. 业主提交的设计资料

(1)2003 年×月×日业主提供了以下资料：

水工、路场、电气、给排水等专业的施工设计图纸，共 38 张。

(2)2003 年×月×日业主提供了以下资料：

①某港岩土工程勘察报告；

②某港集装箱堆场拟建场地岩土工程勘察报告；

③施工图设计说明书(草稿)。

(3)2003 年×月×日业主提供了以下资料：

①码头地质 XK32-ZK37 共 6 个钻孔资料；

②总平面布置图、港池与码头基槽挖泥图共 7 张。

6. 工程简况

××港一期改造工程实际是一期工程通用码头(3.5 万吨级)的接长段。即向西顺延 121m，其中 21m 为原一期码头已预留岸线，本期实际新建 100m 码头。新建码头中，31m 为预留与二期码头相接的过渡段，只安装扶壁，后面不回填。

拟建码头结构采用扶壁方案，与一期工程相同。

陆域纵深 500m，地基处理采用强夯与块石墩相结合的地基处理方案，面层结构采用混凝土大板方案与高强混凝土连锁块方案。

▶ 二、设计监理综合意见

(1)综合评价：码头施工图设计图纸符合××市发展计划局的批复精神，与该港总体布局规划一致；设计深度基本符合交通部和广东省交通厅关于建设项目施工图设计文件的规定，也符合业主的要求，主要专业的设计方案适合工程区的实际情况，配套专业的施工图设计亦符合要求。经复核验算，水工建筑物的整体稳定和构件强度均满足规范要求。

不足之处是有的专业图纸不完全或不够详细，由于设计周期很短，图纸与图纸，图纸与施工说明之间未完全统一，有些技术要求不太合理。

施工预算编制基本符合要求，但由于预算中既有漏项也有重项，既有单价偏高的项目，又有单价偏低的项目，而且部分工程量有误，有的要进行修改。所以施工预算书应作修改和补充。

(2)按规定，施工预算是不包括勘探费、设计费、修理费、监督费、预留费和建设单位管理费等费用。但考虑到本工程未进行初步设计，这些费用是否单列，请业主考虑。

▶ 三、专业设计监理意见

1. 总平面布置

(1)陆域：本工程为一扩建工程，即将一期工程 243m 长 3.5 万吨级泊位适当加长，形成一个可靠泊第三代不满载的集装箱船（船长 270m，4 万吨级）泊位（水深仍按 3.5 万吨级）。

设计院提交的设计方案是：原一期工程码头长 243m（不包括预留段）新建 90m 码头，形成长 333m 的新泊位，另预留与二期工程的衔接段 31m。实际将新建码头 100m（25 块扶壁）。

我们审查后认为：

按总图规范规定：泊位长＝船长＋$2d$＝270＋2×30＝330m

新建泊位有效长＝330－243＝87m

另外，为二期工程预留 22m 即可，故新建码头长度实际应为 87－21（一期预留段）＋22m（二期预留段）＝88m，即 22 块扶壁。

这样，完全可以使码头扩建后能形成一个完整的、通用性好的泊位，又能与以后新建的二期工程相衔接。

(2)水域：原一期工程已设置了船舶掉头区，工程扩建后，仍为一个泊位，只是船长加长了。完全可以在原掉头区的基础上，适当加大即可。这样，60 余万立方米的挖泥量将大为减少。

此外，港池挖泥的图纸断面表达方法是对的，但由于港池范围较大，建议用“网格法”计算土方为好。

(3)道路没标转弯半径，无法判断是否满足规范要求，道路设计行驶何种车辆、宽度，是否满足要求设计图纸未说明。

(4)码头前沿作业区宽度仅 30m，除门机轨道外，后方只有一条 10m 宽的道路。在各种车辆来往较频繁的前沿作业带比较紧张，故建议改为 50m。

(5)港池回旋水域挖泥平面图中无完整流的挖泥范围，施工单位无法按图定位施工。

(6)平面布置图中无图例，故很难判断各建(构)筑物的名称。

2. 水工建筑物

(1)原一期工程的码头结构为扶壁重力式,使用10余年,情况良好,本次扩建工程,设计亦采用扶壁式结构,符合工程实际情况,所以说是合理的。我们经过对码头抗倾、抗滑稳定的复核计算和强度校核后认为,码头抗倾、抗滑稳定和构件强度均满足规范规定。施工图设计深度能够满足施工要求。

(2)码头整体稳定问题:经过我们的复核后,当在设计低水位时码头整体稳定不满足要求。若将基床前的"V"形沟回填砂,码头便可满足整体稳定要求。

(3)本工程基床垫层及后方回填料均用开山石,能就地取材,可节约造价,结构是合理的。但是回填开山石要求 $\phi>42°$,施工时很难做到,而且人工抛填棱体较大,造价高,不一定节省投资。故建议改为含泥量不大于10%,块石重量在10kg以上的开山石进行回填,或者标高−12.5m以下改为回填开山石垫层。但是,当抛石棱体改为开山石后,由于有碎石与泥土的存在,故扶壁间应设置倒滤井。

(4)地质资料不足:

业主提供的地质报告中,拟建码头区仅4个钻孔,码头前沿线仅两个,且无力学指标。设计方案是将码头基床垫层坐落在粉质粘土层上,该层缺少必要的物理力学指标。若基床垫层置于此层顶面,缺乏必要的依据。这是一个重要的问题,望进一步探明地质条件后,再作决断。

(5)关于码头基床:

①设计图纸中所注基床及其垫层的总厚度为9.5m。基床厚度未标明,但从图中丈量,基床厚为2.0m(施工总说明中为2.5m),垫层7.5m,与图示不符。又由于码头前沿仅两个钻孔(ZK36,ZK37),其高差达2m,但设计图中只有一个标高,又未提出施工时检验粉质粘土的办法,这样是不准确的;

②"施工图设计说明书"中要求基床应选用"优质花岗岩石",基床厚2.5m(图中为2.0m)分两层抛填与夯实。我们认为此两种要求均不够合理。根据规范规定,对于夯实基床,块石的饱水抗压强度不低于50MPa,没有"优质花岗岩石"的要求。对于厚度在2.0m的基床,则无需分两层夯实。

(6)抛石棱体与后方回填交接处原设计用二片石垫层并铺垫土工布2层,建议改为抛填2~8cm混合倒滤层,并取消土工布。

(7)码头轨道安装图中的"材料表"有误。

(8)端头预留段后方无回填料,为防止船舶撞击和确保扶壁的稳定,扶壁内应回填块石。

(9)基槽开挖立面图:

①与1-1断面、3-3断面及5-5断面相对应的钻孔编号ZK1、ZK2及ZK3有

误，应为ZK37、ZK36、ZK35；虽然图中与地质剖面中的标高数据一致，但两者的高程系统不一，两者高程相差82cm；

②与-2断面及4-4断面相对应的钻孔编号B19及B18，但在已有钻探报告中无此钻孔资料；

③基槽挖泥长度不准，未考虑预留段长度。

(10)基槽开挖断面图：

①5-5断面原图中底标高为－12.00m，但在“基槽开挖图一”中由4-4断面起按1∶3的坡度起坡，至5-5断面的开挖底标高应为－16.78＋25.0/3＝－8.45m。基槽开挖宽度未标注尺寸；

②假设钻孔B18及B19无误，钻孔ZK1、ZK2、ZK3改为ZK35、ZK36、ZK36，超深按0.5m，超宽按1.5m，算得的挖泥量为106444m³，而不是122150m³；

③基槽开挖图中，1-1断面面，3-3断面和5-5断面的原泥面均与实际地形成有出入。由于设计未提供水深图。我们仅从港池挖泥平面图中进行推算，而得出上述结论的。

(11)在“码头结构总图”中的“码头主要工程量表”，经复核出入较大的项目见表F7-1。

码头主要工程量表 表F7-1

序号	项目	单位	工程量		备注
			原设计	复核结果	
1	基床开山石垫层	m³	13125	17500	
2	预制扶壁	m³	1766	1605.5	
3	现浇混凝土胸墙	m³	760	733	
4	碎石垫层	m³	412	252	
5	钢轨	m³	210	140	
6	后方棱体块石	m³	61677	45500	
7	二片石垫层	m³	1500	4700	
8	陆域回填开山石	m³	36000		平面范围不详，无法校核
9	高强混凝土联锁块	m³			
10	中粗砂垫层	m³			
11	水泥稳定石屑	m³			
12	土工格栅	m³			
13	级配碎石垫层	m³			

(12)由于本工程的地质条件较差，基床垫层太厚，按规范要求，基床顶面应设置不大于1.5%的倒坡。

(13)护轮坎钢筋应伸入胸墙并满足锚固长度要求。

(14)按国家强制性标准,码头胸墙和护轮坎应用C40混凝土(原设计为C25)。设计图中,胸墙配筋不够合理,没有按胸墙各部位的受力情况进行配筋。

(15)系船柱块体配筋图(S0305-S-1/SJ-088)中预埋D273×6直缝卷焊钢管与系船柱锚杆位置重叠。

(16)电缆沟中最底下一排电缆距离沟底为150mm,而通过电缆沟的给水管中心到沟底的距离为150mm,管径200mm,电缆无法跨过给水管,应修改。

(17)管沟盖板配筋图二中"5-5"应为"3-3"。

(18)考虑到二期工程中将更换为大型护舷,建议预埋与大型护舷相配套的预埋件。

(19)基槽挖泥底标高应取某一数值,施工时以标高控制,如按目前图纸则无法施工。

(20)如按设计船型(第三代集装箱船)靠泊,550kN系船柱不够,应改为1000kN。

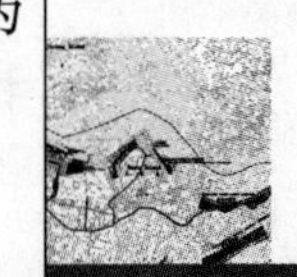

3. 道路与堆场

本工程利用了深圳地区地基加固经验,采用强夯(强夯置换)方法进行地基处理,处理后其上加60cm厚石碴再进行振动碾压,符合有关规范规定。

铺面部分,根据使用功能要求,采用现浇混凝土和联锁块铺面二种结构型式。现浇混凝土铺面的分块,接缝设计与联锁块铺面的接缝处理、材料要求、施工程序符合规范规定,达到了施工图设计深度要求。

设计中存在以下问题:

(1)根据堆场装卸采用正面吊(集装箱叉车)和堆五过六的要求,联锁块铺面(Ⅳ区)的结构层不足,达不到规范要求。而混凝土铺面因应力分析情况不清、对掺入聚丙烯合成纤维后厚度折减情况不清,难以确定厚度是否符合要求;

(2)配碎石的作用不清,有时称"整平层",有时称"垫层",但无论称作什么,50mm太小,规范要求不小于150mm;

(3)贫混凝土的作用不清,如作为基层不宜小于120mm;

(4)在SJ-003号图的说明中,提到"底基层"与"上基层"问题,与其他标示不一。结构层中难分"底基层"和"上基层",所以对"底基层95%以上,上基层97%以上"的压实度要求,无法落实。如认为级配碎石是底基层不应小于150mm,压实度应为96%以上;

(5)如将级配碎石作底基层,土工格栅置于其与水泥稳定层间,则不利于其间的均匀和紧密结合,不利于整体性。土工格栅置于水泥稳定基层下,对减少不均匀沉降作用很有限;

(6)图 SJ-004 即“混凝土铺面结构图”与图 SJ-009 即“混凝土铺面布置图”的说明完全一样,是否有误;

(7)建议在混凝土铺面道路与堆场间设胀缝,混凝土与联锁块铺面间也设胀缝;

(8)混凝土铺面的接缝板建议采用沥青纤维板;

(9)关于地基处理:在设计图纸中专门对地基处作了很详细的说明(不一定用图纸表示),对工程施工提出了很具体的要求,是很好的。但是有些问题却不够合理,例如:

①“说明”第 3 条,要求填料分层厚不大于 0.7m,但未说明填料从什么标高起填,是在水上还是在水下,有无操作可能;

②“说明”第 11 条,“强夯区(D2)内疑有小岛或礁盘,需进一步探明位置及边界”。谁去探明?按理说,在设计文件中应有地形图和小岛分布;

③“说明”第 13 条指出,“应注意保护邻近已埋置的各类管线”并提出了保护办法。但是,管线位置与高程没有在设计文件中给出。

(10)关于面层结构问题:

据设计介绍,木片加Ⅱ区 1.5 万平方米的堆场铺面结构,业主要求采用现浇混凝土大板,但是,该区部分区域正处强夯置换区,地层复杂,回填土层深浅不同,且可能有小岛和礁石,堆场建成后的不均匀沉降是肯定发生的。所以我们认为,为了适应沉降,仍采用混凝土联锁块铺面为好。

4. 供电与照明

电气设计图纸符合国家规范要求,深度基本符合港口电气设计的要求。具体审查意见如下:

(1)应补充门机及高杆灯供电回路系统图,系统图应表示:各回路在变电所所接的开关型号、规格,高杆灯回路的控制方式(若有二次控制则应有二次控制原理图);

(2)港区供电照明管网平面布置图(S030S-S-2/DQ-002)中的问题:

①本图标注电缆排管埋深 0.8m,而“港区供电照明管网平面布置图”DQ-001 电缆排管敷设断面示意图中埋深为 1000mm,以哪个为准;

②本图手控井位置及数量与“港区供电照明管网平面布置图”DQ-001 中的位置及数量不符,以哪一张图为准;

③本图“门机接电箱供电系统图”中标有箱体外形尺寸为:800(H)×600(W)×500(L),这个尺寸与水工图“电缆沟及接电箱预留井结构图”SJ-010 中接电箱预留洞 1250×700 不符,以哪个为准;

④平面图中变电所西侧道路中间的电缆线路画在路中间,该段电缆如何

敷设。

(3)港区码头前沿接地平面图(S030S-S2/DQ-001)中的问题：

①设备材表中第6项铜芯塑料线BV-500 2.5mm²,3070m是做什么用的?平面图找不到用这种线的地方；

②建议用一根ϕ12热锌圆钢将码头前沿、高杆灯、变电所、原码头接地网焊接连通,并要求总接地电阻≤1Ω。

5. 给排水与消防

设计文件符合国家规范规定,深度基本符合港口给排水设计的要求。具体意见如下：

(1)水工图S030S-S-1/SJ-004出水口中心标高0.50m,而给排水图雨水排管出水管底标高为0.77m,管径800mm,两张图中心标高数据不一致,请校正；

(2)根据标准图95S518-1/5要求:雨水口埋深$H \leqslant 1000$mm,但本设计起点雨水口为1.5m深,超过图集要求。此埋深对排水系统有较大影响,而且还可能影响地面标高的变化；

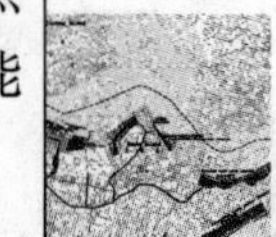

(3)应补充码头前沿船舶给水栓大样和工程材料表；

(4)J1节点中应增加阀门,即与原有给水管连接的总控制阀。

6. 施工方案

本工程为一项扩建工程,施工中主要有两个重点,第一是重力式扶壁码头的施工,国内有比较成熟的施工经验,本港一期工程亦是这种结构型式,可按常规施工,但应注意安装过程中扶壁的侧向稳定,以确保安全。第二个重点是路场施工方案。设计院采用了深圳地区同类工程的施工方案,即块石墩强夯置换法。虽然已有成熟的经验,但毕竟仍处于初始阶段,所以施工过程中应经常观察及时改进施工方法。

7. 施工预算

1)本工程施工预算的编制依据、采用的定额、取费标准等基本符合交通部与广东省的有关规定。编制深度达到施工图设计的要求。

2)由于单价有的偏高,有的偏低,也有漏项和重项,工程量也有差错。所以本施工预算应进行修改。

3)基槽与港池挖泥、扶壁预制使用水运工程定额较合理。但路场的单价偏低,码头后开山石的单价偏高,建议作认真的调整。

4)各专业预算中的问题

(1)水工结构

①码头基床抛石(10～100kg)单价 83.5 元/m^3，基床垫层(开山石)单价 61.44 元/m^3，均已包括夯实，不应另列夯实费；

②明基床理外坡是重复计算；

③水下储存扶壁，一般不会发生，若遇特殊情况，可另调整，故预算中不应单列；

④橡胶护舷取费不合理，按交通部定额编制规定，橡胶护舷应按本体价的 30％计算基价直接费，而预算书中却是按本体价的 100％计价；

⑤回填开山石价格(40 元/m^3)偏高，建议改为：

码头后方回填开山石单价 35 元/m^3；

码头后方回填二片石单位 45 元/m^3；

陆域回填开山石单价 25 元/m^3；

⑥预算书中所列人工费 28.94 元/工日，是广东省交通厅规定的经济特区的人工费，大亚湾不是特区，不应取这一价格，应取 25 元/工日；

⑦QU80 钢轨单价(3.8 元/kg)偏低，实际上市场价应在 5.0 元/kg 以上；

⑧按施工图设计说明书，以下部分为漏项：

a)新建码头西侧护岸抛填块石(50～200kg)(单价 90 元/m^3)；

b)扶壁内抛填碎石单价 70 元/m^3；

c)回填 30cm 厚砾砂或石屑层(砾砂或石屑 55/m^3)；

d)扶壁后开山石棱体及棱体后回填料(单价 35 元/m^3)；

e)胸墙伸缩缝隙(单价 80 元/m^2)；

f)D80 塑料排水管(单价 15 元/m)；

⑨高杆灯基础混凝土及钢筋综合单价(3630 元/t)偏低(单价可参照堆场道路工程)。

(2)道路与堆场

①缺拆除原港区边栅栏等围护设施的工程量；

②如下项目可能有误：

a)序号“10”：混凝土掺聚丙烯合成纤维原为 5112.00kg，复核为 5680kg；

b)序号“13”：C30 混凝土侧缘石铺设原为 590.00m，复核为 450m；

c)接缝材料(填缝料)是否计入有关项目；

③铺高强联锁块、混凝土及钢筋单价偏低，参考价详见表 F7-2。

(3)供电照明

①电缆沟是与码头胸墙一起施工，因此应无“钢筋混凝土电缆沟”项(清单编码：07-05)；

②清单编码为 07-02-009 项(内容为“管内穿线、铜芯塑料线 BV-500、截面 2.5mm^2”)，在图中没有用到，应取消。

(4)给排水与消防

①消防栓井 6 座在设计图中没标出，数量无法核对；

②经核算，表 F7-3 中的工程量有误。

道路堆场工程单价对比表 表 F7-2

序号	分项工程名称	单位	原预算综合单价(元)	参考综合单价(元)
1	基层底面碾压	m^2	0.08 元/m^3	0.58
2	碎石底层，厚度 5cm	m^2	4.59	4.26
3	碎石底层，厚度 13cm	m^2	11.02	11.08
4	路拌铺筑碾压水泥石屑 25cm 厚	m^2	25.98	34.77
5	现浇混凝土垫层	m^3	217.24	294.62
6	铺厚 10cmC50 混凝土高强联块	m^2	62.87	99.00
7	C35 混凝土路面，厚度 30cm	m^2	87.97	120.62
8	C35 混凝土路面，厚度 22cm	m^2	66.24	88.42
9	混凝土路面钢筋加工	t	3583.73	4540.58
10	锯缝	m	包在混凝土中	4.00
11	伸缩缝	m^2	包在混凝土中	50.00

给排水工程量核对结果表 表 F7-3

序号	分项工程名称	单位	原设计工程量	复核后工程量
1	D500 雨水混凝土管道铺设、C15 基础及模板、钢丝网水泥砂浆接口、闭水试验	m	130.2	133.0
2	D600 雨水混凝土管道铺设、C15 基础及模板、钢丝网水泥砂浆接口、闭水试验	m	133.2	136.0
3	D700 雨水混凝土管道铺设、C15 基础及模板、钢丝网水泥砂浆接口、闭水试验	m	133.2	137.0
4	D800 雨水混凝土管道铺设、C15 基础及模板、钢丝网水泥砂浆接口、闭水试验	m	91.2	94.0

8. 应补充的图纸

(1)管线综合图及高程设计。

(2)电缆沟电张支架大样图。

(3)手控井布置及门机接电箱位置及大样图。

(4)码头前沿给水栓大样图。

(5)水电工程材料表。

(6)护岸结构图。

(7)扶壁安装图。

9. 其他

(1)装卸工艺问题

本改造工程量只增加约100m的码头，但连同一期工程，将形成一个完整的停靠大型船舶的泊位，设计提供装卸木屑和集装箱的设计条件，在“施工图设计说明书”中也列出了装卸工艺与集疏运。而事实上装卸机械和工艺是利用原有的。所以呈列该章节没有意义。如果把它改造成一个新的、大型化的泊位，应该有一个完整流的装卸工艺和集疏运系统，这样才能评价其经济合理性。

(2)其他(略)

范例八　海堤工程施工图设计审查报告

受业主的委托，我所对某石化工业区发展集团（以下简称“业主”）负责兴建、由××设计院负责设计的“工业区滨海路筒桩结构海堤工程”施工图设计进行设计审查，我们本着对业主和设计单位进行技术服务的原则对海堤结构的稳定性、可靠性、耐久性和施工的可行性等方面进行了研究，除分析设计院的设计计算成果外，还分别对各种情况下的筒桩结构稳定性进行了复核计算，提出了与工程实际情况较吻合的新的计算模式——有支撑桩的无锚板桩墙模式，对施工图纸进行了全面的审查。

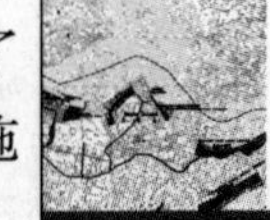

一、概述

1. 设计审查依据

（1）××市建设局（代业主）与我所签署的“施工图设计审查合同”。

（2）××设计院提供的设计资料。

2. 设计审查目标与审查范围

（1）通过对施工图设计文件的审查，评价其是否符合上级主管部门对初步设计批复的精神，与初步设计所推荐的方案是否一致；

（2）审查海堤结构稳定性、结构设计的安全性、建筑构造的合理性、防腐方案的可靠性和施工方法的可行性；

（3）评审施工图纸的准确性和符合性。

3. 设计院提交的设计资料

（1）施工图设计图纸（共 71 张）；

（2）工业区滨海路桩结构堤工程施工图设计说明书；

（3）工业区滨海路筒桩结构海堤工程初步设计（说明书）；

(4)工业区滨海路筒桩结构海堤工程初步设计报告；

(5)设计计算书；

(6)工程地质勘察报告；

(7)土工测试数据(报告)；

(8)补充计算的计算书和修改设计。

二、工程概况

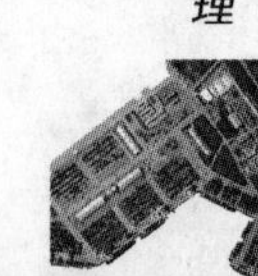

1. 工程名称、地点与规模

工程名称：某石化工业区滨海路筒桩结构海堤工程。

工程地点：拟建海堤位于石化工业区南侧，全长 8.8km，分东段、中段和西段，本工程为中段。

工程规模：本区段(中段)工程范围内海堤长度为 3182m，工程等级为Ⅱ级，防腐年限为 50 年。

2. 海堤结构方案简介

由设计院提交的施工图设计资料显示，拟建海堤堤顶标高 3.7m(黄海基准面，下同)，海堤主体为直立式钢筋混凝土筒桩梁板结构，筒桩外径 1.50m，内径 1.14m，壁厚 180mm，桩尖进入持力层 1.5m(筒桩外径)，持力层为砾砂层或强风化泥岩，根据地质条件的不同，桩长在 11.0～20.0m 之间；筒桩布置前后两排，平面上按三角形交错布置，排间距离中到中 4.80m，桩间距离中到中 3.0m；两排筒桩之间通过 2 层现浇斜梁和纵梁连接以形成整体结构，共同承担土压力和波浪力作用。斜梁断面尺寸 350mm×500mm，纵梁断面为 400mm×550mm；陆侧筒桩之间插钢筋混凝土挡土板，板厚 200mm，挡土板底部要求达到黏土层的底面；堤顶设置现浇钢筋混凝土面板，作为人行通道，面板宽 6.5m，厚 300mm。

筒桩的海侧抛块石，要求块石抛填沉降后形成平均厚度 3.0m 的抛石护底；陆侧挡土插板后回填石渣以形成陆域。

三、审查过程

1. 第一次协调会

××年×月下旬，我们接受了业主的委托以后立即开展工作，按原来双方的商定，在我们阅读了设计资料后，设计院将派员来广州与我们交流，后因“非典”影响，他们未能成行。于是，由业主总经理带队，我所总工程师和项目经理等4人于××年×月×日前往设计院所在地参加了由业主主持召开的首次协调会，主要就海堤结构稳定性计算和图纸中的主要问题，与设计院交换意见，并达成以下共识：

(1)不应将不同行业的设计标准平行交错采用；

(2)应采用交通部颁布的现行标准作为本项目的设计规范；

(3)业主建议改进海堤墙后回填料，以利施工。

2. 第二次协调会

××年×月×日，我所主管总工、项目经理等4人前往工程所在地参加了由业主主持召开的第二次协调会，与设计院的代表就设计审查报告中的主要问题进行了沟通，该工程的施工监理代表也参加了会议。会上，我们介绍了即将提交的设计审查报告的主要内容，明确表达了我们的审查意见。业主和设计方均表示将逐条研究我们的意见后再作出决定。

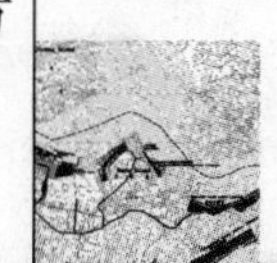

▶ 四、堤身稳定与结构计算

1. 对原设计的计算复核

我们首先对设计院提交的与施工图相对应的海堤稳定计算进行复核。他们执行的是冶金部《建筑基坑工程技术规范》(YB 9258—97)(以下简称“基坑规范”)，采用了重力挡墙模式假定，计算图式与施工图纸对应。计算结果：海堤是稳定的(没有判定筒桩的入土深度)。

为了对比，我们作了如下复核计算：

(1)我们亦按“基坑规范”中关于“重力式挡土墙”的规定，在99个设计断面中，选取了4个沉桩标高不同的断面，进行墙身稳定复核计算，结果如下：

①断面K3+426.656～K3+456.453m(桩底标高－15.4m，黄海基面，下同)

设计低水位：抗滑稳定性满足规范要求

抗倾稳定性不满足规范要求

②断面K3+488.628～K3+520.823m(桩底标高－14.6m)

设计低水位：抗滑稳定性满足规范要求

抗倾稳定性不满足规范要求

③断面K5+806.668～K5+838.863m(桩底标高－11.2m)

设计低水位：抗滑稳定性满足规范要求

抗倾稳定性不满足规范要求

④断面 K4＋808.623～K4＋840.818m(桩底标高－6.86m)

设计低水位:抗滑与抗倾稳定性均满足规范要求

(2)我们再按交通部《重力式码头设计与施工规范》(JTJ 290—98)(以下简称“重力式规范”)复核海堤稳定。采用了该规范中关于重力式挡墙结构的规定,选择了最大筒高、平均筒高和最小筒高3个典型断面,对海堤结构的抗倾抗滑稳定性进行了核算,结果如下:

①断面 K3＋426.656m～K3＋456.453m(筒底－15.4m)

设计低水位:抗滑与抗倾稳定性均不满足规范要求

②断面 K5＋806.668m～K5＋838.863m(筒底－11.2m)

设计低水位:抗滑与抗倾稳定性均不满足规范要求

③断面 K4＋808.623m～K4＋840.818m(筒底－6.8m)

设计低水位:抗滑与抗倾稳定性均满足规范要求

2. 修改后的计算情况复核

(1)第一次协调会后,设计院对原设计进行了修改,内容如下:

①海堤陆侧由设置块石减压棱体改为直接回填宕渣(即砂石,$\phi=25°$),考虑2.0m厚宕渣挤淤;

②海侧抛石($\phi=38°$)厚度平均增加1.0m,并考虑1.5m厚抛石挤淤;

③适当增加部分堤段筒桩入土深度;

④堤顶均布荷载由15kPa减小到5kPa。

根据这些修改(未出图),设计院对海堤稳定重新进行了计算。其计算前提是:

a)仍执行冶金部“基坑规范”。

b)计算断面有变化。以修改设计后的最大筒高断面ZK18(筒桩底标高－15.6m)为例,与原设计相比有如下变化:筒桩底标高降低0.2m;桩墙后方全部回填宕渣;主动区考虑2m挤淤厚度,被动区考虑1.5m挤淤厚度;堤顶均载由原来的15kPa降低到5kPa;

他们的计算结果是:海堤是稳定的。

我们也按“基坑规范”的规定,对该修改后的代表断面ZK18在设计低水位情况下进行了复核,结果是:抗滑与抗倾稳定性均满足规范要求。

同时,对海堤按修改后的情况,我们同样按交通部“重力规范”,取3个典型断面,对海堤结构的抗倾抗滑稳定性进行了核算,结果如下:

①断面 K3＋426.656m～K3＋456.453m(筒底－15.6m)

设计低水位:抗滑与抗倾稳定性均不满足规范要求

②断面 K5＋806.668m～K5＋838.863m(筒底－11.2m)

设计低水位:抗滑与抗倾稳定性均不满足规范要求

③断面 K4＋808.623m～K4＋840.818m(筒底－6.8m)

设计低水位:抗滑与抗倾稳定性均满足规范要求

由上述复核计算可以得出以下结论:

①执行冶金部“基坑规范”,按重力挡墙模式,原施工图设计方案中,较大部分堤段结构抗倾稳定性不满足要求;修改设计后抗倾抗滑均满足该规范要求;

②执行交通部“重力式规范”,按重力式挡墙计算模式,原设计和修改后的绝大部分堤段结构稳定性不满足规范要求;

复核验算的结果表明:两种规范计算出的结果有较大差异。其根本原因是:如何根据工程实际条件来选用合适的设计规范。我们认为在本工程的各项计算中,特别是海堤堤身稳定计算,应执行交通部行业规范,而不应执行冶金部的“基坑规范”,理由如下:

①“基坑”是陆地上在原状土中开挖兴建形成,其施工程序、土压力性质均与在海上兴建、靠填筑而成的海堤是完全不同的。陆上的基坑边坡是原状土,海堤海侧全部或部分是施工抛填料,被动土压力对极限值的折减幅度不同,故计算结果也就不同;

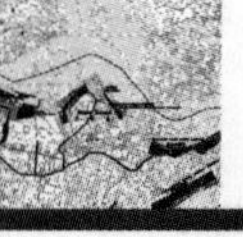

②“基坑”是一个临时性建筑物,稳定安全系数要求小,而海堤为永久性Ⅱ级建筑物,其稳定安全系数则要求大;

③“基坑”位于陆地,基本不受水流和风浪影响,而海堤位于海边,除受水流影响外,还受到风浪的作用。

(2)关于按板桩模式计算海堤稳定性问题

设计院按交通部《板桩码头设计与施工规范》(JTJ 292—98)(以下简称“板桩规范”)复算了土压力,并按有锚板桩模式进行了筒桩结构的“踢脚”稳定验算,结果海堤结构是稳定的。

但是,“踢脚”稳定计算的前提是“有锚板桩”,计算假定为“锚碇点板桩墙不发生变位”。本工程中的结构不具备这个特点。所以,计算“踢脚”稳定的假定条件与规范规定的条件不符,也就无法判断按此计算的结果是否反应了工程的实际。

3. 我们对海堤结构稳定性计算模式的认识

本海堤工程是一种新的结构型式,在现有行业规范中没有完全与之相吻合的结构计算模式,只能参照较为接近的行业标准来计算海堤的稳定性。它是一个在海水中施工的堤岸工程,其建筑与使用特点均属于港口工程中的水工建筑物,因此,我们认为应该按交通部的行业标准,即港口工程的有关规范来进行计算。同时,在初步设计报告附件中,业主在对海堤结构“优化设计的技术要求”中也明确提出:须按照交通部的行业标准和规范进行设计。

为了判断海堤结构的稳定性，我们从多方面和多角度进行了结构模式的分析，简述如下：

(1)重力挡土墙模式

根据现行行业规范或国家标准的定义，重力式挡土墙结构主要是依靠结构体的自重抵抗外部作用而保持其自身的稳定，要求结构必须有足够的自重。在本工程中，由筒桩为主体的承力构件为框架式轻型结构，自重在稳定性计算中所占比例很小，与重力式挡墙结构的基本构造要求有差距。因此，完全以重力挡土墙式结构模式来计算其稳定性较难正确反映工程结构的实际情况。

(2)嵌岩桩模式

设计院在结构计算中，认为筒桩是嵌固在持力层中的，从施工图面上看出，筒桩底部均进入了“砂砾层”或“泥岩层”，若按嵌岩桩结构考虑，根据规范，从构造上则应满足相应的规定。表F8-1列出了本工程中筒桩结构在构造上的控制尺度及设计使用条件与交通部《港口工程嵌岩桩设计与施工规程》(JTJ 285—2000)规定的对比情况。

表 F8-1

序　号	项　　目	规范规定	本　工　程
1	抗压桩嵌岩深度(m)	1.5 倍桩径 1.5×1.5=2.25m	1.0～1.5m
2	抗拔桩嵌岩深度(m)	3 倍桩径 3×1.5=4.5m	1.0～1.5m
3	嵌固岩层性质	弱风化	强风化或全风化层

可见，本工程筒桩结构从构造要求上不满足嵌岩桩结构模式。

既然不满足嵌岩桩的构造要求，设计对海堤结构的计算假定，即桩下端嵌固于土层也就不成立，筒桩内力计算的结果也就不准确了。

(3)板桩墙模式

根据本工程结构设计的特点：陆侧筒桩之间插入的混凝土板底部要求插到粉质粘土的土层底面，即“持力层”的顶面。查施工图得知，插板底标高与筒桩底部仅相差1.0～1.5m；因筒桩入土深度较大，起稳定作用的主要是土体被动土压力或者说是入土段土体对筒桩结构的嵌固作用，而自重力作用所占比例较小，海堤结构从整体上分析更接近板桩墙模式。所以，我们设想可以参照“板桩规范”，按板桩墙的模式来判定海堤结构的稳定性。

4. 计算模式新设想与海堤稳定计算

由上述分析可知，就本工程而言，无论是“重力式”还是“有锚板桩”模式，均与海堤结构有出入，我们经过数十次的模拟计算，最后选用了与工程实际较为吻合的新的计算模式——有支撑桩式无锚板桩墙模式。

根据海堤结构特点，海侧桩是通过梁和板为陆侧桩板结构的稳定性提供反向作用的，按“板桩规范”的有关规定，从整体上和桩土相互关系上分析，均与有斜拉式板桩墙结构比较接近。因此，我们认为：将此种结构视为有支撑桩式无锚板桩墙结构是比较符合工程实际的。因而可以按相应的规范原则，将筒桩、后插板、连接梁及路面板等刚性连接组成的结构作为一个整体，按弹性嵌固于土体中的空间构架建立三维模型，采用通用计算软件 ANSYS 分析计算结构整体的控制变位和筒桩及梁板等构件的内力值，并按无锚板桩墙模式核算桩墙式结构(即筒桩)的入土深度。这是我们经过多次反复分析研究后慎重提出的一种计算模式的新设想。按照这一思路，我们对 3 个代表断面进行了再次复核验算。

另外，无论从结构设计还是施工可行性方面看，原设计中的下层联系梁的设置(－0.6m 标高处)是弊多利少，故复核中按取消该层联系构件考虑，但上层联系纵梁和斜梁本身要有足够的刚度并与筒桩形成刚性连接。

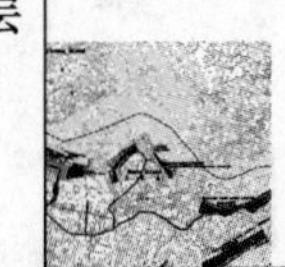

复核计算结果如下：

①断面 ZK18(筒桩底标高－15.6m)：

本断面的土层分布、土性参数以及土压力均直接引自设计院 5 月上旬补充提供的计算书(即修改设计后)：

陆侧筒桩最大弯矩：1223kN·m

海侧筒桩最大弯矩：1113kN·m

斜梁最大弯矩：554kN·m

斜梁最大轴力：137kN

稳定力矩组合值 M_r：16860kN·m

倾覆力矩组合值 M_0：14516kN·m

$M_r/M_0=1.16\geqslant1.15$

原设计筒桩进入强风化层 1.5m，满足要求。

②断面 K3＋874.968～K3＋907.163m(筒桩底标高－12.5m)；

a)本断面的土层分布、土性参数引自设计院施工图及施工图设计说明书，结果如下：

海侧筒桩最大弯矩：1865kN·m

陆侧筒桩最大弯矩：774kN·m

斜梁最大弯矩：945kN·m

斜梁最大轴力：193kN

抗倾力矩组合值 M_r：7656kN·m

倾覆力矩组合值 M_0：9023kN·m

$M_r/M_0=0.85<1.15$

入土深度不足。

b)按补充计算断面形式修改断面后再复算：

抗倾力矩组合值 M_r：11057kN·m

倾覆力矩组合值 M_0：8094kN·m

$M_r/M_0=1.37>1.15$

筒桩入土深度满足要求。

③断面 K4+808.623～K4+840.818m(筒桩底标高−6.8m)：

a)本断面的土层分布、土性参数引自设计院施工图及施工图设计说明书，结果如下：

海侧筒桩最大弯矩：1866kN·m

陆侧筒桩最大弯矩：780kN·m

斜梁最大弯矩：964kN·m

斜梁最大轴力：156kN

抗倾力矩组合值 M_r：2679kN·m

倾覆力矩组合值 M_0：2398kN·m

$M_r/M_0=1.12<1.15$

入土深度不足。

b)按补充计算断面形式修改断面后再复算：

抗倾力矩组合值 M_r：3250kN·m

倾覆力矩组合值 M_0：2263kN·m

$M_r/M_0=1.44>1.15$

筒桩入土深度满足要求。

以上计算结果详见附图。

5. 海堤边坡整体稳定性复核

按交通部《港口工程地基规范》(JTJ 250—98)，取极端低水位，对断面 ZK18、断面 ZK28 和断面 K5+806m～K5+838m 等 3 个代表断面进行边坡整体稳定性验算，原状土层参数采用快剪指标，回填和挤淤部分土层参数取值则直接取设计院 5 月上旬补充提供的计算书上对应值，结果如下：

(1)断面 ZK18，筒桩底标高−15.6m

滑弧半径 $R=21.50$m，整体稳定性安全系数 $k=3.63$

(2)断面 K5+806m～K5+838m，筒桩底标高−12.5m

滑弧半径 $R=18.10$m，整体稳定性安全系数 $k=2.97$

(3)断面 ZK28，筒桩底标高−6.8m

滑弧半径 $R=11.30$m，整体稳定性安全系数 $k=2.60$

计算结果表明：海堤边坡整体稳定性满足规范要求。

6. 筒桩强度复核

按设计院原设计的筒桩结构，能承受的最大弯矩为 1300kN·m 左右。

从前面 ANSYS 软件的数值计算结果可知：

断面 ZK18：

陆侧筒桩最大弯矩标准值＝1223kN·m

海侧筒桩最大弯矩标准值＝1113kN·m

断面 K5＋806m～K5＋838m：

陆侧筒桩最大弯矩标准值＝774kN·m

海侧筒桩最大弯矩标准值＝1865kN·m

断面 ZK28：

陆侧筒桩最大弯矩标准值＝780kN·m

海侧筒桩最大弯矩标准值＝1866kN·m

按"板桩规范"关于结构内力计算原则，考虑可变作用的分项系数(1.35)后，部分筒桩的现有配筋不足。

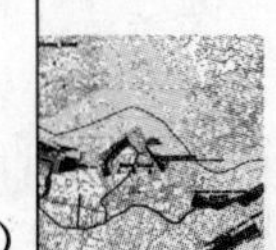

注：在数值分析时，断面 K5＋806m～K5＋838m 和断面 ZK28 的土层分布完全取自设计院提供的施工图，如果按断面 ZK18 同样的原则进行调整，显然桩墙式结构的稳定性有所提高，筒桩内力也有所降低。

特别说明：我们的上述计算模式及其结果，仅供设计院参考，在修改设计时，请务必重新计算并作出自己的判断。

▶ 五、施工图评审

从设计院提交的 70 多张施工图设计图纸和"设计说明书"中可以看出：他们做了大量的工作，图纸内容比较丰富，文字表达比较清楚，图纸绘制比较整齐，表达比较清晰，基本符合施工图设计的深度。但审查中也发现有一些值得注意的问题，现分述如下。

1. 地质资料不足

设计院提交的"工程地质勘察报告"表明：在工程区长达 3182m 的堤岸上，只有 16 个钻孔，孔距 200m，不符合交通部"港口工程地质勘察规范"(JTJ 240—97)中的规定，即重力式结构最大孔距 30m，桩基结构最大孔距 50m。而且，衡量特力层(砂砾层或风化泥岩)的重要力学指标贯入击数(N)差异很大，说明该层土质的差异亦很大。

2. 筒桩沉桩标准不明确

设计图纸中虽然列出了每根筒桩尖标高，但用什么标准和方法来控制这个标高，此标高是否达到设计要求（进入砂砾层 1.5m），图中和说明书中均没有介绍控制标准。这样，很难确保沉桩质量。沉桩后，按什么标准来检验，设计也未说明。

3. 筒桩桩尖沉入土层不准确

图中说明桩尖有的沉入“砾砂层”，有的沉入“泥岩层”。从土质分类来判断，“砾砂层”是指颗粒不均的砂土松散体，而“泥岩层”则指的是一种软质岩石。显然本设计不是指“岩石”，而是指泥岩的风化层。但是，是“全风化岩”还是“强风化岩”，图中并未说明。我们查阅了工程区域的 16 个钻孔资料，其中 13 个钻孔该层的标准贯入击数 $N<30$，另 3 个孔的 $N=32\sim35$，而软质岩石的“强风化岩”，$N=30\sim50$，全风化岩 $N=15\sim30$ 击，由此说明，图中所说的“泥岩层”实际是很软的“全风化岩”，而不是“强风化岩”，16 个钻孔表明，筒桩桩尖沉入的土层，4 个是泥岩全风化层，1 个是砂砾岩全风化层，2 个中粗砂层，其余均是砾砂层。

设计要求桩端土层不明确，使沉桩控制标准无法确定。按“桩基规范”，设计桩端土层为砾石、密实砂土或风化岩时，应以土层贯入击数控制。

4. 高程系统不统一

在所有的设计图中，均无高程系统的说明，只是在“设计说明书”的第 16 页“施工技术要求”中说明“设计高程以黄海高程为准”。但是，从此“说明书”的第 2 页所列“水文特征”的数值可以看出：表中数值是“当地理论最低潮面”，这与初步设计报告中所列数值相同。此外，在“工程地质报告”中用的是“当地理论深度基准面”（即理论最低潮面），设计图中却用的是“黄海”基面。“设计说明书”中既然说施工图纸是以“黄海高程为准”，但是“1 期施工段立面图”（HXJ232-J-5D-4）中，全部 6 张图纸所注的钻孔土层标高与“地质报告”完全一致，那么设计图中究竟是“黄海”还是“当地深基准面”呢？设计图中所标设计水位数值与施工图设计说明书中设计水位数值也不同。

5. 筒桩防腐区有误

按交通部“港口工程桩基规范”（JTJ 254—98）对混凝土桩没有提出表层防腐要求。对于钢管桩若采用涂层防腐，则“大气区”、“浪溅区”和“水位变动区”必须进行防腐涂层。本工程是混凝土筒桩，设计提出涂层防腐，是一个安全措施。在“设计说明书”中要求设计高水位以上 1.5m 至设计低水位范围内的“浪溅区”和“水位变动区”除有涂层防腐要求外，还要在混凝土中掺加 10％水泥含量的“RMA”海水耐腐蚀剂。但图纸(HX232J-5D-5)所示与说明书不一致。

我们认为：无论是“说明书”还是图纸，对涂层范围的表达均不准确。按“港口工程桩基规范”规定，这三个区的范围是：

大气区：设计高水位加 1.5m 以上，在本工程中，则应是在 3.95m(当地)以上或 3.14m(黄海)以上；

浪溅区：设计高水位减 1.0m 至大气区下边界，在本工程中，则应是在 1.45m 到 3.95m 区段(当地)或 0.64m 到 3.14m 区段(黄海)；

水位变动区：设计低水位减 1.0m 至浪溅区，在本工程中，则应是在 －0.83m 到 1.45m 区段(当地)或 －1.64m 到 0.64m 区段(黄海)；

由此可见，若在三个区域内涂料防腐，其范围应自 －0.83m(当地深基面，下同)至桩顶。若在“浪溅区”和“水位变动区”涂料，其范围应当是 －0.83m 至桩顶。若只在“水位变动区”涂料，其范围应是 －0.83m 至 1.45m 高程。实际上，筒桩沉放后，在 －0.83m 至施工水位 1.17m 范围内是很难施工的。1.17m 至 1.45m 水位只有 28cm 桩长，涂料是没有意义的。所以说，究竟在哪个区涂料，用什么方法，设计应当有明确的意见。

6. 几项不适当的施工要求

在“施工图设计说明书”之“工程结构设计”中，对施工提出了几项难以达到的要求：

(1)筒桩与纵梁、筒桩与斜梁连接无法施工。由结构图可知，筒桩与梁的连接点在 －0.6m 标高位置，设计要求先凿开筒桩，后焊接筒与梁间的钢筋，再现浇混凝土。凿开筒桩不允许，但在此暂且不论，现仅就施工条件而言，便难以完成。因为 －0.6m 标高无论是“黄海高程”还是“当地最低潮面”，这个标高均在施工水位以下 0.95～1.77m，几乎没有施工的可能。

(2)堤后挡土板海底以下(土中)部分，设计要求采用现浇混凝土施工，如何进行？初步设计报告中要求海底以下为沉放预制混凝土板，海底以上为现浇混凝土板。但施工图设计说明和设计图中均是海底以下现浇，海底以上预制，以哪个为准？

(3)堤后回填块石无法碾压。设计要求堤后回填块石，海底以上部分分层碾压，每层厚度不超过 40cm。这种填石，大部分在水下，一般采用船只抛填的方法，如何能保证每层不超过 40cm，水下如何碾压？

(4)堤后回填与倒滤层要求不适当。在“设计说明书”第 14 页，对堤后填石和倒滤层施工中的块石规格、石料来源、含泥量等提出了不适当的要求，反而对倒滤层的厚度与抛石坡度等重要数据没有说明。对于施工图而言,仅用文字说明而没有图纸是无法施工的。

(5)海堤前块石下无法浇注水下混凝土。设计可能为了使部分海堤前抛填的块石能固定成整体,故要求对部分堤段的堤前块石浇注水下混凝土,实际上难以进行的,也难以达到目的。

7. 凿桩浇梁使桩身受损

无论是纵梁、斜梁与筒桩的连接,还是后插板与筒桩的连接,设计均要求将已完工的筒桩凿开,使其露出钢筋后以便与纵梁、斜梁、插板的钢筋相连。设计图中未说明用什么工具凿桩、凿开范围多大。但不管怎样,桩被凿开,桩身混凝土与钢筋均会受损,这在筒桩施工中是不允许的,显露钢筋被海水浸泡,更是难以补强。这种施工条件下的混凝土浇注是很难保证质量的。

8. 堤后插板质量难保证

堤后海底以上部分挡土板,设计方案是预制插板,即凿开筒桩,将板与筒内钢筋相连,然后现浇混凝土堵洞。这不仅会使桩受损,插板也难以与桩紧贴,板长也无法适应。总之,很难确保插板质量。以 1# 插板为例:板长 193cm,按理论计算,假设两筒桩均绝对垂直并准确定位,筒桩净距 150cm,插板两边理论搭接长度为 21.5cm。若两个筒桩有偏位,设计给出的允许倾斜率小于 1°,对于 19m 的桩长,其上部偏斜最大可达 33cm,远大于 21.5cm,如何处理?如果再加上桩位不准,其差距就更大了。更危险的情况是:相邻两桩若向相反方向偏斜,板长差距就更大了。

9. 图纸表达问题

(1)内容不完整:图纸数量虽然较多,但内容不够完整。例如在近 100 个海堤结构断面中,没有一个完整的结构断面,堤后回填、倒滤层、堤前(海侧)抛石的块石及其单块重量等均未完整地表达出来,因为这些均是堤身稳定所需要的,是结构断面的组成部分。

此外,尚缺如下图纸:

堤后挡板与桩的连接大样图;

筒桩与梁结点大样图(仅有一根钢筋是不够的);

堤后抛石棱体和倒滤层结构图。

(2)绘图比例欠佳,重复绘制:

①总布置图(HXJ232J-5D-1)是一张约 2000mm×900mm 的大图,本工程范围只占图幅的 1/4,其实,若能将此图内容并入定位图(J-5D-2)就足够了。

②海堤结构剖面图(HX232J-5D-6)共 33 张,采用 1∶50 的比例,表达内容与立面图(HXJ232-J-5D-4)有重复。实际上无需绘制这么多的同类断面,比例也可小些,这样,图纸数量可大为减少。

③结点配筋图绘制了 5 张,但 5 个结点(B、C、D、F、E)找不到平面位置。

(3)图纸绘制有的不规范。设计图纸的图幅大小、容积率、尺寸表示方法、钢筋图等均有相应的行业规范可遵循。但本工程的有些图纸绘制则不够规范。例如定位图(HXJ232J-5D-2)的图幅容积率太小,尺寸标注不规范,有的正写,有的倒写,图幅大小未按标准尺寸绘制。从方便施工的角度考虑,一般用 A1 图(594mm×841mm)或 A2 图(420mm×594mm)为好。

▶ 六、综合意见

本工程初步设计评审会的评审意见指出:筒桩结构稳定性问题、海堤与其他配套工程衔接问题、挡板结构分析与构造措施、筒桩结构耐久性问题以及设计荷载确定等问题,应进一步完善和补充。并建议进一步分段优化筒桩结构设计。这些意见有无贯彻到施工图设计中,我们无法判断,有待落实。

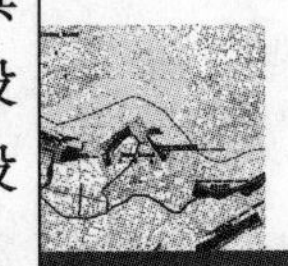

1. 关于堤身稳定问题

建筑物的自身稳定,是工程成败的首要问题,本工程筒桩海堤结构,是水工建筑物的一种新的形式,无完全与其吻合的规范。设计提供的按重力式结构的计算结果,不但与工程实况有出入,而且各个深浅不同的断面在不同水位的情况下,多数不满足规范要求。为了解决这一重要问题,我们依据交通部“板桩规范”,提出了一种新的、与工程实际较接近的计算模式——有支撑桩式的无锚板桩墙模式,采取了数模分析和常规计算相结合的措施,较好地解决了这一问题。

分析计算结果表明,只要对堤身结构进行局部修改,原设计方案是成立的。

2. 沉桩验收标准

按设计要求,筒桩桩尖应进入“砾砂层”或“泥岩层”1.5m(桩直径),此处一定要明确以下两个问题:

(1)明确桩尖一定要进入“强风化岩”。软质岩石的强风化层的标准贯入击数 N=30~50。小于这个击数的土层就不是“强风化岩”了。

(2)明确沉桩标准。由于地质钻孔较少,原设计所定的桩尖标高与实际情况可能有出入,所以设计应当提出明确的沉桩验收标准和方法,使桩尖真正进入“强风化岩”1.5m。原设计推荐的施工方法为振动下沉,且桩尖放置了混凝土桩尖,如何达到设计要求,施工时如何检验验收,建议设计院仔细研究。

3. 修改设计应满足计算图示的要求

如前所述，按照我们推荐的新拟定的计算模式，计算结果表明海堤是稳定的。但是，其前提是筒桩海堤结构设计必须与计算模式相吻合，即筒桩配筋应满足强度要求，上部梁桩之间的连接必须刚接。所以，原设计应进行修改：

(1)原筒桩配筋不足，应增加受力筋以满足强度要求；

(2)原设计桩与梁、桩与板的连接不满足《港口工程桩基规范》(JTJ 285—2000)钢性连接的要求，应沿桩顶增设帽梁，加大斜梁尺寸，使桩与梁的连接满足刚性连接的构造要求。

(3)原设计在－0.6m 处设置纵梁与斜梁，这些梁在结构上作用不大，又难以施工且破坏了桩的强度，故可以取消。

(4)海侧抛石的厚度和宽度应根据需要作出适当的调整。在计算中，因考虑了海侧抛石的被动土压力作用，所以，不但厚度须与计算断面相吻合，宽度也应须按从桩尖处计算的被动破裂角加以复核。

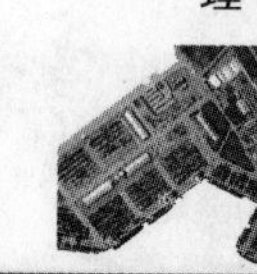

(5)在设计院的补充计算和我们本阶段的复核计算中，均考虑了陆侧抛石 2.0m 厚的挤淤量，海侧 1.5m 厚的挤淤量，设计中应提供明确的检测措施，确保挤淤的厚度。同时，墙前应考虑沉降造成的超高。

(6)墙前抛石重量应满足防波堤规范的护底块石稳定重量要求。

(7)墙后回填料的尺寸、技术要求应反应在施工图中，确保指标满足设计要求，且墙后回填应与结构同步施工。

4. 统一高程系统

高程系统在工程中十分重要，特别是采用了两种不同高程系统的工程，更应协调准确。

原设计的图纸和设计说明书中，高程系统比较混乱，建议在修改设计时，应仔细校对高程系统，地质报告与施工设计图中的高程系统应当统一或协调无误。平面设计图中应加说明，坐标系统也应当在图上标示。

5. 波浪作用问题

筒桩施工期的稳定性及强度计算需要考虑波浪力的作用，同时，在堤顶路面板和海侧纵梁(如果有此构件)的结构设计中也需要考虑波浪力的作用。

6. 确定防腐涂层范围与施工方法

原设计图与设计说明书对防腐涂层范围说法不一，设计图中的标注水位也有误，请设计仔细研究，最后确定防腐涂层范围。

7. 明确主要环节的施工要求与检验方法

筒桩海堤是一种新型结构，施工时需要对施工质量和主要施工环节进行探测，设计院在设计文件中提出过一系列要求，这是非常正确的。但是，设计文件未提出具体的施工要求和检验方法，应补充完善。

8. 试验段工程

本工程是一种新型结构，设计计算虽然均能满足相应的规范要求，为使工程施工及结构使用更加安全可靠，我们建议先施工一定长度的“试验段”，使其完全达到永久使用时的状态，观测无误后，再全面进行海堤的施工。

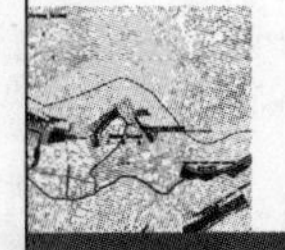